영적 성장을 향한 첫걸음
인도자 지침서

▎국제제자훈련원은 건강한 교회를 꿈꾸는 목회의 동반자로서 제자 삼는 사역을 중심으로
성경적 목회 모델을 제시함으로 세계 교회를 섬기는 전문 사역 기관입니다.

영적 성장을 향한 첫걸음 인도자 지침서

초판 1쇄 인쇄일 2010년 2월 5일
초판 4쇄 발행일 2018년 4월 6일

지은이 박주성

펴낸이 오정현
펴낸곳 국제제자훈련원
등록번호 제2013-000170호(2013년 9월 25일)
주소 서울시 서초구 효령로 68길 98(서초동)
전화 02)3489-4300 **팩스** 02)3489-4329
이메일 dmipress@sarang.org

Based on Discipleship Essentials by Greg Ogden. (C) 2007 by Greg Ogden. Translated and printed by permission of InterVarsity Press, P. O. Box 1400, Downers Grove, IL 60515, USA through arrangement of rMaeng2, Seoul, Republic of Korea. All rights reserved. Korean Edition Copyright (C) 2010 by DMI Press, Seoul, Republic of Korea.

※ 이 한국어판의 저작권은 알맹2 에이전시를 통하여 InterVarsity Press와 독점 계약한 국제제자훈련원에 있습니다.
　신저작권법에 의하여 한국 내에서 보호받는 저작물이므로 무단전재와 무단복제를 금합니다.

ISBN 978-89-5731-417-3

※ 책값은 뒤표지에 있습니다. 잘못된 책은 구입하신 곳에서 교환해드립니다.

영적 성장을 향한 첫걸음
인도자 지침서

국제제자훈련원

목차

저자 서문 • 6
훈련에 앞서 • 9
훈련에 적합한 환경 • 13
교재의 구성과 진행 • 18
제자의 언약 • 21

I. 영적 훈련을 시작하는 첫걸음

1과 제자 삼기 • 25
2과 제자 되기 • 33
3과 경건의 시간(Q.T.) • 45
4과 성경 공부 • 55
5과 기도 • 65
6과 예배 • 75

II. 기본 진리를 이해하는 첫걸음

1과 삼위 하나님 • 89
2과 인간, 하나님의 형상 • 101
3과 죄 • 111
4과 은혜 • 123
5과 구속 • 135
6과 칭의 • 145
7과 양자 됨 • 155

Ⅲ. 인격과 삶이 변화하는 첫걸음

1과 성령 충만 • 167

2과 성령의 열매 • 177

3과 신뢰 • 187

4과 사랑 • 197

5과 의 • 207

6과 복음 증거 • 217

Ⅳ. 교회와 세상을 섬기는 첫걸음

1과 교회 • 229

2과 영적 은사 • 241

3과 영적 전쟁 • 253

4과 순종 • 263

5과 진정한 복 • 271

6과 돈 • 281

부록 | 심비에 새기는 말씀 • 291

과제물 점검표 • 292

※ 이 지침서는 그레그 옥던의 『영적 성장을 향한 첫걸음』 시리즈를 토대로 만들었습니다. 본 교재의 질문은 검정색으로, 필자가 정리한 내용은 별색으로 표시하였습니다.

저자 서문

이 지침서는 그레그 옥던의『영적 성장을 향한 첫걸음』시리즈를 보다 더 잘 활용하실 수 있도록 마련한 것입니다.『영적 성장을 향한 첫걸음』시리즈는 이미 목양의 현장에서 검증된 교재입니다. 한 권의 교재 안에 심비에 새길 말씀을 묵상하며 암기하도록 돕는 질문들이 담겨있고, 귀납적으로 말씀을 연구하도록 돕는 성경공부 교재, 각 과의 주제를 명약관화하게 짚어주는 독서자료뿐만 아니라 그에 따른 생각할 문제들까지 포함되어 있어 영적 성장을 향한 첫걸음을 떼기에 매우 좋은 교재라 할 수 있습니다. 다음 몇 가지 사항을 유념하면 이 지침서를 통해 더 풍성한 유익을 누리게 될 것입니다.

1. 각 과에 수록된 질문의 종류를 명시해 두었습니다.
귀납적 성경공부 교재에는 관찰 질문, 해석 질문, 관찰+해석 질문, 느낌 질문, 적용 질문이 적절한 순서로 배열되어 있습니다. 이렇게 질문의 유형을 분류하고 나면 몇 가지 유익한 점이 있습니다. 우선, 그 질문에 얼마나 많은 시간을 할애해야 하는지를 알 수 있습니다. 관찰 질문은 성경을 읽으면 바로 답할 수 있는 질문이기 때문에 시간을 오래 끌 필요가 없습니다. 해석 질문은 본문을 묵상해보거나, 주석과 같은 보조자료를 참고해야 답할 수 있는 질문입니다. 때때로 훈련생들이 답하기 어려운 경우, 인도자가 설명을 해주어야 할 때도 있을 것입니다. 따라서 3-5분 정도의 시간이 소요될 수 있습니다. 느낌 질문은 각자의 느낌을 물어보면 되는 질문이라 그리 오래 걸리지는 않을 것입니다. 그러나 적용 질문은 4P(Personal, Practical, Possible, Progressive) 적용이 이루어지도록 추가 질문, 심화 질문을 던지며 경청하고 반응해주어야 합니다. 그러려면 한 사람의 이야기를 듣고 적용하는 데 4~5분이 걸리기도 합니다. 이렇게 두세 명에게 적용하면 10~15분이라는 시간이 필요하게 됩니다.

질문의 유형을 분류해 두면 유익한 점으로 둘째는, 누구에게 질문을 던져야 할지를 알 수 있다는 점입니다. 관찰 질문은 어느 누구나 대답하기에 부담스럽지 않은 질문입니다. 그러나 까다로운 해석 질문은 신앙의 연조가 없는 훈련생의 경우, 자칫 답을 하지 못하여 스스로 상처를 받을 수도 있습니다. 이런 점을 고려하여 질문 대상을 선택하시면 좋습니다.

질문의 유형을 분류하는 것이 별 의미가 없어 보이는 것 같지만, 이런 점들을 잘 활용한다면 훈련사역에 날개를 달 수 있을 것입니다.

2. 각 과의 말미에 과제물을 첨부해 두었습니다.

각 과의 과제물은 예습, 성경암송, 성경 다독, Q.T., 공예배, 기도, 교제의 영역으로 구분하여 편성되었습니다. 대략 각 권이 마무리되는 시점을 기준으로 과제물의 강도가 조금씩 더해지도록 편성했습니다. 훈련생들의 수준에 따라 첨삭하면서 이끌어가시면 됩니다.

각 과마다 성령께서 떠올려주시는 생활숙제를 한 가지씩 제시하고 각자 실천해본 후 느낀 점을 기록하게 하는 것도 도움이 될 것입니다.

전도와 봉사 영역의 과제물이 빠져있는데, 이 부분은 교회의 형편에 따라 과제물을 부과하면 될 것입니다.

3. "나만의 지침서"로 만들어 가십시오.

이 지침서는 목회현장에서 분주하게 사역하는 현장사역자들의 짐을 조금이나마 덜어주기 위해 만들어진 도구입니다. 이 한 권의 지침서가 "영적 성장을 향한 첫걸음" 훈련을 보장하는 완전한 도구가 되지는 않을 것입니다. 인도자를 돕기 위한 최소한의 역할을 하는 보조자에 지나지 않음을 유의해 주시기 바랍니다.

훈련 그룹의 수준에 따라 심도 있는 연구나 깊이 있는 묵상을 더하여 매 과를 준비하고 이끌어가면서 성령께서 주시는 깨달음과 적용 포인트들을 추가로 기록해 보십시오. 한 해, 두 해 쌓이면 "나만의 지침서"가 만들어질 것입니다. 내가 연구하고, 내가 묵상하고, 내가 깨달은 말씀이라야 힘이 있는 법입니다.

4. 이 지침서에서 부족한 부분이 발견되면 국제제자훈련원으로 연락 주십시오.
필자는 "영적 훈련을 시작하는 첫걸음" 시리즈를 집필한 그레그 옥던의 의도를 파악하며 이 교재가 다루고 있는 본문의 본류에 충실하고자 애썼습니다. 혹 부족한 부분이나 오류가 있다면 그것은 그레그 옥던의 책임이 아니라 전적으로 필자의 책임입니다. 이 지침서를 사용하면서 부족한 부분이나 보완이 필요하다고 느끼는 부분이 있다면 주저 없이 도서출판 국제제자훈련원(dmipress@sarang.org)에 연락해 주시기 바랍니다. 이 교재를 사용하는 다른 많은 동역자들이 함께 유익을 누릴 수 있을 것입니다.

5. 『영적 훈련을 시작하는 첫걸음』 시리즈 이후의 과정을 준비하십시오.
본 시리즈는 제자훈련 전, 준비단계로 적합한 교재입니다. 이 교재를 마치고 나면, 어느 정도 선발기준을 갖춘 성도들에게 『평신도를 깨운다 제자훈련』시리즈를 적용하길 권합니다. 그리고 제자훈련을 수료한 성도들을 대상으로 『평신도를 깨운다 사역훈련』과정을 거치게 하십시오. 제자훈련과 사역훈련을 기반으로 한 목회 시스템에 대해 더 자세히 알기 원하시면 국제제자훈련원 홈페이지(www.discipleN.com)을 방문하시기 바랍니다.

바라기는 이 부족한 지침서가 하나님의 백성들을 그리스도의 제자로 든든히 세워가는 데 조금이라도 도움이 되기를 간절히 소원합니다.

2010년 2월 박주성

훈련에 앞서

만일 그리스도를 따른다고 주장하는 대다수 사람들이 성경의 진수를 중심으로 삼아 서로 친밀하고 책임감 있는 관계를 통하여 성숙한 성도로 자라간다면, 예수 그리스도의 몸 된 교회에는 무슨 일이 벌어질까? 아마 스스로 분발하여 또 다른 제자들을 길러내는 예수님의 제자들이 그 교회를 가득 채우게 될 것이다.

이 교재는 한 세대에서 다음 세대로 계속 이어지고 끊임없이 팽창해가는 제자훈련 네트워크를 구축하려는 비전의 결과물이다. 이 책에는 성령이 우리를 더욱더 빨리 성장시켜주실 수 있는 분위기를 만들어낼 세 가지 요소를 모아놓았다.

첫 번째 요소는 불변의 진리인 하나님 말씀이다.
우리는 지금 기독교를 떠난 세대에 살고 있다. 기독교 가치와 질서가 다스리던 이전 시대만 해도 누구에게나 참인 "계시된" 진리 또는 과학적, 객관적 진리가 존재한다는 것이 보편적인 생각이었다. 그러나 기독교가 약해진 이 시대에는 특히 도덕과 삶의 방식을 상대주의가 지배하고 있다. "나는 내 멋대로 살고 너는 네 멋대로 살자"는 것이 이 시대의 최고 가치인 **관용**의 또 다른 표현이 되었다. 사람들은 모든 삶의 방식과 도덕적 신념이 다 동등한 가치를 지닌다고 생각한다. 진리는 사람마다 다르다고 생각하기 때문이다. 이 책이 다루는 25개 과는 상대주의라는 늪 속에서도 누구에게나 진리인 "기본 진리"를 중심으로 기록되었다. 이 기본 진리가 누구에게나 진리인 것은, 이 진리의 원천이 누구에게나 동일하신 하나님이기 때문이다.

많은 사람들은 그리스도인의 삶이 아무렇게나 뒤섞여있는 타일 조각 같다고 본다. 우리는 설교들, 개인 성경 공부, 동료 성도들의 지혜, 통찰력을 주는 책 등등에서 진리의 조각들을 주워 모은다. 그러나 이 조각들을 한데 모아 일관된 이야기로 만들어내지는 못한다. 예전에 한 훈련 그룹에서 이 교재를 써본 자매 하나는 이 교재가 마치 모자이크의 빈 공간을 채워주는 것과 같아서 덕분에 그리스도의 삶과 메시지라는 그림을 완전한 형태로 볼 수 있게 되었다는 말을 해주었다. 이 교재는 여러 교훈들을 구슬 꿰듯이 제시하여 논리에 흐름을 부여하고 조각조각 흩어져있던 타일들을 연결해준다.

그러나 하나님의 말씀이라는 진리는 사람을 변화시키는 능력 가운데 역사하므로, 반드시 서로 신뢰하고 친밀하며 견고하게 지속되는 관계 속에서 이 진리를 탐구해야 한다.

성령의 실험실에 있는 두 번째 요소는 투명한 관계다.
이제 우리 사회의 기본 구성단위는 가정이나 공동체가 아니라 개인이다. 줄줄이 이어져있으면서도 버림받은 관계들이 우리 시대를 규정하는 특징이다. 이 시대를 지배하는 철학은 지금 나 자신이 좋거나 옳다고 느끼는 것을 토대로 내 삶을 이루어가야 한다는 것이다. 많은 사람들이 오랜 기간 사랑으로 지속되어온 헌신이라는 건강한 관계를 목격하지 못했다. 모든 인간 존재의 핵심에는 심오하고 만족스러운 관계를 맺으려는 갈망이 있다. 우리가 하나님의 형상으로 지음 받았기 때문이다. 하나님은 우리를 하나님과 사귀고 인간들과 사귀는 존재로 만드셨다. 소그룹으로 진행되는 훈련은 안전한 장소에서 오랜 시간 동안 자신을 숨김없이 드러내는 친밀한 사귐을 익힐 수 있는 장이다. 모든 일을 숨김없이 말하고 행할 때 우리는 결국 사랑하는 사람들을 얻게 된다.

변화는 우리가 투명한 관계라는 정황 속에서 하나님의 말씀이라는 진리를 붙들고 씨름할 때 일어난다. 성령은 우리가 자신을 다른 사람에게 열어보이는 만큼 우리 삶 속에서 자유롭게 움직이실 수 있다. 이것이 성경이 말하는 자명한 이치다. 하나님께 솔직한 것만으로는 충분하지 않다. 우리가 위험을 무릅쓰고 자신을 다른 사람들에게 드러내며 고백할 때, 하나님은 우리 삶을 다른 모양으로 빚어내실 수 있다. 우리가 그리스도 안에서 장성한 분량에 이르러가는 일은 독불장군 식으로 이루어지는 게 아니다. 우리는 공동체를 이루도록 지음 받았기 때문이다.

변화가 일어날 수 있는 분위기를 만드는 세 번째 요소는 상호 책임이다.
상호 책임은 제자도가 지닌 관계성을 한 단계 끌어올려줄 것이다. 책임은 당신이 훈련의 동반자인 상대방에게 권위, 즉 헌신할 것을 당신에게 언제든지 요구할 수 있는 권위를 부여한다는 의미다. 당신은 훈련생들과 맺은 상호 언약을 중심으로 관계를 일구어갈 것이다. 언약은 당신과 훈련생들이 서로 기대하는 바를 분명하게 기록해놓은 공동 협약이다. 이 언약을 맺음으로써, 당신은 당신에게 언약을 지키라고 요구할 수 있는 권리를 상대에게 부여한다.

요컨대, 성경의 진리가 상호 책임에 근거하여 자신을 상대에게 숨김없이 드러내는 친밀한 관계의 중심에 자리 잡게 되면, 당신은 성령이 일으키시는 변화에 필요한 요소들을 갖게 되는 것이다.

매주의 훈련을 이렇게 준비하라.
당신이 이 훈련 과정을 가장 잘 준비할 수 있는 방법은 날마다 시간을 조금씩 할애하여 교재의 내용을 꼼꼼히 살펴보는 것이다. 모든 것을 하룻밤에 뚝딱 해치우기보다 날마다 20분씩 할애하는 편이 훨씬 낫다.

훈련을 하게 되면 우리 일상에 습관이 뿌리를 내리게 된다. 과거의 경험으로 보아, 새로운 습관도 3주 정도면 익숙해지고, 또 3주가 지나면 그 사람의 행동 방식이 되어버린다. 이런 영적 훈련들이 당신 자신은 물론이고 함께하는 지체들에게도 두 번째 천성이 될 수 있도록 기도하라.

당신 앞에는 놀랍고, 고통스러우며, 기쁘고, 큰 도전이 될 모험이 기다리고 있다. 하나님이 당신에게 복을 베푸셔서 부디 당신이 그분을 닮은 장성한 분량에까지 자라가길 기도한다.

훈련에 적합한 환경

제자훈련을 생각하면, 많은 사람들은 1대1 방식의 사제 관계를 연상한다. 이 교재를 쓸 때, 나는 다양한 환경 속에서 이 교재 내용을 실험해보았다. 나는 1대1 훈련 방식 외에 '3인조'triad라 불리는 2대1 방식과 10명 정도로 구성된 제자훈련 그룹도 시도해보았다. 나는 이 세 방식의 역동성에 차이가 있음을 알고 깜짝 놀랐다. 그 결과, 3-4명으로 구성된 그룹을 제자훈련의 최적 조건으로 보게 되었다.

1대1 방식보다 3인조 또는 4인조가 더 낫다고 믿는 이유는 무엇인가?
(1) 1대1은 사제 관계를 만들어낸다. 1대1 관계에서 제자훈련 인도자는 모든 답을 알고 있어야 하고 온갖 지혜와 통찰의 원천이 되어야 한다는 압박에 시달린다. 이때 세 번째 사람이 이 관계에 더해지면, 그룹 전체의 훈련 과정이 역동성을 띠게 된다. 이렇게 되면 제자훈련 인도자도 더 자연스럽게 그룹 구성원들이 주고받는 역동적 상호작용에 기여할 수 있다.
(2) 3인조 제자훈련은 훈련 모델을 수직적 위계 구조로부터 수평적 상호 관계로 바꾸어준다. 제자로 양육 받는 사람들이 또 다른 제자들을 길러내는 것배가을 막는 가장 큰 요인은 1대1 관계가 조장하는 의존성이다. 반면, 3인조/4인조는 제자훈련을, 구성원들이 함께 어깨동무를 하고 예수님 안에서 성숙한 신앙인으로 자라가는 동반 여행으로 본다. 이런 그룹에서는 수직적 위계 구조가 최소로 줄어든다.
(3) 1대1과 3인조 또는 4인조 훈련 방식 사이에 존재하는 가장 놀라운 차이점은 "한 그룹에 속해 있다"는 소속감이다. 성령이 우리 가운데 계

시다는 느낌은 1대1 관계보다 3인조 또는 4인조일 때 훨씬 더 자주 느낄 수 있었다.

(4) 사람이 많은 곳에 지혜가 있다. 3인조 또는 4인조 방식은 성경을 보는 시각을 키워주고 성경을 삶의 문제들에 적용할 수 있는 안목을 길러준다. 반면 1대1 방식은 보여줄 수 있는 모델과 얻을 수 있는 경험에 한계가 있다. 1대1 관계에 최소한 한 사람을 더하게 되면, 학습 과정에 또 다른 시각이 보태지게 된다. 이렇게 되면, 그룹 구성원들이 서로 다른 구성원들에게 교사 역할을 하게 된다.

(5) 마지막으로, 결코 과소평가할 수 없는 점이 있다. 다른 사람들을 제자로 길러낼 준비를 하고 있는 한두 사람을 1대1 관계에 추가할 경우, 배가는 기하급수적으로 이루어진다.

3인조가 1대1보다 낫다면, 3인조보다 10인조가 더 낫지 않을까?

여러분은 이런 질문을 던질지도 모르겠다. 그러나 그룹이 커지면 커질수록, 변화를 일으키는 데 꼭 필요한 요소들은 점점 더 희석되어 버린다.

(1) **진리** 배움은 진리와 서로 교통할 수 있는 능력에 정비례한다. 그런데, 그룹에 참여하는 사람 수가 많아지면 이런 배움이 더 힘들어진다. 또, 그룹 크기가 커지면 커질수록 이 사람은 더 많이 알게 되고 저 사람은 덜 알게 되는 결과가 벌어지게 된다.

(2) **투명한 관계** 변화하려면 반드시 자기를 숨김없이 보여주어야 한다. 그룹의 크기가 커지면 커질수록, 그룹 구성원들이 자신을 숨김없이 보여주는 것은 점점 더 어려워진다. 만일 우리가 벌이고 있는 투쟁들을 스스럼없이 드러내지 못하면, 성령은 그룹 구성원들이 필요한 순간에 적절한 섬김을 제공할 수 있도록 인도하실 수 없을 것이다.

(3) **상호 책임** 그룹이 크면 클수록 자신을 숨기기가 쉽다. 책임을 지려면 구성원들이 과제들을 완수하였는지, 또는 그룹에 늘 성실한 자세로 임하고 있는지 점검할 수 있는 능력이 필요하다. 그룹 구성원이 많아

지면, 각 개인의 삶에 다가가기가 더 힘들어진다.

제자훈련 인도자의 역할

이 교재는 다양한 환경혼자서 공부하는 경우, 1대1 혹은 1대2로 훈련하는 경우, 또는 10명 정도의 제자훈련 그룹으로 훈련하는 경우에서 사용할 수 있다. 그러나 그 어떤 환경에서도 가장 중요한 사람은 인도자이다. 도구가 제자를 만드는 것이 아니다. 하나님은 성숙한 성도가 되기를 원하는 이들에게 제자들을 통하여 그리스도 안에서 살아가는 삶이 무엇인지를 보여주신다. 단순히 이 교재 한 권을 독파하는 것으로 만족한다면, 이 교재의 의도에 어긋나는 것이다. 이 교재는 제자들을 길러내는 일을 사랑하고 이 일에 헌신하고자 하는 제자훈련 인도자들에게, 필요한 환경과 필요한 내용을 공급하도록 도와주는 견인차일 뿐이다. 이 책은 제자도에 관한 이슈들을 제시하지만, 인도자들은 제자도의 원리들을 삶의 패턴과 확신으로 생생히 구현한다. 삶으로 본을 보여주는 것이 진정한 가르침이다. 예수님의 말씀을 기억하라. "제자가 그 선생보다 높지 못하나 무릇 온전하게 된 자는 그 선생과 같으리라". 눅 6:40

세상의 교육학이 내놓은 최신 연구 결과에 따르면, 지금도 본을 보여주는 것이 가장 중요한 학습 촉진제임을 알 수 있다. 강요나 보상은 "어떤 특정한 인물을 닮으려는 동기"는 물론, 그런 인물을 닮으려는 행위도 유발하지 못한다.* 한 개인이 다른 사람을 통제하고 통제받는 사람이 통제자의 명령에 따르는 식으로 이루어지는 학습은 가장 낮은 수준의 학습이다. 이보다 한 단계 높은 수준이 동일화identification다. 이 경우에도 만족스러운 관계를 유지하려는 욕구 때문에 영향력은 계속 유지된다. 동일화보다 한 단계 더 높은 수준이자 가장 높은 단계가 내면화internalization이다.

---

* The Study of Identification Through Interpersonal Perception, quoted in Lawrence O. Richards, *A Theology of Christian Education*(Grand Rapids: Zondervan, 1975), p. 83.

바람직한 행위는 본디 보상을 받을 만한 가치가 있기 때문이다. 본을 보여주는 것은 가치와 태도와 행위에 영향을 미치는 분위기를 만들어낸다.

제자훈련 인도자가 감당해야할 역할들은 다음과 같다.
1. 제자훈련 인도자의 첫 번째 역할이자 가장 중요한 역할은 "구성원들이 서로에게 책임을 다하는 관계"로 사람들을 초대하는 것이다. 제자훈련 인도자는 초대한 사람들에게 훈련에 헌신해야 한다는 점을 설명하고 언약에 서명을 받아야 한다"제자의 언약"을 보라. 인도자는 "언약 지킴이"keeper of the covenant가 된다. 초대받은 제자가 헌신하겠다는 언약을 놓고 기도한 뒤 그 언약에 서명할 때까지 제자훈련 과정을 시작해서는 안 된다. 이 언약이 없으면, 그룹의 구성원들이 책임을 다하도록 요구할 수 있는 근거이자 구성원들 모두가 동의한 기준이 존재하지 않게 된다.

2. 무엇보다 제자훈련 인도자는 제자훈련 그룹을 모집하고 인도하는 사람이다. 이 책은 제자훈련 인도자가 각 과를 훈련생들과 편하게 토론 형식으로 진행해갈 수 있도록 만들어놓았다.

3. 제자훈련 인도자도 제자들과 마찬가지로 이 교재가 제시한 과제들을 해야만 한다. 설령 인도자가 던지는 질문들이 그룹의 훈련 시간을 이끌어간다 할지라도, 인도자도 자기가 던진 질문에 자신 역시 대답을 하면서 자연스러운 대화가 이루어질 수 있도록 해야 한다.

4. 제자훈련 인도자는 자신이 겪고 있는 힘든 싸움, 기도 제목, 자신이 저지른 죄들을 솔직히 털어놓음으로써 투명함이 무엇인지 본을 보여야 한다. 성경과 신학에 관한 질문들이 나오더라도 인도자가 그 답을 모두 알고 있어야 하는 것은 아니다. 이 경우, 인도자는 스스럼없이 이렇게 대답하면 된다. "잘 모르겠습니다. 제가 그 답을 한번 알아보겠습니다.

아니면 이 문제를 함께 연구해보는 것도 좋겠습니다." 제자훈련 인도자는 완벽하지 않더라도 강력한 본보기가 될 수 있다. 성경과 그리스도인의 삶을 꿰뚫어보는 통찰에 관한 한, 인도자나 지금 처음으로 제자훈련을 받고 있는 사람이나 동일한 통찰을 얻게 될 것이다.

교재의 구성과 진행

이 교재는 25과로 구성되어 있다. 나는 여러분이 25주 만에 이 25개 과를 다 끝낼 수 있으리라고 생각하지 않는다. 여러분은 늘 관계를 1순위로 삼아야 한다. 그저 25개 과를 끝내는 데만 집착하는 것은 이 책의 정신에 어긋나는 것이다. 여러분이 속한 그룹의 공부 방식에 따라, 그룹이 모이는 시간에 그룹 구성원이 얼마나 깊숙한 문제까지 다른 이들과 함께 나누느냐에 따라, 해당 공부 시간에 등장한 새 이슈들을 다루고자 여러분이 그 과의 내용을 얼마나 에둘러 가느냐에 따라, 각 그룹별로 만나는 시간의 길이는 얼마든지 달라질 수 있다. 이런 소그룹 제자훈련은 참가자들에게 편안한 속도로 훈련을 진행해 가는데 그 본래 취지가 있다는 점을 유념해야 한다. 반드시 모든 질문을 다 다루어야 한다는 생각을 갖지 말라. 이 책을 필요한 것만 골라 쓸 수 있는 메뉴판으로 활용하라. 특히 여러분에게 친숙하고 이미 여러분의 삶 속에서 문제가 되고 있는 문제들을 중심으로 이 책을 활용해보라.

이 교재의 각 과는 다음과 같은 순서로 구성되어 있다.

 **핵심 진리**

핵심 진리는 각 과의 중심이다. 각 과의 나머지 부분은 중심에 자리한 이 초점을 더 분명히 깨닫게 할 목적으로 마련된 것이다. 각 과를 시작할 때는 먼저 핵심 진리에 나온 질문과 대답을 살펴보도록 하라.

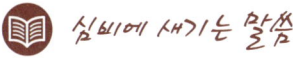 심비에 새기는 말씀

우리가 힘써 성경을 암송하게 되면, 우리는 점차 하나님의 눈으로 인생을 바라보게 된다. 시편 기자는 이렇게 기록한다. "내가 주께 범죄하지 아니하려 하여 주의 말씀을 내 마음에 두었나이다."시 119:11 말씀을 심비에 새기는 훈련을 하게 되면, 우리는 더욱더 그리스도를 닮은 사람으로 자라나 그분의 진리에 견고한 뿌리를 내리게 되고, 다른 성도들을 하나님의 말씀으로 격려할 수 있으며 우리 신앙을 다른 사람들과 나눌 수 있게 된다. 각 권이 끝날 때마다 암송한 구절을 점검해보라.

 자유케 하는 진리의 말씀

성경은 삶의 현실이 지닌 의미를 제대로 발견할 수 있는 유일한 장이다. 우리는 그저 더 많은 지식을 얻으려고 발버둥치며 우리 안에 진리를 꾸역꾸역 집어넣는 일에는 관심이 없다. 성경 공부의 목적은 현실을 직시하고 하나님의 능력을 통하여 우리 삶의 현실을 성경과 일치시키는 데 있다.

 어깨를 딛고서는 독서

각 과 끝에는 해당 과에서 다룬 주제와 연관된 읽을거리가 실려있다. 이 읽을거리에는 우리 삶에 도전을 제기하고 우리의 생각을 자극할 영원한 핵심 진리를 놓고 신앙의 선배들이 기록한 내용을 실어놓았다. 이들의 주옥같은 글은 우리에게 딛고설 어깨가 되어준다. 뒤이어 나오는 질문들을 풀어보면, 그 과에서 배운 내용을 구체적으로 깨닫게 될 것이다.

교재의 진행

『영적 성장을 향한 첫걸음』 시리즈의 매 과를 다루는 적절한 시간은 훈련생들의 영적인 수준에 따라 달라질 수 있다. 훈련 시간을 2시간 정도로 보면 대략 다음과 같은 시간 안배가 적절할 것이다.

- 아이스브레이크 및 과제물 점검 15분
- 오늘 훈련을 위한 합심 기도 10분
- 핵심진리 5분
- 심비에 새기는 말씀 20분
- 자유케 하는 진리의 말씀 30분
- 어깨를 딛고서는 독서 30분
- 정리하는 5분 메시지 및 마무리 기도 10분

제자의 언약

나는 그리스도 안에서 장성한 성도로 자라가며 이 과정을 다 마치기 위해 다음 기준을 충실히 따르기로 서약합니다.

1. 나는 매주 제자훈련 모임이 있기 전까지 그 주에 주어진 모든 과제물을 완수함으로 훈련에 전심전력을 기울이겠습니다.
2. 나는 함께 제자훈련을 받는 지체들과 1주일에 1시간 내지 1시간 반 정도 만나서 훈련과 과제물 내용을 가지고 은혜로운 대화를 나누겠습니다.
3. 나는 제자훈련을 받는 동안 내가 점점 더 빨리 변화할 수 있으리라 기대하며 하나님께 나 자신을 온전히 바치겠습니다.
4. 나는 서로 세워주는 정신으로 다른 사람의 약점을 너그러이 감싸주고 정직과 신뢰의 분위기를 만드는 데 기여하겠습니다.
5. 나는 다른 사람들의 삶에 헌신하여 선한 영향력을 미침으로써 제자훈련의 영향력을 계속 확대해가겠습니다.
6. 나는 이 과정을 마치고 난 뒤에 교회에서 준비한 후속 훈련과정을 성실하게 받아 그리스도 안에서 장성한 성도로 자라가겠습니다.

이름 _____

서명 _____

_____ 년 _____ 월 _____ 일

위의 내용은 제자훈련을 받는 훈련생들에게 요구되는 최소한의 책임이다. 매 권을 시작할 때 다시 검토하여 갱신할 수 있다. 교회의 상황과 여러분의 목회철학에 따라 이 언약에 다른 요소들을 자유롭게 추가할 수 있다.

1과 | 제자 삼기   2과 | 제자 되기
3과 | 경건의 시간(Q.T.) 4과 | 성경 공부
5과 | 기도   6과 | 예배

영적 성장을 향한 첫걸음에 당신이 함께하게 된 것을 환영한다. 이 훈련은 당신의 영혼을 더 빨리 성장시킬 것이다. 친밀하면서도 높은 헌신을 요구하는 이 훈련에는 효과를 극대화하는 세 가지 요소가 함께 들어있다. 그것은 바로 취약성vulnerability, 진리truth 그리고 책임성accountability이다.

취약성은 당신이 자신의 삶을 다른 성도들에게 내보이고 자신의 모든 면모를 드러내보이면서 성령이 당신 안에서 역사하시도록 허락할 때 나타난다. 당신이 다른 사람들에게 더 정직하고 더 투명할수록, 당신은 자신의 삶을 하나님께 더 내어맡기게 될 것이다.

성경의 **진리**는 영적 성장으로 인도하는 전위 역할을 한다. 이 책의 내용은 차례를 따라 체계적으로 제시되기 때문에, 훈련과정이 진행됨에 따라 당신은 진리가 구체적인 형상을 갖춰가는 모습을 목격하게 될 것이다.

마지막으로, **책임성**은 다른 사람들과 언약을 맺음으로써 그들에게 당신의 헌신을 독려할 권한을 주는 것을 의미한다. 이 세 요소가 결합하여 하나의 틀을 이루게 되면, 하나님은 이 틀을 사용하셔서 하나님의 형상을 당신의 삶 속에서 이루어가신다.

1과의 주제는 **제자 삼기**다. 이 과를 통해 당신의 삶에 견고한 기초가 놓이게 될 것이다. 다른 사람들에게도 그런 견고한 신앙을 전해주고픈 욕구는 성숙한 영혼이 나타내는 특징 가운데 하나다. 부디 하나님이 당신을 붙잡으셔서 다른 사람들에게 헌신하는 사람, 생명을 건지는 일에 헌신하는 사람으로 준비시켜 주시기를 기도한다.

2과 제자 되기는 진지한 과업이다. 당신이 하나님이 원하시는 사람으로 빚어질 수 있는 유일한 길은 자기 자신을 포기하고 그리스도께 순종하는 것이다.

영적 훈련을 시작하는 첫걸음

3과부터 6과까지는 신앙 훈련에 초점을 맞춘다. 이런 훈련들은 우리가 그리스도를 닮기까지 자라갈 수 있도록 도와주고자 하나님이 사용하시는 방법들이다. '훈련'이라는 말은 우리에게 때로 부담스럽게 다가온다. 그러나 이 책에서 말하는 훈련의 개념은 리처드 포스터Richard Foster가 『영적 훈련과 성장』 Celebration of Discipline에서 말하는 훈련의 개념과 같다고 생각하면 된다. 포스터는 영적 훈련을 "우리가 하나님과 친밀한 사귐을 나눌 수 있게끔 하나님의 임재 안에 거하는 연습"이라고 말한다.

3과의 주제인 **경건의 시간(Q.T.)**이란 매일 시간을 정해놓고 하나님과 만나는 일을 시작하는 것이다. 경건의 시간은 당신이 하나님을 가장 친밀한 벗이자 당신을 지켜주시는 요새요 보호자로 체험하는 안전한 장소가 될 수 있다. 경건의 시간은 당신이 자신의 마음을 있는 그대로 쏟아놓는 시간이자 하나님이 말씀과 영으로 당신에게 말씀하시는 시간이다.

4과에서 다루는 **성경 공부**는 경건의 시간의 핵심 요소이다. 이 교재는 귀납적 성경 공부 방법을 가르쳐준다. 이 방법은 일련의 관찰 질문을 통하여 성경 본문의 의미를 발견해가는 탐구 작업이다. 이 책은 처음부터 끝까지 귀납적 방법으로 하나님의 진리를 캐내는 작업을 이끌어준다.

5과에서 다루는 **기도**는 경건의 시간을 구성하는 또 하나의 핵심 요소다. 기도에 관해 간단한 길잡이를 제공하는 5과는 '기도는 곧 대화'라는 틀을 제시하고 있다.

마지막으로 6과에서는 **예배**에 초점을 맞춘다. 개인적으로 드리는 예배이든 공예배이든, 예배는 우리가 천국에서 누릴 영생의 성격을 보여주는 행위다. 우리는 지금 여기에서도 천상의 예배에서 느낄 경외감과 경이감을 조금이나마 맛볼 수 있다.

Growing Up in Christ

1과 제자 삼기

심비에 새기는 말씀 마태복음 28:18~20
자유케 하는 진리의 말씀 누가복음 6:12~16; 9:1~6, 10
어깨를 딛고서는 독서 성경은 제자를 삼으라고 요구한다

 핵심 진리

제자를 길러낸다는 것은 무엇인가?

제자훈련은 일정한 목적을 가지고 만나는 의도적인 관계다. 이 관계 속에서 우리는 피차 사랑으로 격려하고, 모자란 부분을 채워주고 도전함으로써, 그리스도 안에서 장성한 성도로 자라가고자 다른 제자들과 동행한다. 이런 훈련에는 그 제자가 또 다른 제자들을 잘 가르칠 수 있도록 무장시키는 것도 포함된다.

위에서 제시한 질문과 대답의 핵심 문구를 확인해보라. 그리고 그 의미를 당신 자신의 말로 이야기해보라.
– 제자훈련은 일정한 **목적**이 있다.
– 제자훈련은 그 목적을 위해 **모여야** 한다.
– 모이는데 공부만 하러 모이는 것이 아니라 **관계**가 핵심이다.
– 사랑으로 격려하고, 모자란 부분을 채워주고, 서로에게 도전해야 한다.
– 그리스도 안에서 장성한 성도로 자라가야 한다.
– 다른 제자들과 동행해야 한다.
– 재생산해야 한다.

> 🔍 **인도자를 위한 팁**
> 이 부분에서 너무 많은 시간을 들이지 않도록 주의하라. '핵심 진리'는 오늘 다룰 주제에 대해 큰 그림을 그리는 것으로 족하다.

심비에 새기는 말씀

예수님께서 교회에 주신 사명은 제자를 삼으라는 것이다. 사람들은 보통 마태복음 28:18~20을 '대위임령'이라고 부른다.

1. 마태복음 28장을 읽어보라. 예수님께서 대위임령을 주시기 전에 일어난 중요 사건은 무엇인가? 관찰 질문
   – 마태복음 28장의 전반부에는 예수님의 부활 사건(28:1-15)이 기록되어 있다.

> 🔍 인도자를 위한 팁
>
> 관찰 질문은 성경을 읽으면 답이 나오는 부분이다.
> 관찰 질문에서는 너무 많은 시간을 들이지 않도록 주의하라.

이 사건은 제자들에게 어떤 영향을 주었을 것이라 생각하는가?
 해석 질문
– 각자 생각을 나누도록 도우라.
– 예수님께서 실패한 메시아가 아니라 대속의 죽음을 죽으시고 부활하신 승리의 메시야이심을 분명히 깨닫게 되었을 것이다.
– 이런 패러다임의 전환은 쉽지 않았을 것이다. 그동안 예수님을 통해 가르침 받고 훈련받아 온 내용이 재정리되고, 재해석되는 과정을 거쳐야만 했을 것이다.

> 🔍 인도자를 위한 팁
>
> 해석 질문은 성경을 연구하거나 묵상해보아야만 답이 나오는 질문이다.
> 앞서 관찰한 부활 사건이 제자들에게 어떤 영향을 주었을지 묵상하고 생각을 정리하도록 도우라.

I권 1과 제자 삼기

2. 오늘 우리가 심비에 새길 말씀은 마태복음 28장 18~20절이다. 이 구절들을 소리 내어 암송해보라.

> **마태복음 28:18~20**
>
> 18 예수께서 나아와 말씀하여 이르시되 하늘과 땅의 모든 권세를 내게 주셨으니 19 그러므로 너희는 가서 모든 민족을 제자로 삼아 아버지와 아들과 성령의 이름으로 세례를 베풀고 20 내가 너희에게 분부한 모든 것을 가르쳐 지키게 하라 볼지어다 내가 세상 끝날까지 너희와 항상 함께 있으리라 하시니라

3. 이 구절은 예수님에 관하여 무엇을 가르쳐주는가? 🔖 **관찰 질문**
   - 하늘과 땅의 모든 권세를 가지고 계신 분이다.
   - 제자들에게 가르쳐 지키게 해야 할 일들을 분부하신 분이다.
   - 세상 끝날까지 우리(제자들)와 항상 함께 있는 분이다.

4. 왜 예수님은 "제자를 삼으라"고 명령하시면서, 그 전제로 당신의 권세(18절)를 강조하시는가? 🔖 **해석 질문**
   - "제자를 삼으라"는 말씀은 권면이나 부탁이 아니라 명령이기 때문이다.

5. 제자를 삼는 일은 어떻게 이루어질 수 있을까? 🔖 🔖 **관찰+해석 질문**
   - 아버지와 아들과 성령의 이름으로 세례를 베풀어야 한다.
   - 예수님께서 분부한 모든 것을 가르쳐야 한다.
   - 예수님께서 분부한 모든 것을 **지킬 때까지** 가르쳐야 한다.

6. 제자는 언제 만들어지는가? 🔖 **해석 질문**
   - 제자가 되는 일은 한번 배운다고 되는 것이 아니다. **지킬 때까지 배워야**

한다.
- 제자가 되는 일은 한두 가지 지킨다고 되는 일이 아니다. 예수님께서 분부한 **모든 것**을 지킬 때까지 훈련받아야 하는 것이다.
- 예수님의 마음을 배우고, 예수님께서 분부한 모든 것을 지켜 행함으로써, 작은 예수가 될 때 비로소 온전한 그리스도의 제자가 되는 것이다.

7. 이번 주에 이 구절이 여러분에게 무엇을 말씀해주었는가? 적용 질문
- 이 구절을 묵상하고 암송하며 깨달은 바를 나누도록 하라.
- 특별히 앞으로 이어질 제자훈련에 어떤 자세로 임해야 할지 물어보고 '지킬 때까지 배우겠다'는 각오를 다지게 하라.

> 🔍 **인도자를 위한 팁**
>
> 귀납적 성경공부에서 적용 질문은 4P적용-(개인적이고 Personal, 구체적이고 Practical, 점진적이고 Progressive, 가능한 Possible)이 이루어지게 해야 한다.
> 그룹 구성원이 4명이 넘어설 경우 2~3명만 나누도록 하라.
> 인도자는 주의 깊게 경청하고, 나눈 이야기를 재정리하며 이야기의 흐름을 잡아가야 한다.

 자유케 하는 진리의 말씀

예수님은 늘 자신의 지상 사역이 끝날 때를 염두에 두고 사셨다. 예수님 앞에는 아버지께 올라간 뒤에 그 사역을 이어받을 몇 사람을 준비시키는 일이 항상 놓여 있었다. 오늘 배울 말씀은 예수님이 택하신 제자들을 훈련시켜 이들에게 사역을 넘겨주는 데 초점을 맞추고 있다.

1. 누가복음 6장 12~16절과 9장 1~6, 10절을 읽어보라. 당신은 예수님께서 무엇을 놓고 밤새 기도하셨을 것이라고 생각하는가?(이어지는 '어깨를 딛고서는 독서'를 읽어보면 몇 가지 단서를 찾을 수 있을 것이다.) 관찰 질문
   - 예수님께서 밤이 새도록 기도하시고 나서 열두 명의 제자를 택하셨다(눅 6:12-13).
   - 밤새도록 제자 선택을 위해 기도하셨을 것이다.

2. 누가복음 9장 1~6절로 보아 당신은 예수님이 전략적으로 열두 제자를 뽑으신 목적이 무엇이라고 생각하는가? 관찰 질문
   - 하나님의 나라를 전파하게 하려고(2절 상)
   - 앓는 자를 고치게 하려고(2절 하)
   - 여기서는 초점이 은사중심적으로 흘러가지 않게 조심하라. 방향이 그쪽으로 잡히면 이야기가 상당히 길어질 수 있다.

3. 예수님은 제자들에게 무슨 능력과 권세를 주셨는가(눅 9:1)?
   관찰 질문
   - 모든 귀신을 제어하며 병을 고치는 능력과 권세를 주셨다.

   오늘 우리는 예수님께 무슨 능력과 권세를 받으리라고 기대할 수 있는가? 해석 질문
   - 이 부분은 목회자의 신학적 입장에 따라 성도들의 이야기를 들으며 이끌어가도록 하라.

4. 제자들이 돌아온 뒤에 예수님은 그들에게 어떤 역할을 하셨는가 (눅 9:10)? 관찰 질문

- 데리시고 따로 벳새다라는 고을로 떠나가셨다.
- 예수님께서는 사역으로 지친 제자들에게 쉼을 주기 원하셨다.
- 물론 백성들의 사역적 요구에 밀려 제대로 쉬지 못하셨지만(눅 9:11-17), 제자들을 훈련시키실 때 훈련만을 강조하신 것이 아니라 쉼과 사역이 병행되도록 하셨다는 사실이 중요하다.

5. 당신에게 특히 영향을 준 구절이 있다면 무엇인가? 📖 **적용 질문**
   - 돌아가면서 자신에게 특히 영향을 준 구절을 나누도록 하라.
   - 그리고 왜 그 구절이 특히 영향을 주었는지도 물어보라.
   - 이런 추가 질문, 심화 질문들을 통해 은혜가 더 풍성해지는 것을 경험하게 될 것이다.

 어깨를 딛고서는 독서

성경은 제자를 삼으라고 요구한다
- 독서 자료는 교재에 실려 있습니다.

■ **생각해볼 문제들**

1. 예수님이 열둘을 뽑아 함께 있게 하신 이유는 무엇이었는가?
   - 예수님은 몇 사람에게 집중하심으로써 사역의 연속성을 확보하실 수 있었다.
   - 예수님은 군중들이 변덕쟁이라는 점을 알고 계셨다.
   - 모든 영혼에게 다가갈 수 있는 유일한 길이었기 때문이다.

우리는 여기서, 사람들을 그리스도 안에서 장성한 성도로 자라게 하려면 어떻게 해야 한다는 것을 배울 수 있는가? 📖 **적용 질문**

- 훈련을 받아야 한다는 점을 부각시키도록 하라.
- 이 훈련이 그저 나 한 사람만 복 받고 변화되는 데 목적이 있는 것이 아니라, 더 많은 사람을 복 받고 변화되게 하는 데 목적이 있다는 사실을 강조하라.
- 우리 교회는 '다수에게 다가갈 수 있는 프로그램'에 관심이 있는지, '다수가 따르게 될 사람들'에 관심이 있는지 물어보라. 그리고 어느 쪽으로 방향을 잡아가야 할지 물어보라.

2. 바울은 어떤 식으로 예수님의 방법론을 본받았는가?
   - 각 사람에게 초점을 맞췄다(골 1:28-29).
   - 제자훈련의 네트워크를 구축했다(딤후 2:2).
   - 본을 보였다(고전 4:16).

3. 바울은 고린도전서에서 "너희는 나를 본받는 자가 되라"(4:16)고 권한다. 당신도 바울처럼 말하거나 바울처럼 살 수 있는가? 그렇다면 또는 그렇지 않다면, 그 이유는 무엇인가? 📖 **적용 질문**
   - 훈련생들이 대부분, 부족한 점을 고백할 것이다. 그들의 마음을 감싸고 위로해 주고, 앞으로 이 과정을 해가면서 어떻게 하기를 원하는지, 어떻게 해야 하겠는지를 나누도록 하라.

4. 효과적인 제자훈련 관계를 이루어가려면 어떤 요소들이 필요한가?
   - 삶을 깊이 나눌 수 있을 정도의 소그룹
   - 관계를 통한 배움이 일어나는 분위기
   - 다수가 따르게 될 사람들을 길러내고자 하는 목표

5. '어깨를 딛고서는 독서'가 당신에게 확신이나 도전이나 위로를 주었는가? 그 이유는 무엇인가? 📖 **적용 질문**

– 이 훈련을 시작하면서 다들 부담이 있을 것이다. 이 과의 '어깨를 딛고 서는 독서'를 읽으며 도전이나 위로가 된 부분을 함께 나누면서 서로 격려하게 하라.

 인도자를 위한 더 깊이 나아가기

로버트 콜먼의 『주님의 전도계획』(생명의말씀사 역간)을 보고, 이 고전이 제시하는 8단계 과정을 요약해보라.

 과제물

1. 2과를 예습하라.
2. 2과의 심비에 새기는 말씀(누가복음 9:23~24)을 암송하라.
3. 교회가 제시하는 성경읽기표대로 매일 성경을 읽어나가라.
4. 주일예배, 수요예배를 비롯하여 목회자가 강조하는 교회의 공예배에 참여하라.
5. 주중에 같이 훈련받는 지체 3명 이상에게 전화하여 서로 격려하고 은혜를 나누라.

2과 제자 되기

심비에 새기는 말씀 누가복음 9:23~24
자유케 하는 진리의 말씀 누가복음 5:1~11
어깨를 딛고서는 독서 내 모든 것을 요구한다

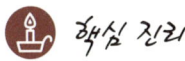 **핵심 진리**

제자는 어떤 사람인가?

제자는 예수 그리스도를 따르라는 은혜로운 부르심에 믿음과 순종으로 응답하는 사람이다. 제자가 되는 것은 평생에 걸친 과정으로, 자아가 죽고 예수 그리스도가 우리 안에 들어와 사시도록 하는 것이다.

위에서 제시한 질문과 대답의 핵심 문구를 확인해보라. 그리고 그 의미를 당신 자신의 말로 이야기해보라.

- 제자는 **예수 그리스도를 따르라는 부르심에 응답하는 사람**이다.
- 그 부르심은 **은혜로운 부르심**이다.
- 그 부르심에 응답하기 위해서는 **믿음과 순종**이 필요하다.
- 이 응답의 과정은 **평생에 걸친 것**이다.
- 결국 **내 자아가 죽는 과정**이다.
- **예수 그리스도가 내 안에 들어와 사시도록 하는 것**이다.

심비에 새기는 말씀

예수님은 결코 가식이나 거짓 약속으로 사람을 꾀어 제자로 만드신 적이 없다. 그분은 제자가 될 수 있는 조건과 제자가 누릴 수 있는 유익을 분명하게 제시하셨다.

1. 누가복음 9장 18~27절을 읽어보라. 예수님이 요구하시는 제자도의 배경은 무엇인가? 관찰 질문
   - 예수님께서 제자들에게 질문하셨다. "무리가 나를 누구라고 하느냐?"(눅 9:18)
   - 제자들은 "세례 요한, 엘리야, 옛 선지자 중의 한 사람이 살아났다고 합니다"라고 대답했다(눅 9:19).
   - 예수님은 또 질문하셨다. "너희는 나를 누구라 하느냐?"(눅 9:20)
   - 베드로가 "하나님의 그리스도시니이다"라고 대답했다(눅 9:20)
   - 이런 신앙고백을 듣고 난 다음, 예수님은 자신의 고난 당하실 것을 가르치시고, 무리들에게 오늘 심비에 새기는 말씀인 누가복음 9장 23-24절의 요구(제자도의 요구)를 하시는 것이다.

2. 오늘 우리가 심비에 새길 말씀은 누가복음 9장 23~24절이다. 이 구절을 소리 내어 암송해보라.

> **누가복음 9:23~24**
>
> 23 또 무리에게 이르시되 아무든지 나를 따라오려거든 자기를 부인하고 날마다 제 십자가를 지고 나를 따를 것이니라 24 누구든지 제 목숨을 구원하고자 하면 잃을 것이요 누구든지 나를 위하여 제 목숨을 잃으면 구원하리라

I권 2과 제자 되기

3. 예수님이 요구하시는 세 가지는 무엇인가? 🏛 **관찰 질문**
   - 예수님은 자신을 따라오려면 ① 자기를 부인하고, ② 날마다 자기 십자가를 지고, ③ 예수님을 따르라고 하신다.
   - 예수님을 따르려는 사람은 이 세 가지를 하나도 빠짐없이 지켜야 한다.
   - 예수님을 따르겠다고 말은 하면서도 이 세 가지를 지키지 않는다면 그것은 립서비스에 지나지 않는 것이다.

   자신을 부인한다는 것은 무슨 뜻인가? 🏛 **해석 질문**
   - 우리는 시간과 물질을 내 방식대로 사용하려는 이기적인 욕망을 부인해야만 한다.
   - 우리 인생의 방향을 내 마음대로 선택하려는 욕망을 부인해야만 한다.
   - 하나님이 원하시는 방식대로 시간과 물질을 사용하고, 하나님이 원하시는 인생의 방향으로 나아가야 한다.
   - 자신을 부인하는 것은 큰 대가지불이다. 그러나 하나님 나라에 이르면, 이런 대가지불이 결국에는 옳은 것이었다는 것이 증명될 것이다.
   - 예수님은 그만큼 자신이 있으시기 때문에 과감히 이런 요구를 하셨다.

4. 당신이 자기 자신의 목숨을 구하려 했던 경험이 있다면 이야기해 보라. 🏛 **적용 질문**
   - 각자 그런 경험이 있었는지 나누도록 하라.
   - 자기 목숨을 구하려 했던 경험이 없다면, 자기 유익을 추구했던 경험이 있는지 나눠보라.
   - 그렇게 쥐려할 때 쥐어졌는지 나눠보라.
   - 그 순간에는 잡히는 것 같지만, 결국은 잡히지 않는다는 사실을 발견하도록 적용을 이끌어가라.

5. 예수님 때문에 목숨을 잃는 것이 실은 목숨을 구하는 것이 되는 이유는 무엇인가? 🔖 **해석 질문**
   - 이 세상의 삶이 전부라면 예수님 때문에 목숨을 잃는 것은 헛수고가 될 것이다.
   - 그러나 우리에게는 하나님의 나라가 약속되어 있다. 영원한 생명이 약속되어 있다.
   - 누구든지 현세의 삶이 가장 중요하다고 생각하면 그런 가치관에 따라 선택하고 행동할 것이다.
   - 그러나 내세가 우리에게 약속되어 있다는 사실을 인정하는 사람은 다르게 생각하고, 다르게 선택하고, 다르게 행동할 것이다.

6. 이번 주에 이 구절이 당신에게 무엇을 말씀해주었는가? 🔖 **적용 질문**
   - 이 구절을 묵상하고 암송하며 깨달은 바를 나누도록 하라.
   - 특별히 앞으로 이어질 훈련에 어떤 자세로 임해야 할지 물어보고 ① 자기 자신을 부인해야 할 영역은 무엇인지 ② 자신이 날마다 져야 할 십자가는 무엇인지 나누도록 하라.

✍ 자유케 하는 진리의 말씀

예수님의 인격이 가진 흡인력과 힘은 우리 신앙의 중심이다. 오늘 다룰 본문의 사건은 예수님이 베드로의 삶에 끼친 거부할 수 없는 흡인력과 놀라운 영향력을 잘 묘사해주고 있다.

1. 누가복음 5장 1~11절을 읽으라. 극적인 물고기잡이의 배경을 설명해보라(1~3절). 🔖 **관찰 질문**

관찰 보조 : 누가 하나님의 말씀을 들었는가?(1절)

– 무리들

관찰 보조 : 예수님은 누구의 배에 올라 가르치셨는가?(3절)

– 시몬 베드로의 배

관찰 보조 : 예수님께서 하나님의 말씀을 가르치시려 할 때, 시몬은 무엇을 하고 있었나?(2–3절)

– 배에서 나와서 그물을 씻고 있었다.

– 정리해보면, 예수님께서 몰려온 무리들에게 하나님의 말씀을 전하셨는데, 게네사렛 호숫가에서 그물 씻는 시몬의 배에 올라가 무리를 가르치셨다.

2. 예수님은 베드로에게 "깊은 데로 가서 그물을 내려 고기를 잡으라"(4절)라고 명령하신다. 예수님은 이 명령으로 자신이 어떤 분임을 보여주려 하셨는가? 🔖 **해석 질문**

   해석 보조 : 고기를 잡기에 가장 좋은 때와 가장 좋은 곳은 어디인가?

   – 깊은 밤중에 깊은 물에서 고기가 가장 잘 잡힌다.

   관찰 보조 : 베드로는 예수님의 이 요구에 어떻게 반응했는가?(5절)

   – "선생님 우리들이 밤이 새도록 수고하였으되 잡은 것이 없지마는 말씀에 의지하여 내가 그물을 내리리이다."

   관찰 보조 : 예수님의 말씀에 순종한 결과는 어떠했는가?(6–7절)

   – 고기를 잡은 것이 심히 많아 그물이 찢어졌다(6절).

   – 다른 배에 있는 동무들에게 손짓하여 와서 도와달라고 했다. 두 배에 채웠는데 잠기게 될 정도로 고기가 많이 잡혔다(7절).

   – 예수님은 자신이 자연을 다스리시는 하나님이라는 사실을 밝히 보여주려 하셨다.

3. 물고기가 많이 잡히자 베드로가 처음과 다른 반응을 보인 점에 주목하라(8절). 그는 왜 이런 대답을 했을까? 🔖 **해석 질문**

관찰 보조 : 베드로는 어떻게 반응했는가?
- "예수님의 무릎 아래에 엎드려 이르되 주여 나를 떠나소서 나는 죄인이로소이다 하니"
- 베드로는 자신의 죄를 깨달았다.

해석 보조 : 그가 특별히 죄가 많아서 그렇게 대답했을까?
- 그가 특별히 죄가 많은 것이 아니라 신성 앞에서 누구라도 느낄 수밖에 없는 공포를 느낀 것이다.

4. 사람을 취한다는 것(10절)은 무슨 뜻인가? **해석 질문**
   - 마태복음 4장 19절에서는 "사람을 낚는 어부가 되게 하리라"고 말씀하신다.
   - 예수님께서 제자들을 부르신 목적은 처음부터 제자들에게만 국한된 것이 아니라 제자들을 통해 많은 사람들이 영적인 유익을 누리는 데 있었다.

5. 11절에서 누가는 제자들이 "모든 것을 버려두고 예수를 따랐다"고 우리에게 알려준다. 제자들은 무엇을 포기했는가?(이 포기가 사업에 큰 성공을 거둔 뒤에 곧바로 이루어졌다는 점을 주목하라.) **해석 질문**
   - 마태복음 4장 20절에서는 "그물을 버려두고 예수를 따르니라"라고 기록되어 있다.
   - 제자들은 생계의 수단이었던 '배와 그물'을 버려두었다.

   해석 보조 : 먹고 사는 게 힘들어서 버려둔 것인가?
   - 아니다. 그들은 먹고살 만했고, 예수님께서 기적을 통해 두 배가 잠기도록 물고기를 잡게 해주셨다.

6. 당신은 예수님이라는 분이 지닌 힘을 어떻게 묘사하겠는가? **적용 질문**
   - 돌아가면서 각자가 자기 말로 표현하도록 기회를 주라.

- 예수님은 자연을 포함해 우주만물을 다스리시는 하나님이시다.
- 예수님은 우리 인생의 성공과 실패를 주관하시는 분이시다.

7. 당신에게 특히 영향을 준 구절이 있다면 무엇인가? **적용 질문**
   - 돌아가면서 자신에게 특히 영향을 준 구절을 나누도록 하라.
   - 그리고 왜 그 구절이 특히 영향을 주었는지도 물어보라.
   - 이런 추가 질문, 심화 질문을 통해 은혜가 더 풍성해지는 것을 경험하게 될 것이다.

어깨를 딛고서는 독서

내 모든 것을 요구한다
- 독서 자료는 교재에 실려 있습니다.

■ **생각해볼 문제들**

1. 스캇 펙은 이렇게 말한다. "삶은 고달프다. 우리가 일단 이 진리를 알면, 우리는 이 진리를 초월한다." 당신은 이 말에 동의하는가, 동의하지 않는가? 그 이유는 무엇인가?
   - "삶이 왜 이렇게 고달프지?"라는 질문을 던진다는 것은 "삶이 고달프지 않을 수 있다"는 가능성을 염두에 두고 있는 말이다.
   - 그러나 "범죄한 인간의 삶이 원래 고달플 수밖에 없고, 고달픈 인생의 해결책은 나에게 있는 것이 아니라 하나님께 있다"는 사실을 인정하는 사람은 삶에 대한 태도가 달라지게 된다.

2. 예수님이 종교 지도자들의 손에 죽어야 한다고 말씀하셨을 때, 베드로가 이 말씀을 받아들이기 어려웠던 이유는 무엇인가?
   – 고난과 죽음은 베드로가 생각하는 메시아(영광의 메시아)와 어울리지 않는 일이었다.
   – 그는 메시아를 영광과 능력으로 임하실 분이라고 생각했다.

   예수님의 이 말씀을 지금도 받아들이기 어려운 이유는 무엇인가?
   📖 적용 질문
   – 예수님을 따르는 이유가 이생에서의 성공과 부 때문이라면 아직도 예수님의 이 말씀을 받아들이기가 쉽지 않을 것이다.
   – 영원한 생명을 얻기 위해서는 이 땅에서 자기를 부인하고, 자기 십자가를 지고, 주님을 뒤따르는 삶이 필요하다. 좁은 길을 걸어야 한다. 다르게 살아야 한다. 말씀대로 살아가야 한다.
   – 당신은 예수님을 "영광의 메시아"로 생각하는가? "고난의 메시아"로 생각하는가?
   – 그렇게 생각하고 신앙생활했을 때 어떤 유익이나 손해가 있었는가?
   – 앞으로 예수님을 어떤 메시아로 인정하며 뒤따라야 하겠는가?
   – 각자의 생각을 나누고 헌신하게 하라.

3. '어깨를 딛고서는 독서'는 '너 자신을 부인하라'라는 말이 의미하지 않는 많은 것들을 제시한다. 그 중 당신에게 해당하는 것은 무엇이며, 그 이유는 무엇인가? 📖 적용 질문
   – '어깨를 딛고서는 독서'는 "부인하라"는 말이 의미하지 않는 것 4가지를 제시한다.
   ① 사물을 부인한다는 의미가 아니다.
   ② 자신의 가치를 부인하라는 말도 아니다.
   ③ 자신의 행복을 부인하라는 말도 아니다.

I권 2과 제자 되기

④ 자신의 두뇌를 부인하라는 의미도 아니다.
- 각자 자신이 "자기부인은 이런 것일거야!"라고 생각하며 부담스러워했던 부분들에 대해서 나누라. 그리고 그렇게 생각할 때 신앙생활에 어떤 불이익이 있었는지 물어보라.
- 서로 돌아가면서 나누고 나면, 정리한 부분을 명확히 마음에 새기도록 이끌고, 그런 잘못된 부담에서 자유해지도록 이끌라.

> **인도자를 위한 팁**
> 신앙생활이란 정말 부담스러워해야 할 부분에 대해 짐을 지고 변화해야하는 것이지, 자유해야 할 부분에 대해 스스로 짐 지고 힘들어하는 것이 아니다. 살아있는 하나님의 말씀을 바로 깨닫고 나면 진리로 자유케 되는 역사가 나타나는 것이다. 훈련은 바로 이런 작업을 하는 과정이다.

4. 저자는 "자기 십자가를 지라"는 말이 우리 삶은 이미 끝났다는 의미라고 말한다. 이 말은 무슨 뜻인가? 당신은 이 말을 어떻게 받아들이는가? 📖 **적용 질문**
- 저자는 "자기 십자가를 지라"는 말이 의미하지 않는 것을 먼저 제시한다.
- 이 말은 오랜 병고나 장애, 좋지 않은 경험이나 부담스러운 관계를 꾹 참고 지내라는 말 정도가 아니다.
- 사형 선고를 받은 죄수처럼 십자가를 지라는 의미이다.
- 자신이 죽은 사람임을 만천하에 알리라는 것이다.
- 이미 죽은 자, 이 땅의 소망과 꿈을 모두 땅 속에 묻은 자, 우리 스스로 세웠던 계획과 포부들을 모두 땅 속에 묻은 자로 여기라는 것이다.
- 이 말씀은 따르기 힘든 말씀이지만, 동시에 해방을 안겨주는 말씀이기도 하다.
- 왜냐하면 인간을 속박하는 온갖 것들은 우리 자신이 스스로 신이 된 결과물이기 때문이다. 우리가 부정하고 그릇된 왕관을 벗어버릴 때, 우리가

스스로 신이 아님을 인정할 때, '나'라는 신은 이미 죽었다고 생각하고 살아갈 때 우리는 진정으로 자유해진다.
- 훈련생들이 지금까지 "자기 십자가를 지라"는 말씀의 의미를 어떻게 받아들였는가?
- 그런 의미로 받아들일 때 신앙생활에 어떤 불이익이 있었는가?
- 정말 진리로 자유해지기 위해 이 말씀을 어떻게 인정하고 수용해야 하는지 나누도록 하라.

5. 어떻게 우리는 자신의 생명을 버릴 때 비로소 생명을 찾게 되는 것일까? 📖 적용 질문
- 우리의 생명을 버린다는 것은 "우리 존재, 우리 소유 전부를 내놓고 예수님과 예수님이 전하신 복음을 얻는 것이다. 여기에 내 집, 내 돈, 내 재능과 은사, 내 두뇌, 내 마음, 내 손, 내 발, 내 입이 있습니다. 이 모든 것을 당신을 영화롭게 하고 이 땅에서 당신의 목적을 더 이뤄가는 데 사용하십시오"라고 인정하는 것이다.
- 세상의 지혜로 보면 이것은 무모한 짓이다.
- 그러나 역사가 막을 내리는 순간, 오직 하나님 나라만이 의미가 있을 것이다.
- 짐 엘리엇의 말을 기억하라. "영원한 것을 얻고자 영원하지 않은 것을 버리는 사람은 결코 바보가 아니다."

- 영원한 것을 얻고자 영원하지 않은 것을 버린 경험이 있는지 나눠보라.
- 그렇게 했을 때 손해 본다는 느낌은 없었는가?
- 어떻게 그런 느낌을 극복하고 영원한 것을 위해 내려놓을 수 있었는가?
- 그렇게 내려놓고 나서 영적으로 어떤 유익이 있었는지 나누도록 하라.
- 이번 주간에 영원한 것을 위해 영원하지 않은 것을 내려놓아야 할 일은 없는지 나누고 결단하게 하라.

6. '어깨를 딛고서는 독서'는 결론부에서 우리가 예수님의 철저한 요구를 정면으로 받아들이지 못하고 있다는 표지들을 몇 가지 제시한다. 이 표지들 중 당신 자신에게 해당하는 것이 있다면 어떤 것인가? 🔖 **적용 질문**
   - 질투
   - 경쟁심
   - 말다툼을 즐기는 마음
   - 과민반응
   - 좋은 차, 좋은 집을 누릴 만한 자격이 있다고 믿는 마음
   - 미래를 계획할 때 하나님 나라를 염두에 두지 않고, 우리가 가진 자원을 자신의 왕국을 발전시키는 데 활용하는 태도
   - 훈련생 자신에게 이런 태도가 없는지 확인해보라.
   - 그런 태도가 마음에 또아리를 틀고 있을 때 어떤 영적 손해를 보게 되는지, 이런 태도를 극복하려면 어떻게 해야 하는지를 나눠보라.

7. '어깨를 딛고서는 독서'가 당신에게 확신이나 도전이나 위로를 주었는가? 그 이유는 무엇인가?
   - 정리하면서 감사의 기도제목을 생각해보도록 이끌라.
   - 훈련생들이 모두 나누고 나면 함께 확신과 깨달음과 도전과 위로를 주신 하나님께 감사하고, 이번 주에 실천하기로 결단한 내용을 하나님께 내어드리며 맡기는 기도의 시간을 가지라.

 인도자를 위한 더 깊이 나아가기

빌 헐의 『온전한 제자도』(국제제자훈련원 역간) 1장을 읽어보라.

 과제물

1. 3과를 예습하라.
2. 3과의 심비에 새기는 말씀(시편 1:1-3)을 암송하라.
3. 교회가 제시하는 성경읽기표대로 매일 성경을 읽어나가라.
4. 주일예배, 수요예배를 비롯하여 목회자가 강조하는 교회의 공예배에 참여하라.
5. 주중에 같이 훈련받는 지체 3명 이상에게 전화하여 서로 격려하고 은혜를 나누라.

3과 경건의 시간(Q.T.)

심비에 새기는 말씀 시편 1:1~3
자유케 하는 진리의 말씀 요한복음 15:1~11
어깨를 딛고서는 독서 Q.T.를 소개합니다

 핵심 진리

제자는 매일 그리스도 안에서 어떻게 자라가는가?

예수님은 아버지를 만나러 "한적한 곳"으로 가셨다(막 1:35). 마찬가지로, 예수님의 제자 역시 분주한 삶에서 벗어나 조용하게, 구주요 주인이신 그분과 1대 1로 만나는 시간을 가져야 한다.

위에서 제시한 질문과 대답의 핵심 문구를 확인해보라. 그리고 그 의미를 당신 자신의 말로 이야기해보라.
- 제자는 하나님을 만나야 한다.
- "한적한 곳"에서 만나야 한다. 하나님께만 집중할 수 있는 환경과 여건이 되어야 한다. 예수님께서 "새벽 아직도 밝기 전"에 "한적한 곳"을 찾아 나가신 것은 다른 사람의 방해를 받지 않고 하나님께만 집중하기 위해서였다.
- 여기서는 새벽기도를 해야 하느냐 말아야 하느냐로 토론이 흐르지 않도록 주의하라. 중요한 것은 하나님께만 집중할 수 있는 시간과 장소라는 여건이다.
- 하나님과 1대 1로 만나야 한다.
- 예수님께서 한적한 곳으로 나가 교제하신 것은 오랫동안 해온 습관적인 행동이었다(헬라어 미완료과거 시제).

심비에 새기는 말씀

우리 삶의 건강한 열매는 좋은 영양을 공급하고 잘 보살핀 뿌리의 산물이다. 만일 우리가 우리 내면의 삶을 하나님의 말씀의 진리에 깊이 담그게 되면, 생명은 우리 안에서 활짝 피어날 것이다.

1. 시편 1편을 읽어보라. 악인과 의인은 어떻게 대조되는가? 관찰 질문

	의인	악인
1절	– 악인들의 꾀를 따르지 아니한다. – 죄인들의 길에 서지 아니한다. – 오만한 자들의 자리에 앉지 아니한다.	
2절	– 여호와의 율법을 즐거워한다. – 그 율법을 주야로 묵상한다.	
3절	– 시냇가에 심은 나무처럼 철을 따라 열매를 맺는다. – 그 잎사귀가 마르지 아니한다. – 그가 하는 모든 일이 다 형통한다.	
4절		– 바람에 나는 겨와 같다.
5절		– 심판을 견디지 못한다. – 의인들의 모임에 들지 못한다.
6절	– 의인의 길은 여호와께서 인정하신다.	– 악인들의 길은 망한다.

2. 오늘 우리가 심비에 새길 말씀은 시편 1편 1~3절이다. 이 구절을 소리 내어 암송해보라.

> **시편 1:1~3**
> 1 복 있는 사람은 악인들의 꾀를 따르지 아니하며 죄인들의 길에 서지 아니하며 오만한 자들의 자리에 앉지 아니하고 2 오직 여호와의 율법을 즐거워하여 그의 율법을 주야로 묵상하는도다 3 그는 시냇가에 심은 나무가 철을 따라 열매를 맺으며 그 잎사귀가 마르지 아니함 같으니 그가 하는 모든 일이 다 형통하리로다

3. 복 있는 사람을 제일 먼저 규정하는 것은 그가 행하지 않는 것이다. 복 있는 사람이 피해야 할 것은 무엇인가(1절)? 🔍 **관찰 질문**
   - 악인들의 꾀를 따르지 아니한다.
   - 죄인들의 길에 서지 아니한다.
   - 오만한 자들의 자리에 앉지 아니한다.

4. 여호와의 율법을 즐거워한다는 말은 무슨 뜻인가? 🔍 **해석 질문**
   - 하나님의 말씀 때문에 그 어떤 어려움에도 즐거워할 수 있다는 말이다.
   - 하나님의 말씀을 읽고, 듣고, 소유하고 싶어서 안달한다는 말이다.
   - 모든 관심사가 여호와의 율법에 모아져 있다는 말이다.
   - 하나님의 뜻이 무엇인지 알고 싶어서 안달한다는 것이다.

5. 3절은 무엇을 비교하는가? 🔍 **관찰 질문**
   - 복 있는 사람을 시냇가에 심은 나무에 비교한다.

3절의 이미지는 우리 삶에서 열매가 자라고 양분을 공급받는 모습을 무엇이라고 말해주는가? 🔍 **관찰 질문**
   - 하는 모든 일이 다 형통하다고 한다.

6. 당신은 '형통하다'(3절)라는 말을 어떻게 정의하겠는가? 해석 질문
   - 주님을 사랑하는 사람은 신실하고, 그 목적이 정결하면 반드시 잘 되게 되어 있다(참고. 욥 8:5-7).
   - 그러나 형통이라는 것이 꼭 세상적으로 잘되는 것을 의미하는 것은 아니다.
   - 짐 엘리엇 선교사는 『전능자의 그늘』이라는 책에서 이렇게 고백했다. "주님, 성공하게 하소서. 높은 자리에 오르는 것이 아니라 제 삶이 하나님을 아는 가치를 드러내는 전시품이 되게 하소서."
   - 우리가 성공하거나 높은 자리에 오르지는 못해도 하나님의 뜻을 좇아 산다면 그것은 형통한 삶이다.

7. 이번 주에 이 구절이 당신에게 무엇을 말씀해주었는가? 적용 질문
   - 이 구절을 묵상하고 암송하며 깨달은 바를 나누도록 하라.

 자유케 하는 진리의 말씀

예수님 역시 유기체의 이미지를 사용하여 우리가 열매를 맺기 위해 예수님과 어떤 관계를 맺어야 하는지를 설명하신다. 예수님은 당신이 포도나무이시며 우리가 그분의 가지라고 말씀하신다(요 15:5).

1. 요한복음 15장 1~11절을 읽으라. '붙어있다'라는 말이 포도나무와 그 가지의 관계를 규정한다(4~7, 9, 10절). 이 구절들로 보아, '붙어있다'라는 말은 무슨 뜻인가? 관찰+해석 질문
   - 4~6절 : 우리가 예수님 안에 거하고, 예수님이 우리 안에 거하는 관계
   - 7절 : 우리가 예수님 안에 거하고, 예수님의 말씀이 우리 안에 거하는 관계

– 9절 : 예수님의 사랑 안에 거하는 관계
– 10절 : 예수님의 기쁨이 우리 안에 있어 우리의 기쁨이 충만해지는 관계

2. 우리가 포도나무 되신 예수님께 붙어있으려면 무엇을 해야 하는가(4~5, 7, 9, 10절)? 관찰 질문
   – 예수님 안에 거해야 한다(4–5절).
   – 예수님의 말씀이 우리 안에 거해야 한다(7절).
   – 예수님의 사랑 안에 거해야 한다(9절).
   – 예수님의 기쁨이 우리 안에 충만해야 한다(10절)

3. 예수님은 열매를 맺는 것이 우리 삶의 목적이라고 말씀하신다(8절). 우리 삶이 맺어야 할 열매의 본질은 무엇인가? 해석 질문
   – 예수님 안에 거하고, 예수님의 말씀이 우리 인생의 소프트웨어가 되고, 예수님의 사랑이 우리 안에 거하고, 그분의 기쁨이 우리 안에 충만해지면, 우리는 육신의 한계 속에 갇혀 있는 자연인 "아무개"가 아니라 예수님의 능력으로 육체의 한계를 뛰어넘는 "구원 얻은 아무개"가 되는 것이다.
   – 그런 사람에게는 삶의 변화가 나타난다. 예수 닮은 삶과 인격이 나타난다.
   – 그런 그의 삶은 믿지 않는 자들에게 도전과 간증이 되고, 그들 또한 하나님께로 돌아오도록 이끌어갈 것이다.

4. 더 많은 열매를 맺으려면 가지치기가 필요하다(2절). 하나님은 우리 삶에서 "죽은" 가지들을 제거할 때 무엇을 사용하시는가? 해석 질문
   – 하나님은 우리 삶에서 "죽은" 가지를 제거하시기 위해 때로는 시험을, 때로는 책망의 말씀을 사용하시기도 한다.
   – 이것은 사람마다 다르다. 각자 어떻게 생각하는지 나누도록 하라.

5. 예수님은 포도나무에 붙어있지 아니한 가지들은 잘라낸 다음 불에 던져 살라버린다고 경고하신다(2, 6절). 예수님의 이 말씀은 무슨 의미인가? 🔖 **해석 질문**
   - 이 비유는 농장에서 일어나는 일을 그리고 있다.
   - 일반적인 비유이지만, 이 본문을 대하는 원래 독자들에게는 가룟 유다나 그 이후에 등장한 적그리스도를 생각하게 하는 본문이었을 것이다.
   - 가지들을 잘라버리신다는 말씀(2절)은 심판을 의미한다.
   - 밖에 버려져 불에 사른다(6절)는 표현도 심판을 의미한다.
   - 이렇게 잘려 밖에 버려지고, 불살라지는 가지는 참 믿음을 가진 성도들이라고 보기 어렵다.
   - 참 믿음은 열매 맺는 삶을 통해 증명된다.

6. 예수님은 "나를 떠나서는 너희가 아무것도 할 수 없다"(5절)라고 말씀하신다. 이것은 무슨 뜻인가? 🔖 **해석 질문**
   - "가지가 포도나무에 붙어있지 아니하면 스스로 열매를 맺을 수 없다"(4절)는 말씀이다.
   - 우리가 예수님 안에 있고, 예수님께서 우리 안에 계셔야 우리는 비로소 열매를 맺는 인생을 살 수 있다는 것이다.

7. 예수님은 11절에서 이런 가르침을 주시는 목적은 "내 기쁨이 너희 안에 있어 너희 기쁨을 충만하게 하려는 것"이라고 말씀하신다. 예수님께서 우리가 갖게 되기를 바라시는 기쁨이란 무엇일까? 🔖 **해석 질문**
   - 이 단어는 이 구절 앞부분에서는 3장 29절에서 유일하게 사용되었다.
   - 그러나 이후 다락방 강화에서는 이 단어가 여러 차례 등장한다(요 16:22, 24; 17:13).
   - 그리스도인의 삶은 결코 처량하거나 울적하지 않다. 예수님은 제자들의

삶에 기쁨이 충만하기를 원하신다.

8. 당신에게 특히 영향을 준 구절이 있다면 무엇인가? 📖 **적용 질문**
   - 돌아가면서 자신에게 특히 영향을 준 구절을 나누도록 하라.
   - 그리고 왜 그 구절이 특히 영향을 주었는지도 물어보라.
   - 이런 추가 질문, 심화 질문들을 통해 은혜가 더 풍성해지는 것을 경험하게 될 것이다.

 어깨를 덜고서는 독서

Q.T.를 소개합니다
   - 독서 자료는 교재에 실려 있습니다.

■ 생각해볼 문제들

1. Q.T.는 무엇인가? 또 그 구성요소에는 무엇이 포함되어야 하는가?
   - Q.T.는 날마다 제자와 그의 주님이신 예수 그리스도가 1대 1로 친밀하게 만나는 시간이다. 우리 구주요 주님이신 그분과 친밀한 만남을 나눌 요량으로 미리 떼어놓은 시간이다.
   - Q.T.에는 세 가지 구성요소가 있다.
     ① 성경 읽기 : 기록된 말씀을 통해 예수 그리스도를 만나겠다는 뜻을 품고 성경을 읽는 것이 포함된다.
     ② 말씀 묵상 : 읽은 성경 말씀을 깊이 묵상함으로써 성경의 진리가 우리의 지성과 감정과 의지를 충만하게 채우도록 만드는 과정이 포함된다.
     ③ 기도하기 : 하나님께 우리의 죄를 고백하고 우리에게 필요한 것을 공급해주시도록 간구하며 다른 사람들을 위하여 기도할 뿐만 아니라,

하나님께 찬미와 감사와 경배를 드리는 과정이 포함된다.

2. Q.T.가 필요한 이유로 열거한 세 가지 중 당신에게 가장 절실히 와 닿는 것은 무엇인가? 📖 **적용 질문**
   - Q.T.가 필요한 이유
     ① Q.T.는 하나님을 기쁘시게 하는 일이다.
     ② 우리가 여러 가지 유익을 얻는다: 정보, 격려, 능력, 기쁨.
     ③ 예수님도 경건의 시간을 가지셨다.
   - 훈련생 각자에게 가장 절실히 와 닿는 이유가 무엇인지 나누도록 하라.
   - 왜 그 이유가 가장 절실히 와 닿는지도 확인해보라.

3. '어깨를 딛고서는 독서'에서 열거한 실천 제안들에서 당신에게 가장 힘겨운 것이 있다면 무엇인가? 당신에게 도움이 되는 것은 무엇인가? 📖 **적용 질문**
   - 실천 제안들
     ① 자기절제의 원리를 기억하라.
     ② Q.T.할 시간을 미리 마련해두라.
     ③ 미리 계획하라.
     ④ 정말 조용한 시간에 Q.T.를 하라.
     ⑤ 하나님과 함께하는 시간을 먼저 기도로 시작하라.
     ⑥ 공책을 가까이 두라.
   - 각자에게 가장 힘겨운 것과 도움이 되는 것을 나누라.
   - 힘겨운 것은 어떻게 하면 극복할 수 있을지를 나누라.
   - 도움이 되는 것을 나눌 때는 서로 배움이 일어나도록 나눔을 이끌라.

4. Q.T.와 관련한 문제들 가운데 당신이 경험해본 것이 있다면 무엇인가? '어깨를 딛고서는 독서'가 제안한 내용들이 당신에게 도움

이 되는가? 🔖 **적용 질문**
- Q.T.와 관련한 문제들
    ① 매일 Q.T.를 해야 한다는 것은 알지만, 나는 별로 하고 싶지 않아요.
    ② 오늘은 Q.T.를 건너뛰고 싶습니다.
    ③ Q.T.할 때 정신이 산만합니다.
    ④ 나는 Q.T.를 너무 자주 빼먹습니다.
    ⑤ 내 Q.T.는 따분합니다.
- 각자 자신에게 해당되는 문제가 있는지 확인해보라.
- '어깨를 딛고서는 독서'가 제안한 해결책이 도움이 되는지 물어보라.
- '어깨를 딛고서는 독서'가 제안한 해결책보다 더 유용한 해결책이 있는지 물어보고, 스스로 적용할 것을 결단하여 이번 주부터 적용하도록 이끌라.

5. '어깨를 딛고서는 독서'가 당신에게 확신이나 도전이나 위로를 주었는가? 그 이유는 무엇인가? 🔖 **적용 질문**
- 오늘은 Q.T.가 무엇인지, 왜 Q.T.가 중요한지, 시작하려면 어떻게 해야 하는지, Q.T.를 접목할 때 생기는 문제들을 어떻게 해결할 수 있는지를 나누었다.
- 앞으로 훈련을 하는 동안, 길게는 신앙생활을 하는 평생 동안 어떻게 Q.T. 생활을 해나갈 것인지 각자의 각오와 결단을 돌아가면서 나누도록 하라.

인도자를 위한 더 깊이 나아가기

리처드 포스터의 『영적 훈련과 성장』(생명의말씀사 역간)의 서문과 로버트 멍어의 『내 마음 그리스도의 집』(IVP 역간)을 읽어보라.

 과제물

1. 4과를 예습하라.
2. 4과의 심비에 새기는 말씀(딤후 3:16-17)을 암송하라.
3. 교회가 제시하는 성경읽기표대로 매일 성경을 읽어나가라.
4. 오늘 배운대로 경건의 시간을 실천하라. 교회가 정한 Q.T.지를 사용하여 매일 Q.T.하는 습관을 들이라.
5. 주일예배, 수요예배를 비롯하여 목회자가 강조하는 교회의 공예배에 참여하라.
6. 주중에 같이 훈련받는 지체 3명 이상에게 전화하여 서로 격려하고 은혜를 나누라.

4과 성경 공부

심비에 새기는 말씀 디모데후서 3:16~17
자유케 하는 진리의 말씀 시편 119:1~16
어깨를 딛고서는 독서 귀납적 성경 공부

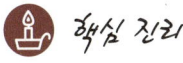 핵심 진리

제자가 매일 갖는 경건의 시간에서 성경은 어떤 위치를 차지해야만 하는가?

구약 성경과 신약 성경은 오직 하나님의 영감으로 기록된 계시로서 신앙과 행위에 관한 모든 문제의 기준이다. 때문에, 날마다 일정한 시간을 할애하여 하나님의 말씀을 읽고 공부하며 묵상해야 한다. 음식이 육신의 양식이듯 성경은 영혼의 양식이다.

위에서 제시한 질문과 대답의 핵심 문구를 확인해보라. 그리고 그 의미를 당신 자신의 말로 이야기해보라.
- 신구약 성경은 하나님의 영감으로 기록된 계시다.
- 신구약 성경은 신앙과 행위에 관한 모든 문제의 기준이다.
- 날마다 일정한 시간을 할애하여 하나님의 말씀을 읽어야 한다. 공부해야 한다. 묵상해야 한다.
- 성경은 영혼의 양식이다. 날마다 성경을 대하지 않으면 영혼이 병들거나 죽게 된다.

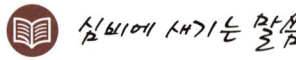 심비에 새기는 말씀

오늘 암송할 구절은 성경의 근원과 가치를 알려주는 신약 성경의 고전적 구절들 가운데 일부이다.

1. 디모데후서 3장을 읽어보라. 바울이 성경의 본질에 관하여 가르치는 내용은 바울이 묘사하는 불신앙의 세계와 어떻게 대조되는가?
   관찰 질문

	성경의 본질	불신앙의 세계
2절		사람들이 자기를 사랑하며 돈을 사랑하며 자랑하며 교만하며 비방하며 부모를 거역하며 감사하지 아니하며 거룩하지 않다.
3절		무정하며 원통함을 풀지 아니하며 모함하며 절제하지 못하며 사나우며 선한 것을 좋아하지 않는다.
4절		배신하며 조급하며 자만하며 쾌락을 사랑하기를 하나님 사랑하는 것보다 더한다.
5절		경건의 모양은 있으나 경건의 능력은 부인한다.
6-7절		남의 집에 가만히 들어가 어리석은 여자를 유인하는 자들이 있다. 그 여자는 죄를 중히 지고 여러 가지 욕심에 끌린 바 되어 항상 배우나 끝내 진리의 지식에 이를 수 없다.
12절	그리스도 예수 안에서 경건하게 살고자 하는 자는 박해를 받으리라.	
13절		악한 사람들과 속이는 자들은 더욱 악하여져서 속이기도 하고 속기도 한다.

14절	배우고 확신한 일에 거하라.	
15절	성경은 그리스도 예수 안에 있는 믿음으로 말미암아 구원에 이르는 지혜가 있게 한다.	
16절	모든 성경은 하나님의 감동으로 된 것이다. 교훈과 책망과 바르게 함과 의로 교육하기에 유익하다.	
17절	하나님의 사람으로 온전하게 한다. 모든 선한 일을 행할 능력을 갖추게 한다.	

2. 오늘 우리가 심비에 새길 말씀은 디모데후서 3장 16~17절이다. 이 구절들을 소리 내어 암송해보라.

> **디모데후서 3:16~17**
>
> 16 모든 성경은 하나님의 감동으로 된 것으로 교훈과 책망과 바르게 함과 의로 교육하기에 유익하니 17 이는 하나님의 사람으로 온전하게 하며 모든 선한 일을 행할 능력을 갖추게 하려 함이라

3. "모든 성경은 하나님의 감동(영감)으로 기록되었다"고 바울은 말한다. 성경을 기록케 한 영감은 "영감을 불러일으키는" 연설이나 글의 영감과 어떻게 다른가?

  ― 하나님의 영감이냐 인간의 영감이냐의 문제이다.

4. 성경이 교훈과 책망과 바르게 함과 의로 교육하기에 어떤 유익이 있는지 말해보라. **적용 질문**

  ― 훈련생들이 각자 경험한 것이 있는지 나눠보라.

  ― 교훈이든, 책망이든, 바르게 함이든, 의로 교육함이든 말씀의 인도하심을

경험했을 때 어떤 변화나 영적 유익이 있었는지를 추가로 질문하면서 은혜가 풍성해지도록 하라.

5. 성경은 어떻게 우리를 준비시켜 우리가 매일 선한 일을 하도록 만드는가? 🔖 **해석 질문**
   - 성경은 매일 교훈, 책망, 바르게 함, 의로 교육함을 통해 조금씩 조금씩 주님을 닮은 인격으로 변화되게 한다.
   - 인생의 방향이 잘못된 곳을 향해 가다가도 말씀이 인생의 네비게이션이 되어 우리가 가야 할 목적지로 경로를 재탐색하게 하는 것이다.
   - 매일 조금씩 주님께로 초점을 맞춰가는 작업을 하다보면, 예수님을 닮은 온전한 인격으로 자라게 되는 것이다.

6. 성경 공부는 단순히 우리가 아는 정보량만 늘릴 수 있다. 어떻게 하면 우리는 정보를 얻는 데 그치지 않고 변화로 옮겨갈 수 있을까? 🔖 **적용 질문**
   - 먼저는 훈련생들의 의견을 물어보라. 각자 삶의 변화로 나아가게 된 비결이 무엇인지를 나누면서 서로에게서 배우도록 이끌라.
   - 성경 말씀이 하나님의 말씀이라는 사실을 기억해야 한다.
   - 말씀은 권면이 아니라 절대주권자의 명령이라는 사실을 인정해야 한다.
   - 성령께서 우리 마음에 감동을 주실 때 성령의 소욕을 무시하지 말아야 한다.
   - 때로 실수하고 뒷걸음질치더라도, 깨달음을 주실 때 다시 시작하고, 순종해야 한다.
   - 이런 하루하루가 모여 삶의 변화가 축적되고 드러나게 되는 것이다.

7. 이번 주에 이 구절이 당신에게 무엇을 말씀해주었는가? 🔖 **적용 질문**
   - 이 구절을 묵상하고 암송하며 깨달은 바를 나누도록 하라.

자유케 하는 진리의 말씀

시편 119편은 시편에서 가장 긴 시이며 하나님의 율법을 찬송하는 시다. 시편 119편은 하나님의 율법이 지닌 가치를 다음과 같은 말로 간결하게 제시한다. "주의 말씀은 내 발에 등이요 내 길에 빛이니이다"(105절). 119편의 첫 16개 구절을 읽어보라. 그러면 우리가 하나님의 말씀을 어떤 태도로 대해야 하며 이 말씀이 우리 삶에서 어떤 위치를 차지해야 하는지를 알게 될 것이다.

1. 시편 119편 1~16절을 읽으라. 하나님의 율법을 달리 표현하는 말이나 문구에는 무엇이 있는가? 관찰 질문
   - 1절 : 여호와의 율법
   - 2절 : 여호와의 증거
   - 3절 : 주의 도
   - 4절 : 주의 법도
   - 5, 8, 12, 16절 : 주의 율례
   - 6, 10절 : 주의 계명
   - 7절 : 주의 의로운 판단
   - 9, 11, 16절 : 주의 말씀
   - 13절 : 주의 입의 모든 규례
   - 14절 : 주의 증거들의 도
   - 15절 : 주의 법도, 주의 길

2. 하나님의 율법과 관련하여 우리는 무슨 일을 해야 하는가? 관찰 질문
   - 1절 : 여호와의 율법을 따라 행해야 한다.
   - 2절 : 여호와의 증거들을 지키고 전심으로 여호와를 구해야 한다.
   - 3절 : 불의를 행하지 말고 주의 도를 행해야 한다.

- 6절 : 주의 모든 계명에 주의해야 한다.
- 7절 : 주의 의로운 판단을 배워야 한다.
- 9절 : 주의 말씀을 지켜 행실을 깨끗하게 해야 한다.
- 10절 : 전심으로 주를 찾아야 한다.
- 11절 : 주의 말씀을 마음에 두어야 한다. 그래야 주님께 범죄하지 않게 된다.
- 13-14절 : 주의 입의 모든 규례들을 나의 입술로 선포하고, 모든 재물을 즐거워함 같이 주의 증거들의 도를 즐거워해야 한다.
- 15절 : 주의 법도들을 작은 소리로 읊조리며(묵상하며), 주의 길들에 주의해야 한다.
- 16절 : 주의 율례들을 즐거워하며 주의 말씀을 잊지 말아야 한다.

관찰 보조 : 한마디로 요약하자면 하나님의 율법에 대해 어떻게 해야 하는가?
- 순종해야 한다.

3. 우리가 이런 일을 할 경우 우리 삶에는 어떤 결과가 일어날까 (1~2, 6절)? 🔲 **관찰 질문**
- 1, 2절 : 복이 있다.
- 6절 : 부끄럽지 않게 된다.

4. 11절은 성경을 기억해야 할 이유를 하나 제시한다. 여기서 말씀하는 이유는 무엇인가? 또 당신 마음에 떠오르는 이유가 있으면 말해보라. 🔲 **관찰 질문**
- 주의 말씀을 우리 마음에 두어야 할 이유가 무엇이라고 말씀하시는가?
- "주께 범죄하지 아니하려고" 그렇게 해야 한다고 말씀하신다.
- 각자 마음에 떠오르는 다른 이유가 있다면 나누도록 하라.

5. 당신에게 특히 영향을 준 구절이 있다면 무엇인가? 🔲 **적용 질문**
- 돌아가면서 자신에게 특히 영향을 준 구절을 나누도록 하라.

- 그리고 왜 그 구절이 특히 영향을 주었는지도 물어보라.
- 이런 추가 질문, 심화 질문들을 통해 은혜가 더 풍성히 나누어지는 것을 경험하게 될 것이다.

 어깨를 딛고서는 독서

귀납적 성경 공부
- 독서 자료는 교재에 실려 있습니다.

■ 생각해볼 문제들

1. 귀납적 방법은 무엇인가?
   - 귀납적 성경 공부 방법은 성경 본문에 있는 자료들에서 시작하여, 이 자료들로부터 의미와 적용에 관한 결론들을 이끌어내는 방법이다.

귀납적	연역적
구성원 중심	리더 중심
발견의 논리	증명의 논리
쌍방적 의사소통	일방적 의사소통
이해, 과정, 변화 위주	지식전달 위주
적용이 유리	적용에 취약

2. 귀납적 성경 공부 방법이 과학적 방법으로 평가받는 이유는 무엇인가?
   - 어떤 본문에서 찾은 사실이 '하나님은 슬퍼하신다', '하나님은 화를 내신다', '하나님은 기뻐하신다', '하나님은 사랑하신다' 등이라면 우리는 '하나님은

감정이 있는 분이다'라고 결론내릴 수 있다. 이것이 귀납법이다.
- 귀납적 성경 공부 방법이 과학적이면서도 성경 저자의 원래 메시지를 파악하는 데 유용한 이유는, 성경을 연구하는 사람이 자신의 지식과 경험을 일단 내려놓고 출발하기 때문이다.

3. 관찰, 해석 그리고 적용 사이에 존재하는 차이점은 무엇인가?

관찰	본문이 무엇을 말씀하는가?
해석	본문의 의미가 무엇인가?
적용	본문은 내게 어떤 의미가 있는가?

4. 이 방법은 아주 간결하여 매일 사용할 수 있다. 성경 본문에서 가장 많은 것을 끌어내는 데 도움을 줄 수 있는 이 공부 방법을 사용하면서 당신이 주목한 점이 있다면 무엇인가?
- '어깨를 딛고서는 독서'의 귀납적 성경 공부 사례를 살펴보고 각자가 주목한 점을 나누도록 하라.
- 훈련생들이 아직 귀납적 성경 공부에 익숙하지 않을 가능성이 많을 것이다.
- 만약 귀납적 성경 공부가 이루어지는 소그룹이 교회 내부에 정착되어 있는 상황이 아니라면, 이 질문에서는 너무 많은 시간을 소비하지 않는 편이 좋다.
- 앞으로 훈련을 해가는 동안에 귀납적 성경 공부의 유익을 경험하게 될 것이라고 동기를 부여하는 차원에서 마무리하라.
- 특별히 '어깨를 딛고서는 독서'에서 제시한 귀납적 성경 공부 사례는 관찰, 해석, 적용의 각 영역에 대해 질문을 던지고 그 질문에 대한 대답을 정리했다는 사실을 유의해보라.

- 관찰 질문은 성경을 읽으면 답할 수 있는 유형의 질문이다.
- 해석 질문은 주석이나 성경사전, 지도 등을 참고하여 연구하거나, 생각을 정리하며 묵상해보아야 답할 수 있는 유형의 질문이다.
- 적용 질문은 그때, 그곳에서 있었던 말씀이 오늘, 이곳에 있는 나에게 어떤 의미가 있는지를 정리하는 질문이다.

5. 이 공부 방법을 누가복음 11장 5~13절에 적용하여 앞에 제시한 사례와 같은 것을 만들어보라. 사례에서 제시한 지침들을 검토하여 당신이 본문에서 끌어내고 싶은 소재들을 찾아보라. 당신이 찾아낸 것들을 다른 훈련생들과 함께 나누라. 이 본문이 당신에게 제시하는 이슈들은 무엇인가?
   - 이 본문을 가지고 귀납적 성경 공부를 직접 해보라. 이 본문은 다음 과(1권 4과)의 '자유케 하는 진리의 말씀' 본문이다.
   - 훈련생들이 처음에는 굉장히 힘들 수 있다.
   - 예습해온 귀납적 성경 공부를 소그룹에서 나누면서 서로 발표한 것을 통해 귀납법이 어떤 것인지에 대해 배움이 일어나도록 하라.

 인도자를 위한 더 깊이 나아가기

Watson, David. "The Word of God." Chap. 7 in *Called and Committed: World-Changing Discipleship* (Wheaton, Ill.: Harold Shaw, 2000).

 과제물

1. 5과를 예습하라.
2. 5과의 심비에 새기는 말씀(마 6:9-13)을 암송하라.
3. 교회가 제시하는 성경읽기표대로 매일 성경을 읽어나가라.
4. 교회가 정한 Q.T.지를 사용하여 매일 Q.T.하는 습관을 들이라.
5. 주일예배, 수요예배를 비롯하여 목회자가 강조하는 교회의 공예배에 참여하라.
6. 주중에 같이 훈련받는 지체 3명 이상에게 전화하여 서로 격려하고 은혜를 나누라.

5과 기도

심비에 새기는 말씀 마태복음 6:9~13
자유케 하는 진리의 말씀 누가복음 11:5~13; 18:1~8
어깨를 딛고서는 독서 우리는 어떻게 기도해야 하는가?

 핵심 진리

기도는 무엇인가? 제자는 어떻게 해야 효과적인 기도를 할 수 있는가?

기도는 투명한 대화다. 이 대화를 통해 우리는 하나님께 말하고, 은밀한 가운데 하나님의 말씀을 경청한다. 기도의 네 가지 유형은 그 머릿글자를 따서 ACTS로 요약할 수 있다.

경배(Adoration) : 우리를 위해 행하신 일과 상관없이 하나님을 인정하는 것이다.
고백(Confession) : 우리가 저지른 죄를 낱낱이 고하고 용서를 비는 것이다.
감사(Thanksgiving) : 우리에게 베풀어주신 은덕을 인정하고 감사하는 것이다.
간구(Supplication) : 하나님의 뜻을 따라 우리 자신 또는 다른 이들을 위하여 간절히 기도하는 것이다.

위에서 제시한 질문과 대답의 핵심 문구를 확인해보라. 그리고 그 의미를 당신 자신의 말로 이야기해보라.
- 기도는 대화다.
- 투명한 대화다.
- 하나님과 나누는 대화다.
- 이 대화를 통해 하나님께 말한다.
- 이 대화를 통해 은밀한 가운데 하나님의 말씀을 경청한다.
- 기도에는 네 가지 유형이 있다 : 경배, 고백, 감사, 간구.

심비에 새기는 말씀

예수님의 제자들은 "주여 우리에게 기도를 가르쳐 주옵소서"(눅 11:1)라고 요청했다. 예수님이 이 요청에 부응하여 가르쳐주신 기도야말로 어떻게 기도할 것인가를 배울 수 있는 가장 훌륭한 교재다.

1. 마태복음 6장은 주님의 기도를 제시하고 있다. 여기서 예수님은 하나님께 진정한 경건을 보이는 경우와 거짓된 경건을 보이는 경우를 대비하신다. 주님의 기도는 하나님을 향한 참사랑을 어떻게 표현하고 있는가? 관찰 질문
   - 하나님의 이름이 거룩히 여김을 받기 원한다.
   - 하나님의 나라가 임하기를 원한다.
   - 하나님의 뜻이 하늘에서처럼 땅에서도 이루어지기를 원한다.
   - 하나님께서 인생의 공급자가 되어주시기를 원한다.
   - 하나님께서 죄를 사해주시기를 원한다.
   - 하나님께서 시험에 들지 않게 도와주시기를 원한다.
   - 하나님께서 악에서 구해주시기를 원한다.
   - 주님께서 가르쳐주신 기도는 '나 중심'의 기도가 아니라 '하나님 중심'의 기도이다.
   - 진정한 경건은 내 유익을 위해 하나님을 이용하는 것이 아니라 하나님을 하나님 되게 하는 것이다.
   - 예수님은 하나님을 참 하나님으로 인정함으로 하나님을 향한 사랑을 드러내셨다.

2. 오늘 우리가 심비에 새길 말씀은 마태복음 6장 9~13절이다. 이 구절들을 소리 내어 암송해보라.

> **마태복음 6:9–13**
>
> 9 그러므로 너희는 이렇게 기도하라 하늘에 계신 우리 아버지여 이름이 거룩히 여김을 받으시오며 10 나라가 임하시오며 뜻이 하늘에서 이루어진 것 같이 땅에서도 이루어지이다 11 오늘 우리에게 일용할 양식을 주시옵고 12 우리가 우리에게 죄 지은 자를 사하여 준 것 같이 우리 죄를 사하여 주시옵고 13 우리를 시험에 들게 하지 마시옵고 다만 악에서 구하시옵소서 나라와 권세와 영광이 아버지께 영원히 있사옵나이다 아멘

– 이번 주 심비에 새기는 말씀은 이미 암송한 "주기도문"으로 대체해도 무관하다.

3. 첫 번째 간구는 아버지의 이름이 높이 여김을 받으시길 간구하는 것이다. 왜 예수님은 먼저 이 간구로 기도를 시작하신 걸까?

   해석 질문
   – 평소에 우리는 대부분 당장 급하게 원하는 것을 먼저 구한다.
   – 입을 열자마자 이런저런 하소연들을 무의식적으로 쏟아내어 놓는다.
   – 대부분 우리의 기도는 우리 자신이 우선이 되어 있다.
   – 이런 기도는 이방인들이 하는 기도와 별다를 바가 없는 기도이다.
   – 그러나 예수님의 기도는 순서가 달랐다.
   – 우리가 무릎을 꿇을 때마다 먼저 기도해야 될 내용은 우리 자신을 위한 기도가 아니다.
   – 하나님의 영광과 하나님의 뜻과 하나님의 계획을 위해 제일 먼저 기도해야 한다.
   – 우리가 간구할 때 응답하시는 하나님은 홀로 높임 받으셔야 할 분이시다.
   – 칼뱅은 하나님의 이름이 거룩히 여김을 받는다는 말을 "하나님께서 받아 마땅한 그 자신의 영광을 받으셔야만 한다"는 뜻으로 해석했다.

4. 주님의 기도가 다루는 주제들을 말해보라.
   - 하나님 이름의 영광
   - 하나님 나라의 임함
   - 하나님의 뜻 성취
   - 인생의 공급자이신 하나님
   - 죄를 사해주시는 재판관이신 하나님
   - 시험에 들지 않게 도와주시는 보호자이신 하나님
   - 악에서 구해주시는 구원자이신 하나님

5. 주님의 기도에 각기 다른 유형의 기도들이 들어 있음에 유의하라. 이 기도가 열거하는 유형에서 빠진 것처럼 보이는 것이 있는가? 해석 질문
   - 경배 : 하늘에 계신 우리 아버지여 이름이 거룩히 여김을 받으시오며
     나라가 임하시오며
     뜻이 하늘에서 이루어진 것 같이 땅에서도 이루어지이다
     나라와 권세와 영광이 아버지께 영원히 있사옵나이다
   - 고백 : 우리가 우리에게 죄 지은 자를 사하여 준 것 같이 우리 죄를 사하여 주옵시고
   - 간구 : 오늘 우리에게 일용할 양식을 주시옵고
     우리 죄를 사하여 주시옵고
     우리를 시험에 들게 하지 마시옵고
     다만 악에서 구하시옵소서
   - 주기도문에 감사는 빠진 것처럼 보인다.

6. 주기도문은 왜 기도에 도움을 주는 모델인가? 해석 질문
   - 예수님께서 직접 가르쳐주신 기도의 모델이기 때문이다.
   - 초대교회 때부터 오늘에 이르기까지 교회가 붙든 기도이기 때문이다.

7. 이번 주에 이 구절이 당신에게 무엇을 말씀해주었는가? 📖 **적용 질문**
   - 이 구절을 묵상하고 암송하며 깨달은 바를 나누도록 하라.

✏️ *자유케 하는 진리의 말씀*

오늘 다루게 될 두 본문(누가복음 11:5~13; 18:1~8)은 서로 해석을 도와준다. 오늘 우리는 이 두 본문을 씨줄과 날줄처럼 함께 엮어 왔다갔다 하면서 살펴보게 될 것이다. 우리는 누가복음 18장에서 예수님이 하나님을 불의한 재판장에 비유하신 예사롭지 않은 대목을 설명하는 데 누가복음 11장이 어떻게 도움을 주는지를 발견하게 될 것이다.

1. 누가복음 11장 5~13절과 18장 1~8절을 읽으라. 이 두 본문에서 예수님이 기도에 관하여 말씀하시는 강조점은 무엇인가? 본문에 나오는 과부와 벗은 이 강조점을 어떻게 보여주고 있는가? 📖 **관찰 질문**
   - 눅 11:5~8이 강조하는 점 : 간청할 때 벗 됨으로는 들어주지 않아도, 그 간청함으로 인하여 일어나 그 요구를 들어주게 된다는 점.
   - 눅 18:1~5이 강조하는 점 : 항상 기도하고 낙심하지 말아야 할 것을 강조함. 그 원한을 풀어주지 않으면 늘 와서 재판장을 괴롭게 할 것을 알고 그 원한을 풀어주게 된다는 점.

2. 본문에 나오는 벗과 과부는 그들에게 "은혜를 베푼 이들"과 관련하여 어떤 위치에 있는 사람들인가? 이것이 우리에게 가르치는 기도 자세는 어떤 것인가? 📖 **해석 질문**
   - 우리는 요구할 수 있는 권리를 가진 사람이 아니라 부탁하고, 은혜 베풀어주시기를 기다려야 하는 위치에 있는 사람이다.

- 우리가 하나님께 기도할 때에도 이와 마찬가지로, 우리는 요구할 수 있는 권리가 있는 것이 아니라 하나님께서 은혜 베풀어주시기를 간구하며 기다려야 한다.

3. 이 본문들은 하나님에 관하여 우리에게 무엇을 가르쳐주는가? 하나님은 우리가 아첨을 해야 비로소 무언가를 베풀어주시는 분인가? 이 본문들을 사용하여 하나님이 너그러우신 분임을 이야기해보라. 해석 질문
   - 이야기의 흐름이 하나님께 줄기차게, 오랫동안, 포기하지 않고 기도하면 그 기도의 제목이 무엇이든 다 들어주신다는 쪽으로 흘러서는 안된다.
   - 하나님께서는 '우리가 원하는 것'을 공급해주시는 분이 아니라 '우리에게 필요한 것'을 공급해주시는 선하신 아버지이시기 때문이다.
   - 오늘 다룬 본문들이 전하고자 하는 핵심은 "하나님이 너그러우신 분"이라는 것이다. 하나님이 우리의 간구에 응답하시는 "은혜 베푸시는 분"이시라는 것이다.

4. 11장 9절과 18장 1, 8절에서 예수님은 우리에게 어떤 기도 자세를 가지라고 요구하시는가? 관찰 질문
   - 구하고, 찾고, 두드리라. 그러면 주실 것이요, 찾아낼 것이요, 열릴 것이다.
   - 항상 기도하고 낙심하지 말아야 한다.
   - 믿고 기도해야 한다.

5. 하나님은 우리에게 필요한 것이 무엇인지 이미 아시는데도 왜 우리가 하나님께 간구하기를 원하시는가? 해석 질문
   - 에스겔 36:37은 이렇게 말씀한다.
   - "그래도 이스라엘 족속이 이같이 자기들에게 이루어주기를 내게 구하여야 할지라"

- 하나님께서 포로로 잡혀간 이스라엘을 구원해주실 것이다. 그러나 이스라엘 족속이 그렇게 구원해달라고 구하여야 한다.
- 마찬가지로, 하나님은 우리의 필요를 알고 계신다. 그러나 하나님은 우리가 그 필요를 아뢰기를 원하신다.

6. 우리 기도에 따라 하나님의 행동이 영향을 받을 수 있는가? 받을 수 있거나 그렇지 않다면, 그 이유는 무엇인가? **해석 질문**
   - 하나님께서는 우리의 기도와 상관없이 하나님의 뜻을 이루실 수 있다.
   - 그러나 우리와 동역하기를 원하신다.
   - 우리가 하나님께 간구하고 하나님께서 그 간구에 응답하시는 과정을 통해 아름다운 동역이 이루어진다.
   - 주님은 혼자서 모든 것을 하실 수 있는 능력이 있지만 결코 혼자서 모든 일을 다 하시지 않으신다.
   - 오스왈드 스미스는 이렇게 말했다. "우리가 일할 때 일하는 것은 우리이다. 그러나 우리가 기도할 때는 하나님이 일하신다."

7. 당신에게 특히 영향을 준 구절이 있다면 무엇인가? **적용 질문**
   - 돌아가면서 자신에게 특히 영향을 준 구절을 나누도록 하라.
   - 그리고 왜 그 구절이 특히 영향을 주었는지도 물어보라.
   - 이런 추가 질문, 심화 질문들을 통해 은혜가 더 풍성해지는 것을 경험하게 될 것이다.

어깨를 덥고서는 독서

우리는 어떻게 기도해야 하는가?
— 독서 자료는 교재에 실려 있습니다.

■ **생각해볼 문제들**

1. 경배는 무엇인가?
   - 경배는 하나님이 하나님이심을 인정하는 것이다.
   - 경배는 우리를 우리 자신으로부터 들어올려 하나님의 경이와 아름다움을 바라보게 하는 것이다.

2. 하나님은 왜 예배를 받으실 만한 분인가?
   - 그분은 우리의 왕이시기 때문이다(시 145:1).
   - 그분은 위대하시기 때문이다(시 145:3).

3. 고백은 무엇인가? 고백은 왜 경배 다음에 나오는가?
   - 고백은 우리의 어두운 삶을 그분의 광채에 비춰보는 것이다.
   - 우리 삶을 하나님의 완벽한 도덕에 비춰볼 때, 우리는 비로소 우리 마음이 얼마나 오염되어 있는가를 깨닫기 시작한다.
   - 그러므로 하나님을 바로 알고 경배하면, 우리의 부족함을 고백하는 단계가 뒤따르게 되는 것이다.
   - 고백한다는 것은 하나님이 보신 것에 우리가 동의한다는 말이다.
   - 고백은 우리가 하나님의 거룩한 법을 어겼으며, 우리에게는 하나님의 용서가 절박하게 필요하다는 점에, 용감하고 정직하게 동의하는 것이다.

4. 감사와 기념(기억) 사이에는 어떤 관계가 있는가?
   - 감사는 기억을 늘 새롭게 가꾸어준다.

I권 5과 기도

- 감사는 우리 삶에 베풀어주신 선을 일일이 세어보는 것이다.
- 하나님의 은혜를 기억하는 사람은 감사할 수 있고, 감사하는 사람은 하나님의 은혜를 더 많이 경험하게 된다.
- 감사와 기억의 선순환이 이루어지는 것이다.

5. 성경은 중보를 무엇이라고 정의하는가? 이것은 우리가 종종 서로 상대를 위하여 기도하는 것과 어떤 차이점을 갖고 있는가?
   - 우리가 종종 서로를 위하여 기도하는 것은 대개 치유, 직장 문제나 금전 문제 같은 물질적 필요에 초점을 맞춘다.

   그러나 바울의 중보기도는
   - 우리가 하나님을 충분히 알게 됨으로써 하나님의 뜻을 아는 지식이 우리 삶을 가득 채우기를 열망한다.
   - 하나님의 사랑이 우리를 둘러싸고 그 사랑에 우리가 푹 잠기게 되기를 열망한다.

6. 기도는 왜 그렇게 어려운가?
   - 나의 무능력을 인정해야 하는 일이기 때문이다.
   - 믿음으로 하나님께서 공급해주실 것을 기다려야 하는 일이기 때문이다.
   - 우리가 원하는 것과 하나님께서 우리에게 필요하다고 생각하시는 것이 다를 수 있기 때문이다.
   - 훈련생 각자가 생각하는 기도의 어려운 점을 나누도록 하라.

7. '어깨를 딛고서는 독서'가 당신에게 확신이나 도전이나 위로를 주었는가? 그 이유는 무엇인가? **적용 질문**
   - 기도에 관하여 새롭게 깨닫거나, 확신을 얻거나, 도전이 되거나, 위로를 얻은 것이 있다면 나누도록 하라.

인도자를 위한 더 깊이 나아가기

리처드 포스터의 『영적 훈련과 성장』 3장 "기도의 훈련"을 읽어보라.

 과제물

1. 6과를 예습하라.
2. 6과의 심비에 새기는 말씀(계 4:11)을 암송하라.
3. 교회가 제시하는 성경읽기표대로 매일 성경을 읽어나가라.
4. 교회가 정한 Q.T.지를 사용하여 매일 Q.T.하는 습관을 들이라.
5. 주일예배, 수요예배를 비롯하여 목회자가 강조하는 교회의 공예배에 참여하라.
6. 오늘 배운 내용에 기초하여 매일 15분 이상 하나님께 ACTS의 순서를 따라 기도하는 시간을 가지라. 기도를 시작할 때에 주기도문으로 기도하고, 기도를 마칠 때에 주기도문으로 마무리하라.
7. 주중에 같이 훈련받는 지체 3명 이상에게 전화하여 서로 격려하고 은혜를 나누라.

6과 예배

심비에 새기는 말씀 요한계시록 4:11
자유케 하는 진리의 말씀 요한계시록 4~5장
어깨를 딛고서는 독서 거룩함이 주는 충격을 어떻게 다룰까

 핵심 진리

어떤 행위가 교회의 으뜸가는 목적인가?

교회의 기능은 가르침, 교제, 구제 활동 그리고 예배와 같이 다양하게 이야기되어 왔다(행 2:42~47을 보라). 이 중요한 기능들 가운데, 예배를 통하여 하나님을 영화롭게 하는 것이 교회의 으뜸가는 목적이다. 예배야말로 우리에게 주어진 영원한 소명이기 때문이다.

위에서 제시한 질문과 대답의 핵심 문구를 확인해보라. 그리고 그 의미를 당신 자신의 말로 이야기해보라.
- 교회의 여러 가지 기능이 있다.
- 그 중에서 예배를 통해 하나님을 영화롭게 하는 것이 교회의 으뜸가는 목적이다.
- 예배야말로 우리에게 주어진 영원한 소명이다.

심비에 새기는 말씀

요한계시록 4장은 우리를 하나님의 보좌가 있는 방으로 안내한다. 하나님의 보좌는 영광과 아름다움으로 빛나고, 계속하여 하나님을 찬송하면서 "거룩하다 거룩하다 거룩하다 주 하나님 곧 전능하신 이여"(8절)라고 말하는 생물들로 둘러싸여 있다.

1. 요한계시록 4장 1절부터 살펴보면서 하늘에서 펼쳐지는 이 예배에 등장하는 요소들을 말해보라. 관찰 질문
   - 오늘 본문은 예배의 대상, 예배자, 예배의 내용, 예배의 형식, 예배의 이유를 소개해주고 있다.
   - 예배의 대상 : 하늘 보좌 위에 앉으신 이(2절).
   - 예배자 : 보좌 가운데와 보좌 주위에 있는 네 생물(6-8절), 이십사 장로들(10절)
   - 예배의 내용 : 보좌 가운데와 보좌 주위에 있는 네 생물이 밤낮 쉬지 않고 '하나님의 거룩하심'에 대해서, '전능하심'에 대해서, '영원 자존'하심에 대해서 찬송했다(8절). "보좌에 앉으사 세세토록 살아 계시는 이에게 영광과 존귀와 감사"를 돌린 것이다(9절). 이십사 장로들은 "우리 주 하나님이여 영광과 존귀와 권능을 받으시는 것이 합당하오니"라고 예배했다(11절 상).
   - 예배의 형식 : 이십사 장로들이 보좌에 앉으신 이 앞에 엎드려 경배했다(10절). 자기의 관을 보좌 앞에 드렸다(10절).
   - 예배의 이유 : 하나님은 만물을 지으신 창조주이시기 때문이다(11절 하).

2. 오늘 우리가 심비에 새길 말씀은 요한계시록 4장 11절이다. 이 구절들을 소리 내어 암송해보라.

> **요한계시록 4:11**
> 우리 주 하나님이여 영광과 존귀와 권능을 받으시는 것이 합당하오니 주께서 만물을 지으신지라 만물이 주의 뜻대로 있었고 또 지으심을 받았나이다 하더라

3. 왜 하나님이 영광과 존귀와 권능을 받으시는 것이 합당한가? 관찰 질문
   - 주께서 만물을 지으신 창조주이시기 때문이다.
   - 그분만이 만물을 창조하신 창조주 하나님이시기 때문이다.
   - 만들어지거나 피조된 것은 무엇이든 종교적 경배의 대상이 될 수 없다.

4. 하나님이 합당하시다는 것은 무슨 뜻인가? 해석 질문
   - "합당하다"는 말은 황제가 개선 행렬에 참여할 때 황제의 입장을 알리는 데 사용되었던 말이다.
   - 훗날, 도미티안 황제는 자신을 지칭하는 말에 "우리 주 하나님"이라는 말을 덧붙이기도 했다. 그러나 그리스도인은 오직 한 분 하나님만이 "우리 주 하나님"이심을 인정해야 한다.

5. 하나님이 영광과 존귀와 권능을 '받으신다'는 것은 무슨 뜻인가? 해석 질문
   - 공동번역에서는 "영광과 영예와 권능을 누리실 만한 분이십니다"라고 번역한다.
   - 오직 하나님만이 영광과 존귀와 권능을 누리실 만한 분이시다.

6. 우리가 하나님을 예배할 때 우리에게는 어떤 유익이 있다고 생각하는가? 적용 질문
   - 각자의 생각을 나누도록 이끌라.

- 하나님께서 우리의 하나님이 되시면 우리는 그분의 백성이 되는 것이다.
- 하나님께서 우리 인생의 보호자요, 공급자요, 요새요, 산성이 되어주시는 것이다.

7. 이번 주에 이 구절이 당신에게 무엇을 말씀해주었는가? 📖 **적용 질문**
    - 이 구절을 묵상하고 암송하며 깨달은 바를 나누도록 하라.

 자유케 하는 진리의 말씀

요한계시록 4~5장은 하나님의 보좌 주위에서 벌어지고 있는 행위들을 보여주는 창이다. 우리는 이 창을 통하여 우리에게 주어진 영원한 소명을 어렴풋이나마 엿볼 수 있다.

1. 요한계시록 4~5장을 읽으라. 하나님의 보좌 주위에서 펼쳐지는 천상의 광경(4:1~11)을 본 소감을 적어보라. 📖 **느낌 질문**
    - 각자 요한계시록 4:1~11을 읽고 천상의 광경을 본 소감을 나누도록 하라.

2. 본문은 하나님의 특질로 어떤 것들을 제시하는가(6, 7, 10~11절)? 📖 **관찰 질문**
    - 6절. 거룩하신 하나님, 전능하신 하나님, 영원 전부터 영원까지 계시는 영원 자존자 하나님.
    - 7, 10절. 세세토록 살아 계시는 하나님.
    - 11절. 만물을 지으신 창조주 하나님.

3. 5장은 예수님을 묘사하는 데 어떤 이미지들을 사용하고 있는가

(5~6절)? 🔍 관찰 질문
- 유다 지파의 사자 다윗의 뿌리(5절)
- 죽임을 당한 어린 양(6절)

5장을 보면, 예수님의 이미지가 "유다 지파의 사자"(5절)에서 "일찍이 죽임을 당한 것처럼 보이는 어린 양"(6절)으로 급작스럽게 바뀐다. 당신은 이런 급작스러운 이미지 전환을 보며 어떤 인상을 받는가? 🔍 해석 질문
- 예수님은 구약에 예언된 대로 이 땅에 오신 메시아이시다.
- 예수님은 세상 죄를 지고 십자가에서 대속의 죽음을 죽은 어린 양이시다.
- 구약의 '유다 지파의 사자'가 곧 신약의 '일찍이 죽임을 당한 것처럼 보이는 어린 양'이시다.

4. 예수님께서 두루마리 인봉을 떼시기에 합당한 분으로 여김을 받는 이유는 무엇인가(5:9~10, 12)? 🔍 관찰 질문
- 예수님은 "일찍이 죽임을 당하사 각 족속과 방언과 백성과 나라 가운데에서 사람들을 피로 사서 하나님께 드리시고 그들로 우리 하나님 앞에서 나라와 제사장들을 삼으셨(기)" 때문이다(계 5:9-10).
- "죽임을 당하신 어린 양은 능력과 부와 지혜와 힘과 존귀와 영광과 찬송을 받으시기에 합당(하시기)" 때문이다(계 5:12).

5. 요한계시록 4~5장이 하나님을 예배하는 것에 관하여 우리에게 가르치는 것은 무엇인가? 🔍 🔍 관찰+해석 질문
- 본문은 예배의 대상, 예배자, 예배의 내용, 예배의 형식, 예배의 이유를 소개해주고 있다.
- 예배의 대상 : 하늘 보좌 위에 앉으신 이(4:2), 유다 지파의 사자 다윗의 뿌리(5:5), 일찍이 죽임을 당한 것 같은 어린 양(5:6)

- 예배자 : 보좌 가운데와 보좌 주위에 있는 네 생물(4:6–8), 이십사 장로들(4:10), 보좌와 생물들과 장로들을 둘러선 만만 천천의 많은 천사들(5:11), 하늘 위에와 땅 위에와 땅 아래와 바다 위에와 또 그 가운데 모든 피조물(5:13)
- 예배의 내용 : 보좌 가운데와 보좌 주위에 있는 네 생물이 밤낮 쉬지 않고 '하나님의 거룩하심'에 대해서, '전능하심'에 대해서, '영원 자존'하심에 대해서 찬송했다(4:8). "보좌에 앉으사 세세토록 살아 계시는 이에게 영광과 존귀와 감사"를 돌린 것이다(4:8).
이십사 장로들은 하나님께 "우리 주 하나님이여 영광과 존귀와 권능을 받으시는 것이 합당하오니"라고 예배했다(4:11 상).
네 생물과 이십사 장로들이 예수님께 엎드려 각각 거문고와 향이 가득한 금 대접(성도들의 기도)을 드렸다(5:8).
보좌와 생물들과 장로들을 둘러선 만만 천천의 많은 천사들은 예수님이 "능력과 부와 지혜와 힘과 존귀와 영광과 찬송을 받으시기에 합당하다"고 찬송했다(5:12).
하늘 위에와 땅 위에와 땅 아래와 바다 위에와 또 그 가운데 모든 피조물들은 "보좌에 앉으신 이와 어린 양에게 찬송과 존귀와 영광과 권능을 세세토록 돌릴지어다"라고 예배했다(계 5:13).
- 예배의 형식 : 이십사 장로들이 보좌에 앉으신 이 앞에 엎드려 경배했다(4:10). 자기의 관을 보좌 앞에 드렸다(4:10). 새 노래를 불렀다(5:9). 네 생물은 "아멘"하고 화답했다(5:14).
- 예배의 이유 : 하나님께서 만물을 지으신 창조주이시기 때문이다(4:11 하). 예수님께서 일찍이 죽임을 당하사 각 족속과 방언과 백성과 나라 가운데에서 사람들을 피로 사서 하나님께 드리시고, 우리 하나님 앞에서 나라와 제사장들을 삼으셨기 때문이다(5:9, 12).

6. 당신에게 특히 영향을 준 구절이 있다면 무엇인가? 적용 질문

I권 6과 예배

- 돌아가면서 자신에게 특히 영향을 준 구절을 나누도록 하라.
- 그리고 왜 그 구절이 특히 영향을 주었는지도 물어보라.
- 이런 추가 질문, 심화 질문들을 통해 은혜가 더 풍성해지는 것을 경험하게 될 것이다.

 어깨를 딛고서는 독서

거룩함이 주는 충격을 어떻게 다룰까
- 독서 자료는 교재에 실려 있습니다.

■ 생각해볼 문제들

1. 우리가 하나님의 모습을 어떻게 생각하느냐 하는 것이 우리가 하나님께 드리는 예배를 좌우하는 중요한 요소가 되는 이유는 무엇인가?
   - 우리가 하나님이 누구이신지 이해하고 있을 때에 비로소 우리 예배가 생명력을 갖기 때문이다.

2. 하나님의 참 모습을 알지 못하도록 우리를 방해하는 "영혼의 두 법"은 무엇인가?
   - 첫째, 우리는 하나님을 우리와 같은 분이라고 생각한다. 우리는 우리 멋대로 하나님은 이런 분이라고 생각하는 경향이 있다. 그저 우리가 소망하는 하나님 모습을 그려놓고 이를 하나님이라고 여기는 경우가 아주 많다. 우리는 하나님을 우리 자신의 형상대로 만들어내곤 한다.
   - 둘째, 우리는 하나님 보기를 거부한다. 우리는 하나님이 당신의 참 모습을 계시하실 때, 우리가 본 것을 무시하거나 그 모습을 묵살한다. 우리가 발

81

견하는 그분의 모습은 너무나 거룩하여 감당할 수가 없을 정도이기 때문이다.

3. 우리는 왜 하나님이 자신에 관하여 알려주시는 계시를 묵살하곤 하는가?
   - 거룩하신 하나님은 인간에게 무시무시한 위협이다.
   - 우리는 그 거룩함에 큰 충격을 받은 채로 그 위협에 대처하든지 아니면 그 위협을 무시하거나 묵살한다.
   - 불행한 일이지만 사람들은 대부분 그 위협을 무시하거나 묵살한다.
   - 우리 영혼은 그런 식으로 그 충격에 대처한다. 때문에, 우리는 하나님을 올바로 알지 못한 채 살아간다.
   - 심리학에 비춰 봐도, 그렇게 충격적인 진리를 부둥켜안고 살아가기보다 거짓을 붙들고 살아가는 것이 더 속 편하다.

4. '거룩하다'라는 말이 갖는 두 가지 의미는 무엇인가?
   - 첫째는 분리다. 이는 다른 것과 철저히 구별됨을 뜻한다.
   - 둘째는 정결이다. 이는 절대 완전하다는 뜻이다.

   그 두 가지 의미는 죄로 가득한 우리를 어떻게 위협하는가?
   - 분리의 개념은 우리의 자율 내지 우리 자신이 우리의 주인 노릇을 하는 데 위협이 된다.
   - 거룩하고 살아계신 하나님을 만나는 순간, 자율이라는 신화, 인간이 최종 권위자라는 신화, 우리 인간이 자기 자신의 주인이라는 생각은 산산조각 나고 만다. 하나님의 임재 안에 들어서면, 우리는 먼지이자 재일 뿐이다.
   - 정결의 개념은 우리의 도덕적 고결함에 위협이 된다.
   - 우리는 우리가 선한 사람이라고 느끼고 싶은데, 그토록 철저한 정결함을 마주하게 되면, 우리가 훌륭한 도덕군자라는 주장은 얼토당토않은 말이

되어버린다. 우리 죄를 하나님께 모조리 자백하든지 아니면 우리가 생각하는 하나님 개념을 바꿔 우리가 느끼는 수치심을 제거하든지, 둘 중에 하나를 택해야만 한다. 결국 우리는 도덕적으로 중립을 견지하면서 우리가 무슨 일을 해도 전혀 괘념치 않는 하나님을 만들어낸다.

5. 하나님은 당신의 거룩하심과 우리 사이에 놓인 간극을 극복하고자 어떤 일을 행하시는가?
   - 이 긴장을 은혜가 해결한다. 이사야의 고민이었고, 우리의 고민이기도 한 이 간극을 해결해준 것은 속죄였다.
   - 그러나 속죄는 인간이 드리는 희생 제사를 통해 이루어지지 않는다. 속죄는 하나님으로부터 나온다. 하나님이 몸소 스랍을 통하여 속죄를 이루신다.
   - 이것은 예수 그리스도의 십자가를 미리 보여주는 아름다운 예표이다.
   - 우리는 두렵기 이를 데 없는 하나님의 거룩하심을 피해 예수 그리스도의 상처 속으로 피할 수 있다. 이 상처는 우리 입술을 어루만질 뿐만 아니라, 우리의 존재 자체를 용서하고 정결케 해주신다.

6. 당신이 하나님께 더 온전한 예배를 드리려면, 하나님에 관한 당신 자신의 견해를 어떻게 바꾸어야 한다고 보는가? 🔖 **적용 질문**
   - 앞에서 나눈 두 가지 잘못된 견해에 사로잡혀있지 않은지 점검해보도록 이끌라.

> 🔎 **인도자를 위한 팁**
>
> 적용 질문에서는 내면에 있는 고민과 갈등을 나누는 것이 중요하다. 그러려면 훈련생들이 마음을 있는 그대로 드러낼 때, 책망하거나 꾸짖지 말고, 이유가 무엇인지, 어떻게 해결하는 것이 좋을지를 물어보라. 그렇게 하여 신앙을 진단하고, 오늘 결단하고 실천하기로 작정하는 것이 무엇인지 스스로 정리해보도록 이끌어가라.

7. '어깨를 딛고서는 독서'가 당신에게 확신이나 도전이나 위로를 주었는가? 그 이유는 무엇인가? 📖 **적용 질문**
   - 참된 예배와 관련하여 새롭게 깨닫거나, 확신을 얻거나, 도전이 되었거나, 위로를 얻은 것이 있다면 나누도록 하라.

I권 6과 예배

 인도자를 위한 더 깊이 나아가기

리처드 포스터의 『영적 훈련과 성장』 11장 "예배의 훈련"을 읽어보라.

 과제물

1. 2권 1과를 예습하라.
2. 2권 1과의 심비에 새기는 말씀(신 6:4; 고후 13:13)을 암송하라.
3. 교회가 제시하는 성경읽기표대로 매일 성경을 읽어나가라.
4. 교회가 정한 Q.T.지를 사용하여 매일 Q.T.하는 습관을 들이라.
5. 주일예배, 수요예배를 비롯하여 목회자가 강조하는 교회의 공예배에 참여하라.
6. 매일 15분 이상 하나님께 ACTS의 순서를 따라 기도하는 시간을 가지라. 기도를 시작할 때에 주기도문으로 기도하고, 기도를 마칠 때에 주기도문으로 마무리하라.
7. 주중에 같이 훈련받는 지체 3명 이상에게 전화하여 서로 격려하고 은혜를 나누라.

1과 | 삼위 하나님   2과 | 인간, 하나님의 형상
3과 | 죄   4과 | 은혜
5과 | 구속   6과 | 칭의
7과 | 양자 됨

II권에서는 우리가 무엇을 믿고 있는지 살펴보려고 한다. II권에서 다룰 내용에는 우리가 살펴볼 가장 중요한 신학 혹은 교리가 포함되어 있다. 우리는 교리를 부끄러워하거나 피해서는 안 된다. 도로시 세이어스의 말대로, "교리는 드라마"[1]이기 때문이다. 지금까지 역사가 펼쳐 보인 드라마 가운데 가장 위대한 드라마가 우리를 기다리고 있다.

우리는 먼저 **1과**에서 **삼위일체의 신비**를 살펴봄으로써 하나님과 그분의 의도를 찾아볼 것이다. 우리는 '삼위 하나님'the three-person God이 영원히 하나님 자신과 한 몸으로 존재하시는 분이라는 말이 무슨 의미인지 알아볼 것이다.

2과에서는 우리가 **하나님의 형상으로 창조되었다**는 점을 알아볼 것이다. 인간 속에 존재하는 하나님의 형상을 이해할 수 있는 실마리는 하나님이 삼위일체이시라는 점이다. 하나님이 사귐 가운데 존재하시므로, 우리 역시 하나님 및 다른 이들과의 관계를 통해 사귐을 나누도록 창조되었다.

3과에서는 우리와 하나님, 우리와 다른 이들의 관계에 끼이들이 사귐을 깨뜨린 것이 무엇인지를 밝혀보겠다. 성경은 이것을 **죄**라고 부른다. 죄는 지금뿐만 아니라 영원히 우리와 하나님을 갈라놓는다.

경이 중의 경이는 우리가 하나님의 권위에 맞서 반기를 들고 그분의 선하심을 믿지 않았는데도 하나님이 계속하여 우리를 돌보아주신다는 점이다. **4과**에서 다룰 **하나님의 사랑**의 범위와 그 풍성함을 잘 보여주는 예가 바로 예수님이 십자가에 달려 돌아가셨다는 사실이다. **5과**에서는 우리가 **그리스도를 통한 구속**을 얻게 된 내력을 살펴본다.

기본 진리를 이해하는 첫걸음 II

우리가 복음의 줄거리를 알고 예수 그리스도가 인간으로 오신 하나님이심을 시인하며 그분이 부활하셨음을 인정하는 경우에도, 우리 삶이 전혀 달라지지 않을 수 있다. 이 역사적 사건들을 우리가 받아들이고 우리 자신에게 적용하는 길은 그리스도를 믿는 것이다. 어떻게 의로우신 하나님이 당신의 거룩함을 훼손하시지 않고도 죄인들을 용서하실 수 있는가? 이것이 **6과**에서 다룰 **이신칭의**에 관한 문제다.

2권은 정점인 **7과 양자 됨**으로 끝을 맺는다. 칭의의 무대는 재판장이신 하나님이 주재하시는 법정이다. 그러나 양자 됨은 우리를 그 법정에서 가정으로 옮겨온다. 이제 하나님은 재판장이 아니라 아버지가 되신다. 양자 됨으로 말미암아 우리는 하나님의 생명 속으로 들어가게 되고 그분의 자녀가 된다.

Understanding the Message of Christ

1과 삼위 하나님

심비에 새기는 말씀 신명기 6:4; 고린도후서 13:13
자유케 하는 진리의 말씀 출애굽기 20:1~7, 3:13~14
　　　　　　　　　　　　요한복음 8:58~59; 사도행전 5:1~4
어깨를 딛고서는 독서 콘택트

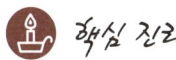 핵심 진리

제자가 예배하고 섬기는 하나님은 누구인가?

우리는 하나님의 본질을 완전히 이해할 수 없다. 그러나 하나님은 오직 영원하신 한 하나님이시다. 하나님은 한 분이시나 동시에 세 위격으로 즉, 성부 하나님, 성자 하나님 그리고 성령 하나님으로 계신다.

위에서 제시한 질문과 대답의 핵심 문구를 확인해보라. 그리고 그 의미를 당신 자신의 말로 이야기해보라.
- 우리는 하나님의 본질을 완전히 이해할 수 없다.
- 하나님은 영원하신 하나님이시다.
- 하나님은 한 하나님이시다.
- 동시에 세 위격(성부, 성자, 성령)으로 계신다.

심비에 새기는 말씀

성경은 하나님이 한 분이심을 강조하면서 동시에 삼위 하나님이심을 강조한다. 이번 주에 암송할 두 구절은 이를 이해하는 데 도움을 준다. '쉐마'(Shema, 히브리어로 '들으라'라는 뜻)로 알려져 있으며 회당 입구 위에서 흔히 볼 수 있는 신명기 6장 4절과 고린도후서 13장 13절 말씀이다.

1. 신명기 6장 1~9절이 언급하는 모든 명령을 열거해보라. 관찰 질문
   - 마음을 다하고 뜻을 다하고 힘을 다하여 네 하나님 여호와를 사랑하라(5절).
   - 말씀을 마음에 새기라(6절).
   - 말씀을 자녀에게 부지런히 가르치라(7절).
   - 집에 앉았을 때에든지 길을 갈 때에든지 누워 있을 때에든지 일어날 때에든지 이 말씀을 강론하라(8절).
   - 말씀을 손목에 매어 기호를 삼으라(8절).
   - 말씀을 미간에 붙여 표로 삼으라(8절).
   - 말씀을 집 문설주와 바깥 문에 기록하라(9절).

2. 오늘 우리가 심비에 새길 말씀은 신명기 6장 4절이다. 소리 내어 암송해보라.

> **신명기 6:4**
> 이스라엘아 들으라 우리 하나님 여호와는 오직 유일한 여호와이시니

3. 한 하나님이 존재하신다고 확고히 믿어야 하는 이유는 무엇이라고 생각하는가? 하나님은 오직 한 분이시라는 주장은 오늘날, 어떤 면에서 적절한가? 해석 질문

- 오늘날 종교다원주의가 퍼져나가고 있다.
- "어떤 신을 믿든지 좋은 데 갈 수 있고, 또 그렇게 믿어서 좋은 데 가면 되는 것 아니냐"는 분위기가 팽배하다.
- 그러므로 오늘날과 같은 시대야말로 유일한 참 하나님이심을 바로 믿고 주장해야 할 시대이다.

4. 심비에 새길 또 하나의 말씀은 고린도후서 13장 13절이다. 이 구절을 소리 내어 암송해보라.

> **고린도후서 13:13**
> 주 예수 그리스도의 은혜와 하나님의 사랑과 성령의 교통하심이 너희 무리와 함께 있을지어다

5. 삼위의 각 위격과 결합되어 있는 특질은 무엇인가? 🔖 **관찰 질문**
   - 성자 예수님(그리스도) : 은혜
   - 성부 하나님 : 사랑
   - 성령 하나님 : 교통하심

이 특질은 삼위 하나님의 각 위가 행하시는 역할에 관하여 우리에게 무엇을 알려주는가? 🔖 **해석 질문**
   - 예수님께서는 우리를 위해 생명을 내어놓으셨다. 그 은혜로 우리가 구원을 얻게 되었다.
   - 하나님께서는 우리를 사랑하셔서 독생자 예수님까지 아끼지 않고 내어주셨다.
   - 성령님께서는 우리로 사귐(교제)이 있게 하신다. 우리는 성령 안에서 하나님의 성전으로 지어져가며, 성전을 구성하는 성도들과 사귐을 갖게 된다.

6. 바울은 고린도교회의 성도들이 무엇을 깨닫기를 원했는가?
   📖 해석 질문
   - 바울은 고린도교회의 성도들에게 보내는 편지를 마무리하면서 그들에게 하나님의 복을 빌었다.
   - 삼위 하나님이 고린도교회 성도들의 복의 근원이 되심을 알기 원했던 것이다.

   바울이 고린도교회의 성도들에게 원했던 그것은 당신에게 어떻게 적용되는가? 📖 적용 질문
   - 삼위 하나님은 은혜와 사랑과 교통하심으로 나에게 복 주시는 분이시다.
   - 훈련생들에게 예수 그리스도의 대속의 은혜를 누리고 사는지 물어보라.
   - 훈련생들에게 독생자까지 아끼지 않고 내어주신 하나님의 사랑을 누리고 사는지 물어보라.
   - 훈련생들에게 성령 안에서 풍성한 교제를 누리며 사는지 물어보라.
   - 혹 누리지 못하는 부분이 있다면, 이유는 무엇인지, 어떻게 극복할 수 있는지 나누면서 삶에 적용하도록 이끌라.

 자유케 하는 진리의 말씀

성경에는 '삼위일체'라는 말이 나오지 않는다. 또 삼위 하나님의 세 위격을 한꺼번에 언급하는 대목도 많지 않다(마태복음 28:19과 고린도후서 13:13이 드문 예외다). 우리는 한 분 하나님이 동시에 세 위격이심을 어떻게 믿게 되었는가? 그것은 성경이 삼위를 모두 하나님으로 일컬으면서도 각 위격을 서로 구분하여 이야기하기 때문이다.

성부 하나님 : 출애굽기 20장 1~7절을 읽으라.

1. 3~7절에 나온 첫 세 계명이 금지하는 것들을 당신 자신의 말로 적어보라. 🔍 **관찰 질문**
   - 하나님 외에는 다른 신들을 섬기지 말라(3절).
   - 너를 위하여 새긴 우상을 만들지 말고, 어떤 형상도 만들지 말라. 그 우상들에게 절하지 말고, 섬기지 말라(4-5절).
   - 네 하나님 여호와의 이름을 망령되게 부르지 말라(7절).

2. 왜 하나님은 다른 신들을 금지하시는가(3절)? 🔍 **해석 질문**
   - 다른 신들은 참 신이 아니기 때문이다.
   - 이스라엘을 애굽 땅, 종 되었던 집에서 인도하여 내신 분은 하나님이시기 때문이다.
   - 강한 손과 편 팔로 구원을 베푸시는 분은 하나님이시기 때문이다.
   - 그러므로 하나님만 예배하고 섬기는 것은 당연한 것이다.

3. 새긴 형상은 무엇인가? 🔍 **해석 질문**
   - 고대 근동 지역에서 인간과 동물의 형상은 신의 속성을 표현하는 데 중요한 역할을 했다.
   - 특히 이스라엘은 애굽에서 빠져나온 민족이었다. 당시 애굽은 수많은 우상과 신들을 섬겼다. 삶의 각 영역들을 관장하는 신들이 따로 있었기 때문에 가장 풍성한 복을 받기 위해서는 많은 신들을 섬기는 것이 보편적인 종교습관이었다.

4. 새긴 형상이나 어떤 모양이라도 만들지 말라고 금지하시는 이유는 무엇인가(4절)? 🔍 **해석 질문**
   - 하나님을 그 형상에 담아낼 수 없기 때문이다.
   - 무한하시고 전능하신 하나님을 인간의 머리로 이해하고 형상화하는 것은

불가능하기 때문이다.
- 그렇게 이해되고 형상화되는 분이라면 무한하신 하나님일 수 없다.

5. 하나님이 질투하신다는 말은 무슨 뜻인가? (하나님이 질투하시다니, 이 질투는 나쁜 일 아닌가? 아니라면 그 이유는 무엇인가?)
   해석 질문
   - 보편적으로 '질투'라는 말에는 부정적인 의미가 배어있는 것이 사실이다.
   - 그러나 분명한 것은 질투란 그 이면에 사랑이 전제되어 있다는 점이다.
   - 사랑하지 않는 대상을 향해서는 질투하지 않는다.
   - 하나님이 질투하시는 이유는 그만큼 우리를 사랑하시기 때문이다. 하나님의 마음이 우리로 가득 차 있기 때문에 다른 신을 섬기는 우리에게 질투하시는 것이다.

6. 하나님의 이름을 망령되게 부르지 말라는 말은 무슨 뜻인가?
   해석 질문
   - 하나님을 유한한 인간의 머리로 이해하고 형상화하는 것이 불가능한 것처럼, 하나님을 유한한 인간의 언어로 다 담아내는 것은 불가능하다.
   - 하나님의 본성과 성품을 제대로 이해하지 못하면서 하나님의 이름을 함부로 부를 때, 하나님의 본성과 성품에서 벗어난 하나님, 인간이 오해한 하나님을 말할 수도 있다.
   - 하나님의 본성과 성품에서 벗어난 이름으로 그분을 지칭해서는 안 된다는 것이다.

성자 하나님 : 출애굽기 3장 13~14절, 요한복음 8장 58~59절을 읽으라.

7. 예수님은 자신을 누구라고 주장하시는가? **해석 질문**
   관찰 보조 : 예수님은 언제부터 있었다고 하셨는가?(58절)
   - 아브라함이 나기 전부터 예수님이 있었다(I Am)고 말씀하셨다.

해석 보조 : 이 말은 무슨 뜻인가?
- 아브라함이 나기 전부터 예수님이 있었다(I Am)는 말은 예수님이 하나님의 거룩한 이름인 "스스로 있는 자"(I Am, 출 3:14)라는 이름을 자신에게 적용하신 것이다.

8. 종교 지도자들은 예수님께서 말씀하시는 "내가 있느니라(나는 스스로 있는 자)"를 어떻게 해석하였는가? 해석 질문
   - 아브라함이 나기 전부터 예수님이 있었다고 주장하는 것은 하나님의 거룩한 이름을 자신에게 적용한 신성모독이라고 해석했다.
   - 레위기 24장 16절에 근거해보면 여호와의 이름을 모독하는 자는 돌로 쳐죽이게 되어 있었다.
   - 그랬기 때문에 유대인들이 돌을 들어 예수님을 치려한 것이다.

성령 하나님 : 사도행전 5장 1~4절을 읽으라.

9. 이 구절은 성령이 하나님의 한 위격이시라는 사실을 어떻게 잘 보여주고 있는가? 관찰+해석 질문
   관찰 보조 : 오늘 본문에서 무슨 일이 일어났는가?
   - 아나니아와 삽비라가 소유를 판 값에서 얼마를 감추고 헌금을 드리면서 땅 값 전부를 드린 것처럼 거짓말하다가 즉사하는 사건이 등장한다.
   관찰 보조 : 베드로는 거짓말하는 아나니아에게 무엇이라고 책망했는가?
   - 성령을 속였다고 말한다(3절).
   - 사람에게 거짓말한 것이 아니라 하나님께 거짓말했다고 말한다(4절).
   해석 보조 : '성령을 속인 것'과 '하나님께 거짓말한 것'이 같은 의미로 사용된다. 이것은 무엇을 의미하는가?
   - 성령이 하나님의 한 위격이라는 사실을 잘 보여주고 있는 말씀이다.

10. 당신에게 특히 영향을 준 구절이 있다면 무엇인가? **적용 질문**
   - 돌아가면서 자신에게 특히 영향을 준 구절을 나누도록 하라.
   - 그리고 왜 그 구절이 특히 영향을 주었는지도 물어보라.
   - 이런 추가 질문, 심화 질문을 통해 은혜가 더 풍성해지는 것을 경험하게 될 것이다.

 어깨를 딛고서는 독서

콘택트

- 독서 자료는 교재에 실려 있습니다.

■ **생각해볼 문제들**

1. 요한은 왜 '말씀'이라는 이미지로 예수님을 설명하는가?
   - 말씀은 의사소통(접촉, contact)과 관련되어 있다.
   - 말씀은 자기 계시의 수단이다.
   - 자기 속에 감추어진 생각들을 끄집어내 상대방에게 전달하는 수단이 바로 말씀이다.
   - 우리가 내면 깊숙이 들어있는 생각들과 느낌들을 전달하지 않으면, 사람들은 우리를 알 수 없다.
   - 우리가 하나님을 알 수 있는 것은 하나님이 우리에게 당신 자신을 알려주셨기 때문이다.
   - 하나님이 우리에게 말씀하셔야 할 것들을 일러주시려 할 때, 그 말씀은 예수 그리스도라는 인격체로 나타났다.

II권 1과 삼위 하나님

2. 예수님께서 영원하신 분인 경우와 피조물인 경우 사이에는 어떤 차이점이 있는가?
   - 예수님이 피조물이시라면 죄로부터 자유로울 수 없는 분이시다.
   - 예수님이 죄로부터 자유로울 수 없는 분이시라면 우리를 위한 대속의 제물이 되실 수 없다.

3. 성부와 성자는 어떤 관계인지 설명해보라.
   - 성자는 하나님과 동등하시다.
   - 성자는 아버지의 영원하신 아들이다.

4. 당신은 우리가 삼위일체를 믿게 된 경위를 어떻게 설명하겠는가?
   - 성경에는 '삼위일체'라는 단어가 없다. 성경은 '삼위일체'라는 말을 쓰지 않는다.
   - 그러나 삼위일체를 서술한 대목이 성경에 엄연히 나와 있다.
   - 삼위일체라는 개념이 나온 것은 성자와 성령이 하나님과 동등하시다고 가르치기 때문이요, 우리가 체험한 하나님이 곧 성부, 성자, 성령 하나님이시기 때문이다.

5. 예수님은 왜 바로 "내가 곧 하나님"이라고 말씀하시지 않았는가?
   - 예수님은 사람들이 예수님 자신이 아버지와 같다고 말하는 것으로 이해하는 것을 원하시지 않았기 때문이다.
   - 아버지도 하나님이시고 아들도 하나님이시다. 그러나 아버지는 아들이 아니시며, 아들 역시 아버지가 아니시다.

6. 성도의 삶 속에서 성령은 어떤 역할을 하시는가?
   - 성령은 우리 안에 계신 하나님의 생명이다.
   - 우리 안에 있는 성령은 우리를 하나님의 가족으로 이끌어들이는 분이다.

- 우리는 양자로 택함을 받아 성부와 성자가 공유하시는 생명 속으로 끌려 들어간다.
- 바울은 그리스도인이 된다는 것을 양자의 영을 받는 것이라고 말한다.
- 성령의 생명이 우리 안에 거하시므로, 우리는 "아빠 아버지"(롬 8:15-16)라고 외칠 수 있다.

7. '어깨를 딛고서는 독서'가 당신에게 확신이나 도전이나 위로를 주었는가? 그 이유는 무엇인가?
   - 삼위일체 하나님과 관련하여 새롭게 깨닫거나, 확신을 얻거나, 도전이 되었거나, 위로를 얻은 것이 있다면 나누도록 하라.

II권 1과 삼위 하나님

 인도자를 위한 더 깊이 나아가기

C. S. 루이스의 『순전한 기독교』(홍성사 역간) 4장에 나오는 "삼위이신 하나님"과 제임스 패커의 『하나님을 아는 지식』(IVP 역간) 4장 "오직 참되신 하나님"을 읽어보라.

 과제물

1. 2과를 예습하라.
2. 2과의 심비에 새기는 말씀(창세기 1:26-27)을 암송하라.
3. 교회가 제시하는 성경읽기표대로 매일 성경을 읽어나가라.
4. 교회가 정한 Q.T.지를 사용하여 매일 Q.T.하는 습관을 들이라.
5. 주일예배, 수요예배를 비롯하여 목회자가 강조하는 교회의 공예배에 참여하라.
6. 오늘 배운 내용에 기초하여 매일 20분 이상 하나님께 ACTS의 순서를 따라 기도하는 시간을 가지라. 기도를 시작할 때에 주기도문으로 기도하고, 기도를 마칠 때에 주기도문으로 마무리하라.
7. 주중에 같이 훈련받는 지체 3명 이상에게 전화하여 서로 격려하고 은혜를 나누라.

2과 인간, 하나님의 형상

심비에 새기는 말씀 창세기 1:26~27
자유케 하는 진리의 말씀 창세기 1~2장
어깨를 딛고서는 독서 하나님이 지으신 왕관의 보석

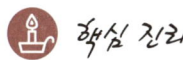 핵심 진리

인간은 어떤 존재인가?

스스로 계신 창조주 하나님은 당신의 무한한 창조성과 권능을 행사하여 이 세상을 만드셨다. 하나님이 행하신 창조의 정점은 유일하게 당신의 형상을 따라 지으신 남녀, 곧 인류다.

위에서 제시한 질문과 대답의 핵심 문구를 확인해보라. 그리고 그 의미를 당신 자신의 말로 이야기해보라.
- 인간은 하나님이 행하신 창조의 정점이다.
- 하나님이 창조한 피조물 가운데 유일하게 하나님의 형상을 따라 지은 존재다.
- 남자와 여자로 지으셨다.
- 하나님의 무한한 창조성과 권능으로 지으셨다.

심비에 새기는 말씀

우리가 인간의 본질에 관한 이해를 처음 시작하는 곳은 태초이다. 성경은 하나님이 애초에 우리를 창조하실 때 품었던 의도가 무엇이라고 말하는가? 오늘 우리가 심비에 새길 말씀은, 하나님의 형상으로 지음을 받았다는 말이 무슨 의미인지 깨닫게 해주는 실마리들을 담고 있다.

1. 창세기 1장 1절부터 시작하여 엿새 동안 펼쳐지는 각 날의 창조는 일관된 형태를 따르고 있다. 그러다가 인간 창조에 이르러 이 형태는 급작스레 바뀐다. 어떻게 바뀌는가? 관찰 질문
   - 하나님께서 다른 피조물들을 창조하실 때는 말씀으로 창조하셨다(3, 6~7, 9, 11, 14~15, 20~21, 24절).
   - 그러나 인간을 창조하실 때는 하나님의 형상을 따라, 하나님의 모양대로(1:26~27), 직접 흙으로 빚어 창조하시고, 그 코에 생기를 불어넣으셨다(2:7).

2. 오늘 우리가 심비에 새길 말씀은 창세기 1장 26~27절이다. 소리 내어 암송해보라.

   > **창세기 1:26~27**
   > 26 하나님이 이르시되 우리의 형상을 따라 우리의 모양대로 우리가 사람을 만들고 그들로 바다의 물고기와 하늘의 새와 가축과 온 땅과 땅에 기는 모든 것을 다스리게 하자 하시고 27 하나님이 자기 형상 곧 하나님의 형상대로 사람을 창조하시되 남자와 여자를 창조하시고

3. 하나님은 당신 자신을 부르실 때 복수 호칭("우리")을 사용하신다. 이렇게 하신 이유는 무엇일까? 해석 질문

- 하나님은 당신을 가리키는 대명사로 복수형을 사용하신다. 이것이 특히 이채로운 이유는 '만들다'라는 동사가 단수형이기 때문이다. 한 분이신 하나님이 당신 자신을 복수로 지칭한다.
- 하나님께서 삼위로 계신다는 사실을 말씀해주시는 것이다.

이렇게 하나님이 복수 호칭을 사용하신 것은 인간이 하나님의 형상으로 창조되었다는 사실이 갖는 의미와 관련하여 무엇을 계시하고 있는가? 해석 질문
- 영원 전부터 하나님은 사귐 가운데 계신 분이었다. 하나님은 당신 자신이 곧 공동체이시고, 스스로 존재하시며, 자족(自足)하신 분이다. 하나님이 이 세상을 창조하시기 전에는 오직 이 삼위 하나님만이 계셨다.
- 하나님이 사귐 가운데 존재하시는 분이시듯이 우리도 사귐 가운데 살아가야 한다.

4. 27절은 "남자와 여자"로 창조된 인류가 하나님의 형상대로 창조되었다고 말한다. 이 구절이 우리가 하나님의 형상대로 창조되었음을 알려주는 또 하나의 단서가 되는 것은 무엇 때문인가? 해석 질문
- 인간이 "남자와 여자"로 창조되었다는 것은 우리가 사귐을 나누는 존재로 창조되었다는 것을 더 깊이 시사한다. 하나님의 형상대로 창조된 우리는 사귐 가운데 존재하시는 분인 하나님을 반영한다. 이는 곧 하나님이 우리를 각기 다르게 만드심으로써 서로 인격 대 인격으로 사귐을 가질 수 있게 하셨다는 것을 의미한다.

5. 인간에게는 어떤 권위가 주어졌는가? 관찰 질문
- 바다의 물고기와 하늘의 새와 가축과 온 땅과 땅에 기는 모든 것을 다스리는 권위가 주어졌다(26절).

인간에게 주어진 권위는 인간이 어떤 책임을 지고 있음을 시사하는가? 해석 질문
- '다스린다'는 말은 억압을 뜻하는 것이 아니라 다스리는 대상들을 지키고 돌보는 것을 의미한다.

 자유케 하는 진리의 말씀

일부 사람들은 창세기 1장과 2장의 창조 기사가 서로 모순된다고 주장한다. 그러나 그렇게 생각하지 말고, 창세기 2장의 창조 기사를 창세기 1장 26~27절을 더 확장하여 자세히 설명한 기사로 받아들이라. 창세기 1장은 창조 과정을 대략적으로 살펴본 말씀이라면, 창세기 2장은 창조 과정을 상세히 서술한 말씀이다.

1. 창세기 1~2장을 읽으라. 성경은 "태초에 하나님이 천지를 창조하시니라"로 시작한다. 이 말씀은 하나님에 관하여 우리에게 무엇을 가르쳐주는가? 관찰 질문
   - 하나님이 천지를 창조하신 창조주이시다.
   - 여기서 '창조하다'라는 말에 사용한 히브리어는 인간의 창조 능력을 가리킬 경우에는 단 한 번도 사용하지 않는다. 하나님만이 인간이 결코 할 수 없는 일-무(無)에서 창조함-을 행하실 수 있기 때문이다.

2. 하나님이 인간을 지으시기 전에 만드신 세계를 향하여 복을 주신 말씀은 무엇인가(1:10, 12, 18, 21, 25)? 관찰 질문
   - 사흘째 되는 날부터 하나님은 그 날에 창조할 일을 마치시고 당신이 지으신 것들에 복을 주셨다.
   - 하나님이 만드신 것을 보시고 "보시기에 좋았더라"라고 축복하셨다.

II권 2과 인간, 하나님의 형상

3. 인간을 창조하셨을 때 하나님의 복 주심은 어떻게 바뀌고 있는가 (1:31)? 관찰 질문
   – "보시기에 심히 좋았더라"라고 축복하셨다.

   이런 복 주심의 문구의 변화는 하나님이 인간을 어떻게 보신다는 것인가? 해석 질문
   – 하나님께서 인간을 아주 존귀히 여기신다는 뜻이다.
   – 하나님께서 우리를 당신의 걸작품으로 여기신다는 뜻이다.
   – 우리가 하나님으로부터 사랑받는 존재로 지음을 받았다는 뜻이다.

4. 창세기 2장은 남자가 여자보다 먼저 창조되었으며, 처음에는 남자 혼자뿐이었다고 말씀한다. 사람이 혼자 사는 것이 좋지 않은 이유는 무엇인가(2:18)? 해석 질문
   – 하나님의 형상대로 지음 받은 인간은 서로 교제하며 살아야 하는데, 혼자서는 사귐을 나누는 존재로 살아가기 어렵기 때문이다.

5. 하나님은 남자에게 없는 것을 어떻게 채워주시는가(2:18~25)? 관찰 질문
   – 각종 들짐승과 공중의 각종 새를 아담에게 이끌어 그들의 이름을 짓게 하셨다(19절).
   – 그러나 각종 들짐승과 공중의 각종 새들 가운데 아담의 돕는 배필을 발견할 수 없었다(20절).
   – 하나님이 아담을 깊이 잠들게 하신 후 갈빗대 하나를 취하고, 그것으로 여자를 만드셨다(21-22절).
   – 그렇게 만드신 여자를 아담에게로 이끌어 오셨다(22절).

6. 하나님이 남자에게 여자를 주셨을 때 남자가 외친 소리(23절)는 그에게 부족한 부분이 채워짐을 어떻게 표현하고 있는가? 관찰 질문
   - "이는 내 뼈 중의 뼈요 살 중의 살이라"

7. 창세기 2장 24절은 성경이 혼인에 관하여 내린 고전적 정의다. 예수님과 바울도 신약에서 이 정의를 인용하였다(막 10:6~9; 엡 5:31을 보라). 이 구절에 따르면, 혼인 관계에는 어떤 요소들이 꼭 있어야 하는가? 관찰 질문
   - 남자가 부모를 떠나야 한다 : 떠남
   - 아내와 합하여야 한다 : 연합
   - 둘이 한 몸을 이루어야 한다 : 하나됨

8. 당신에게 특히 영향을 준 구절이 있다면 무엇인가? 적용 질문
   - 돌아가면서 자신에게 특히 영향을 준 구절을 나누도록 하라.
   - 그리고 왜 그 구절이 특히 영향을 주었는지도 물어보라.
   - 이런 추가 질문, 심화 질문들을 통해 은혜가 더 풍성해지는 것을 경험하게 될 것이다.

II권 2과 인간, 하나님의 형상

 어깨를 딛고서는 독서

하나님이 지으신 왕관의 보석
– 독서 자료는 교재에 실려 있습니다.

■ **생각해볼 문제들**

1. 창세기 1장에서 사람이 하나님의 특별한 피조물임을 보여주는 대목들은 어디인가? 관찰 질문
   – 창세기 1장을 보면, 처음 6일 동안 이루어진 창조는 인간을 창조하면서 정점에 이른다.
   – 하나님은 그 날에 창조할 일을 마치시고 당신이 지으신 것들에 복을 주신다. 10, 12, 18, 21, 25절이 모두 똑같이 "하나님이 보시기에 좋았더라"라는 말로 끝난다.
   – 그러나 하나님이 창조하신 보석은 아직 왕관에 박히지 않았다. 인간이 창조된 뒤, 하나님이 복을 주시는 문구가 살짝, 그러나 아주 중요하게 바뀐다는 점을 유념하라. 하나님이 할 일을 모두 마치신 뒤에 "지으신 그 모든 것을 보시니 보시기에 심히 좋았다"(31절)라고 축복하셨다.
   – 인간은 하나님의 형상과 모양대로 창조되었다.
   – 26절과 27절에 나오는 '형상'과 '모양'이라는 말은 하나님이 지니신 어떤 것을 우리가 그대로 복제하거나 복사하거나 닮았으며 우리에게 있는 이 복제된 것이 원형과 일치한다는 의미를 갖고 있다. 하나님은 당신의 본질을 우리에게 분명히 새겨두셨다.

2. 하나님의 형상으로 지음 받았다는 말은 무슨 뜻인가? 해석 질문
   – 인간은 창조주의 인격성이 표현된 존재다.
   – 인간에게는 하나님 도장이 찍혀 있다.

- 하나님이 사귐 가운데 존재하시는 분이시듯 우리도 사귐 가운데 존재한다는 의미이다.
- 곧 하나님이 우리를 각기 다르게 만드심으로써 서로 인격 대 인격으로 사귐을 가질 수 있게 하셨다는 것을 의미한다.
- 우리가 하나님으로부터 사랑받는 존재로 지음을 받았다는 의미이다.
- 우리가 수평적 관계에 얼마나 헌신하느냐가 현세의 삶이 성공인가를 결정하는 척도가 된다는 의미다.
- 사랑으로 사귐을 나누도록 지음 받았다는 말이다.
- 사랑이라는 동기로 말미암아 사랑을 나누도록 지음 받았다는 말이다.
- 우리 시간과 에너지를 하나님과 다른 사람들을 사랑하는 데 우선 투입해야 한다는 말이다.

3. 하나님의 형상으로 지음 받았다는 말의 의미를 달리 설명해주는 것을 배운 적이 있는가? 적용 질문
   - 그동안 '하나님의 형상으로 지음 받았다'는 말을 '어깨를 딛고서는 독서'에서 제시하는 의미로 배우지 못했다면 이 진리를 다시 마음에 새기도록 권면하라.

4. 성경의 인간관에 비춰볼 때 우리는 각 사람의 가치를 어떻게 이해해야 하는가? 성경의 인간관은 사람을 가장 높은 단계의 동물로 보는 진화론의 인간관과 어떻게 다를까? 해석 질문
   - 성경은 동물과 인간을 엄연히 구별하고 있다.
   - 하나님의 손으로 빚어 만든 인간과 말씀으로 창조하신 동물이나 피조물들은 다른 존재이다.
   - 하나님의 형상과 모양대로 창조된 인간과 다른 피조물들은 엄연히 다른 존재이다.
   - 인간은 창조주의 인격성이 표현된 존재다. 따라서 동물이나 다른 피조물

과 그 질이 다르다. 인간에게는 하나님 도장이 찍혀 있다.

5. 하나님의 형상으로 지음 받았다는 말이 우리가 서로 사귐을 나누어야 할 존재로 지음 받았다는 뜻이라면, 우리의 우선순위 또는 우리 인생의 성공 척도는 어떻게 달라져야 하는가? **해석 질문**
   - 하나님의 형상으로 지음 받았다는 것은 우리가 수직적 관계뿐만 아니라 수평적 관계에 얼마나 헌신하느냐가 현세의 삶이 성공인가를 결정하는 척도가 된다는 의미다.

   당신 자신의 우선순위는 어떻게 달라져야 하는가? **적용 질문**
   - 훈련생들도 하나님과의 관계뿐만 아니라 서로를 사랑하는 삶을 살고 있는지 물어보라.
   - 자신의 시간과 에너지를 하나님과 다른 사람들을 사랑하는 데 우선 투입하고 있는지 물어보라.

6. '어깨를 딛고서는 독서'가 당신에게 확신이나 도전이나 위로를 주었는가? 그 이유는 무엇인가? **적용 질문**
   - 하나님의 형상대로 지음 받았다는 말의 의미에 대해서 다시 한 번 정리하고 묵상하며 마음에 은혜가 증폭되게 하라.

인도자를 위한 더 깊이 나아가기

C. S. 루이스의 『순전한 기독교』 4장에 나오는 "만드는 것과 낳는 것", "좋은 전염" 부분을 읽어보라.

 과제물

1. 3과를 예습하라.
2. 3과의 심비에 새기는 말씀(로마서 3:23; 6:23)을 암송하라.
3. 교회가 제시하는 성경읽기표대로 매일 성경을 읽어나가라.
4. 교회가 정한 Q.T.지를 사용하여 매일 Q.T.하는 습관을 들이라.
5. 주일예배, 수요예배를 비롯하여 목회자가 강조하는 교회의 공예배에 참여하라.
6. 오늘 배운 내용에 기초하여 매일 20분 이상 하나님께 ACTS의 순서를 따라 기도하는 시간을 가지라. 기도를 시작할 때에 주기도문으로 기도하고, 기도를 마칠 때에 주기도문으로 마무리하라.
7. 주중에 같이 훈련받는 지체 3명 이상에게 전화하여 서로 격려하고 은혜를 나누라.

3과 죄

심비에 새기는 말씀 로마서 3:23, 6:23
자유케 하는 진리의 말씀 창세기 3장
어깨를 딛고서는 독서 유혹당하고 현혹당하다

 핵심 진리

무엇이 하나님과 인간의 관계를 갈라놓았는가? 그 결과는 무엇이었는가?

인간은 하나님의 형상으로 창조되었기에 그분과 완벽한 화합을 이루었다. 그런데도 우리는 우리 의지로 하나님의 권위에 불순종하고 그분의 선하심을 믿지 않았다. 그 결과 하나님과의 관계는 깨어지고 영혼에 죽음이 찾아왔다. 이는 다시 우리 자신과의 관계, 다른 사람들과의 관계, 다른 피조물과의 관계마저 오염시켰다.

위에서 제시한 질문과 대답의 핵심 문구를 확인해보라. 그리고 그 의미를 당신 자신의 말로 이야기해보라.
— 하나님의 형상으로 창조된 인간은 하나님과 완벽한 화합을 이루었다.
— 우리는 우리 의지로 하나님의 권위에 불순종했고, 그분의 선하심을 불신했다.
— 그 결과 우리와 하나님의 관계는 깨어졌다.
— 영혼의 죽음이 찾아왔다.
— 그 결과 자기 자신과 맺은 관계, 다른 사람들과 맺은 관계, 다른 피조물들과 맺은 관계마저 오염되었다.

심비에 새기는 말씀

오늘 심비에 새길 말씀 두 구절은 죄의 보편성과 그 죄가 우리와 하나님의 관계에 가져온 무시무시한 결과들을 이야기해주는 고전적인 구절이다.

1. 로마서 3장 9~23절에서 바울이 인간을 기소하는 내용을 당신 자신의 말로 이야기해보라. 📖 **관찰 질문**
   - 의인은 하나도 없다(10절).
   - 깨닫는 자도, 하나님을 찾는 자도 없다(11절).
   - 다 치우쳐 함께 무익하게 되고, 선을 행하는 자는 하나도 없다(12절).
   - 목구멍을 열어 혀를 놀릴 때마다 열린 무덤처럼 악취가 나고, 속이며, 독사의 독이 배어있고, 저주와 악독이 가득하다(13절).
   - 그들의 발은 피 흘리는 데 빠르다(14절).
   - 하나님을 두려워함이 없다(18절).

2. 오늘 우리가 심비에 새길 말씀은 로마서 3장 23절이다. 이 구절을 소리 내어 암송해보라.

   > **로마서 3:23**
   > 모든 사람이 죄를 범하였으매 하나님의 영광에 이르지 못하더니

3. 우리 죄의 크기는 얼마나 되는가? 사람마다 죄의 크기가 다를 수 있다. 이는 우리가 하나님 앞에 설 때 어떤 차이를 가져오는가?
   📖 **해석 질문**
   - 우리 죄의 크기가 얼마나 되든 거룩하신 하나님 앞에 우리가 죄인이라는 사실은 변함없다.
   - 하나님 앞에 설 때, 다른 사람과 비교해서 죄를 많이 지었느냐 적게 지었

느냐가 중요한 것이 아니라, 거룩이라는 하나님의 기준에서 벗어났느냐 부합되느냐가 유일한 기준인 것이다.

4. 죄란 무엇인가? 해석 질문
   - 헬라어로 죄라는 단어는 '하마르티아'(hamartia)다. 이 단어는 다음과 같은 뜻을 가지고 있다.
     ① 표적을 빗나가다
     ② 반항하다 혹은 배반하다
     ③ 불충실이나 악의
     ④ 비뚤어짐 혹은 왜곡

   하나님의 영광은 공정한 판단 기준인가? 해석 질문
   - 모든 사람이 하나님의 형상으로 창조되었다. 그러나 모든 사람이 죄를 범함으로 말미암아 그 영광을 상실했다.
   - 영광은 절대적인 온전함과 완전함이다. 죄는 우리가 하나님의 임재 앞에 서지 못하게 만들어버렸다.
   - 예수 그리스도를 믿는 사람들은 그리스도를 통해 다시 이 영광을 회복하게 된다.

5. 두 번째로 심비에 새길 말씀은 로마서 6장 23절이다. 이 구절을 소리 내어 암송해보라.

   > **로마서 6:23**
   > 죄의 삯은 사망이요 하나님의 은사는 그리스도 예수 우리 주 안에 있는 영생이니라

6. 바울이 로마서 6장 15~23절에서 논증하고 있는 내용을 살펴보고, 죄의 종이 되는 것과 의의 종이 되는 것을 대조해보라. 📖 관찰 질문

죄의 종이 되는 것	의의 종이 되는 것
– 사망에 이른다(16절). – 우리는 본래 죄의 종이었다(17절). – 우리 지체를 부정과 불법에 내어주어 불법에 이르게 된다(19절). – 죄의 종이었을 때는 의에 대하여 자유로웠다(20절). – 죄의 종이었을 때 맺은 열매는 부끄러운 것이었고, 그 마지막은 사망이었다(21절).	– 순종의 종이 되어 의에 이른다(16절). – 교훈의 본을 마음으로 순종하여 죄로부터 해방되어야 의에게 종이 된다(17~18절). – 우리 지체를 의에게 종으로 내주어 거룩함에 이르러야 한다(19절). – 죄로부터 해방되고 하나님께 종이 되면 거룩함에 이르는 열매를 맺게 되고 그 마지막은 영생이다(22절).

6장 23절은 바울의 논증을 어떻게 요약하고 있는가? 📖 관찰 질문
- 죄의 삯(대가)은 사망이다.
- 하나님의 은사는 그리스도 예수 우리 주 안에 있는 영생이다.
- "죄의 대가는 죽음이지만 하나님께서 거저 주시는 선물은 우리 주 예수 그리스도 안에 있는 영원한 생명입니다."(현대인의성경)

7. 죄의 대가는 무엇인가? 📖 관찰 질문
- 사망이다. 죽음이다.

8. "사망"은 무슨 뜻인가? 📖 해석 질문
- 이 구절에서 사망은 신자든 불신자든 모두 경험하는 육체의 죽음을 의미하는 것이 아니다.
- 이 구절에서 사망은 23절 하반절에 나오는 '영생'과 대조되는 의미의 '사망'이다.

- 죄의 결과는 지옥에서 하나님과 영원히 분리되는 사망이다.

9. 이번 주에 이 구절이 당신에게 무엇을 말씀해주었는가? 🖼 **적용 질문**
   - 이 구절을 묵상하고 암송하며 깨달은 바를 나누도록 하라.

✏️ 자유케 하는 진리의 말씀

창세기 3장은 인간이 타락한 내력을 이야기한다. 인간의 타락이 세상에 죄를 불러왔다. 뱀이 하와에게 하나님이 금하신 열매를 맛보라고 유혹하는 것과 아담과 하와가 부끄러움을 알고 하나님을 피하여 숨게 된 것은 죄의 본질을 극명하게 보여준다. 죄는 우리를 속이고 혼란시켜 옳고 그름을 분별할 수 있는 우리 지식을 왜곡시키는 힘을 갖고 있다.

1. 창세기 3장을 읽으라. 1절에서 뱀은 무슨 계교를 썼는가? 🖼 🖼
   관찰+해석 질문
   - 뱀은 여자에게 "하나님이 참으로 너희에게 동산 모든 나무의 열매를 먹지 말라 하시더냐?"라고 질문했다(창 3:1). 부정적인 답을 유도하고 있다.
   - 뱀이 여자에게 이렇게 말한다. "너희가 결코 죽지 아니하리라 너희가 그것을 먹는 날에는 너희 눈이 밝아져 하나님과 같이 되어 선악을 알 줄 하나님이 아심이니라" 거짓말을 섞어서 설득하는 것이다.
   - 뱀의 첫 번째 계략은 여자를 꾀어 하나님이 과연 자신들을 보살펴주시는 분인가 하는 점에 의문을 품게 만드는 것이었다. 사탄의 전술은 의심의 씨를 뿌려 '하나님이 정말 그렇게 엄격하실까?'라는 의문을 품게 만드는 것이었다.

뱀은 창세기 2장 16~17절에 나타난 하나님의 너그러운 말씀을

어떻게 왜곡하고 있는가? 🔖 관찰 질문
- 하나님은 "네가 먹는 날에는 반드시 죽으리라"고 하셨다.
- 그러나 뱀은 "너희가 결코 죽지 아니하리라 너희가 그것을 먹는 날에는 너희 눈이 밝아져 하나님과 같이 되어 선악을 알 줄 하나님이 아심이니라"라고 하나님의 말씀을 왜곡한다.
- 이제 뱀은 드러내놓고 하나님의 권위에 도전장을 던진다. 사탄은 하나님이 그런 명령을 내리신 까닭이 자신이 지닌 권위를 지키려는 시기심 때문이라고 암시한다. 하나님은 자신의 권위를 다른 누구와 공유하길 원하시지 않는다는 말이었다.
- 사탄은 그 열매를 먹게 되면 하나님과 같은 수준이 될 수 있다는 생각을 하와에게 집어넣는다.

2. 창세기 3장 2~3절에서 하와는 이미 자신이 하나님을 불신하고 있다는 것을 어떻게 보여주고 있는가? 🔖 관찰 질문
- 하와는 뱀의 질문에 이렇게 대답한다. "동산 나무의 열매를 우리가 먹을 수 있으나 동산 중앙에 있는 나무의 열매는 하나님의 말씀에 너희는 먹지도 말고 만지지도 말라 너희가 죽을까 하노라 하셨느니라".
- 그러나 하나님은 원래 이렇게 말씀하셨다. "동산 각종 나무의 열매는 네가 임의로 먹되 선악을 알게 하는 나무의 열매는 먹지 말라 네가 먹는 날에는 반드시 죽으리라".
- 만지지 말라는 부분은 하와가 덧붙인 금지 항목이었다.
- 하와는 자신이 하나님의 규제에 묶여 있다고 생각했다.
- 뿐만 아니라 하나님께서 "반드시 죽으리라"고 하신 말씀을 "죽을까 하노라" 정도로 이해하고 있었다. 하나님의 경고를 믿지 않았다는 것이다.

3. 4절과 5절에서 하와 앞에 놓인 유혹은 무엇인가? 🔖 관찰 질문
- 뱀이 하와에게 거짓말을 한다. "너희가 결코 죽지 아니하리라 너희가 그

것을 먹는 날에는 너희 눈이 밝아져 하나님과 같이 되어 선악을 알 줄 하나님이 아심이니라"
– 뱀은 하와에게 하나님과 같이 될 것이라고 유혹했다.

4. 뱀의 전략을 살펴본 결과 당신은 죄를 어떻게 정의하겠는가?
   해석 질문
   – 하나님이 선악을 알게 하는 나무의 실과를 따 먹지 말라고 하신 이유는 우리가 인간임을 잊지 말라고 하신 것이다.
   – 뱀은 바로 그 문제를 건드리는 것이다.
   – 뱀의 전략은 우리의 인간 됨, 하나님의 하나님 되심을 의심하게 만드는 것이다.

> 인도자를 위한 팁
> 이 질문은 '어깨를 딛고서는 독서'의 생각해볼 문제 6번과 연결 심화된다.

5. 죄의 결과는 인간과 인간 사이의 관계에 어떤 영향을 미치는가 (7절)? 관찰+해석 질문
   – 인간과 인간 사이에 부끄러움이 생기게 했다.

   인간과 하나님의 관계에는 어떤 영향을 미치는가(8~10절)?
   관찰+해석 질문
   – 인간이 하나님의 낯을 피하게 되었다.

   인간과 그 동료 내지 동반자의 관계에는 어떤 영향을 미치는가 (11~16절)? 관찰+해석 질문
   – 서로를 탓하게 되었다.

인간과 다른 피조물의 관계에는 어떤 영향을 미치는가(17-19절)? 관찰+해석 질문
- 다른 피조물이 만물의 영장인 인간에게 복종하는 것이 아니라 저주를 받아 인간을 힘들게 만드는 존재로 전락한다.

6. 당신에게 특히 영향을 준 구절이 있다면 무엇인가? 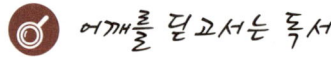 적용 질문
- 돌아가면서 자신에게 특히 영향을 준 구절을 나누도록 하라.
- 그리고 왜 그 구절이 특히 영향을 주었는지도 물어보라.
- 이런 추가 질문, 심화 질문들을 통해 은혜가 더 풍성해지는 것을 경험하게 될 것이다.

어깨를 딛고서는 독서

유혹당하고 현혹당하다
- 독서 자료는 교재에 실려 있습니다.

■ 생각해볼 문제들

1. 사람들이 죄에 따른 책임을 모면하려고 시도하는 방법들을 몇 가지 말해보라.
    - 사람들은 죄에 대해 이런저런 변명을 늘어놓는다. 그럴 수밖에 없었던 사유를 나열하는 것이다.
    - 나만이 아니라 다른 사람들도 다 그렇게 하고 있다고 일반화시킨다.
    - 세상이 그럴 수밖에 없도록 만든다고 사회의 구조에 원인을 돌린다.

2. 성경은 "뭔가가 철저히 잘못된" 이유를 뭐라고 진단하는가?
   - 인간 자신 때문이다.
   - 인간은 자신을 지으신 창조주를 저버리고, 죄가 없는 아주 멋진 상태를 포기해 버린다.
   - 인간은 그들에게 필요한 모든 것이 풍성히 공급되는 풍족한 동산에서 하나님과 누리는 완전한 사귐을 포기해 버린다.

3. 뱀은 여자의 마음에 어떤 방법으로 의심의 씨를 뿌렸는가?
   - 뱀의 첫 번째 계략은 그 여인을 꾀어 하나님이 과연 그 여인을 보살펴주시는 분인가 하는 점에 의문을 품게 만드는 것이었다. 사탄의 전술은 여인에게 의심의 씨를 뿌려 '하나님이 정말 그렇게 엄격하실까?'라는 의문을 품게 만드는 것이었다.

4. 우리가 자신의 마음에 뿌리내리도록 허용한 의심의 씨는 무엇인가? 📖 **적용 질문**
   - 우리는 때때로 하나님이 정말 우리를 위하는 분이신가 하는 질문을 던진다.
   - 고난이 찾아올 때나, 일이 내 마음대로 풀리지 않을 때 더욱 그렇다.
   - 하나님의 풍성한 보살핌에 대해 의심하기 시작하는 것이다.
   - 혹시, 스스로 마음에 뿌리내리도록 허용한 의심의 씨앗은 없는지 나눠보라.

5. 선하신 하나님은 왜 경계나 제약을 설정하실까?
   - 규제는 종종 힘든 속박으로 해석되곤 하지만, 규제 없는 자유는 파괴만을 낳을 뿐이다.
   - 십계명과 같은 율법이 주어진 것도 우리가 창조주 하나님께 영광을 돌리고 다른 사람들이 우리에게 해를 끼치지 않도록 하는 데 그 목적이 있었다.
   - 하나님은 아담과 하와가 죽음이라는 결과를 피하게 하시려고 그들에게

선악을 알게 하는 나무의 열매를 먹지 못하게 하셨다.
- 우리가 자동차를 운전할 때 아무런 규제가 없다면, 어떤 결과가 벌어질지 생각해보라.
- 우리에게 가장 큰 이익이 돌아올 때는 자유에 제한이 따를 때요, 일정한 테두리 내에서 자유를 누릴 때이다.

6. 선악을 알게 하는 나무의 의미는 무엇인가?
- '선악'이라는 말은 '모든 지식'과 같은 말이다.
- 이 열매를 먹고 싶어한다는 말은 오직 하나님만이 갖고 계신 지식수준 곧, 전지(全知)에 이르기를 열망한다는 뜻이다.
- 성경학자인 대니얼 풀러(Daniel Fuller)는 선악을 아는 지식에 이르기를 열망하는 것을 "어떻게 행동하는 것이 지혜로운가에 관하여 다른 누군가의 판단에 의존하는 상태로부터 자유를 얻은 성숙한 상태"에 이르고 싶어하는 것이라고 말한다.
- 하나님은 첫 인류가 오직 하나님만이 소유하신 지식에 이르고 싶어하는 것을 금지하셨다.

7. 당신은 사람들이 하나님처럼 행세하는 모습을 본 일이 있는가? 언제 그랬는가?
- '개인주의'가 그것이다. 개인주의는 독립이라는 신에 걸맞는 이름이다.
- 우리는 한술 더 떠 제약 없는 개인주의를 추구한다.

당신은 당신 자신 안에 존재하는 그러한 경향을 어디에서 발견하는가? 적용 질문
- 이 질문은 속 깊은 나눔을 통해 변화를 일으킬 수 있는 중요한 적용 질문이다.
- 혹시라도 훈련생 각자의 삶에 이런 경향이 존재하지 않는지, 존재한다면

어떤 영역에서 그런지, 그런 문제들에 대해서 어떻게 극복해야하는지 등에 대해 심화시키면서 은혜를 나누도록 이끌어가라.

8. 인간의 마음속에 존재하는 죄의 얼룩을 제거하시려는 하나님의 해결책은 무엇인가?
   - 우리 주 하나님은 우리에게 새 마음을 주시고자 예수 그리스도라는 참 인간으로 우리에게 오셔서 우리를 찾으셨다.
   - 우리는 이것을 '복음'이라고 한다.
   - 우리는 하나님을 불신하였지만, 하나님은 우리의 의심을 넘어 하나님이 신뢰할 수 있는 분임을 확실하게 보여주셨다.
   - 타락의 효과는 오직 한 가지 방법으로만 뒤집을 수 있다. 우리를 위하여 오신 그리스도를 믿는 것만이 그 방법이다. 그리스도는 마땅히 죽어야 할 우리 대신에 죽으셨다. 우리가 하나님의 권위 앞에 굴복하고 그분의 선하심을 신뢰하면서 우리를 지으신 하나님께 맞서 대역죄를 저질렀음을 고백하면, 우리는 새 마음을 받는다.

9. '어깨를 딛고서는 독서'가 당신에게 확신이나 도전이나 위로를 주었는가? 그 이유는 무엇인가?
   - 인간의 죄와 관련하여 새롭게 깨닫거나, 확신을 얻거나, 도전이 되었거나, 위로를 얻은 것이 있다면 나누도록 하라.

인도자를 위한 더 깊이 나아가기

C. S. 루이스의 『순전한 기독교』 3장에 나오는 "가장 큰 죄"와 존 스토트의 『기독교의 기본 진리』 6장 "죄의 결과"를 읽어보라.

 과제물

1. 4과를 예습하라.
2. 4과의 심비에 새기는 말씀(로마서 5:8)을 암송하라.
3. 교회가 제시하는 성경읽기표대로 매일 성경을 읽어나가라.
4. 교회가 정한 Q.T.지를 사용하여 매일 Q.T.하는 습관을 들이라.
5. 주일예배, 수요예배를 비롯하여 목회자가 강조하는 교회의 공예배에 참여하라.
6. 오늘 배운 내용에 기초하여 매일 20분 이상 하나님께 ACTS의 순서를 따라 기도하는 시간을 가지라. 기도를 시작할 때에 주기도문으로 기도하고, 기도를 마칠 때에 주기도문으로 마무리하라.
7. 주중에 같이 훈련받는 지체 3명 이상에게 전화하여 서로 격려하고 은혜를 나누라.

4과 은혜

심비에 새기는 말씀 로마서 5:8
자유케 하는 진리의 말씀 누가복음 15:11~24
어깨를 딛고서는 독서 기다리시는 아버지

 핵심 진리

우리의 불신앙과 불순종에 대해 하나님이 보이신 반응은 무엇인가?

성경은 제멋대로 행하며 불순종하는 인류를 찾으시는 하나님 자신의 모습을 계시한 사랑 이야기이다. 이 이야기는 하나님이 당신의 아들이신 예수 그리스도를 선물로 주시는 십자가에서 절정에 이른다.

위에서 제시한 질문과 대답의 핵심 문구를 확인해보라. 그리고 그 의미를 당신 자신의 말로 이야기해보라.
– 인류는 제멋대로 행하며 불순종했다.
– 하나님은 이런 인류를 포기하지 않으시고 찾으신다.
– 그 하나님의 모습을 계시한 사랑 이야기가 성경이다.
– 그 사랑 이야기는 하나님의 아들 예수 그리스도를 십자가에 내어주시는 사건에서 절정을 이룬다.
– 예수 그리스도를 내어주신 것은 하나님의 선물이다.

심비에 새기는 말씀

1. 로마서 5장 6~11절을 보면, 하나님이 십자가에서 행하신 일에 관하여 바울이 놀라고 있다. 무엇 때문에 놀라고 있는가? 관찰 질문
   - 우리가 아직 연약할 때에 기약대로 그리스도께서 경건하지 않은 자를 위하여 죽으셨기 때문이다(6절).
   - 우리가 아직 죄인 되었을 때에 그리스도께서 우리를 위하여 죽으심으로 하나님께서 우리에 대한 자기의 사랑을 확증하셨기 때문이다(8절).
   - 우리가 원수 되었을 때에 그의 아들의 죽으심으로 말미암아 하나님과 화목하게 되었기 때문이다(10절).

2. 오늘 우리가 심비에 새길 말씀은 로마서 5장 8절이다. 이 구절을 소리 내어 암송해보라.

> **로마서 5:8**
> 우리가 아직 죄인 되었을 때에 그리스도께서 우리를 위하여 죽으심으로 하나님께서 우리에 대한 자기의 사랑을 확증하셨느니라

3. 그리스도께서 우리를 향한 당신의 사랑을 보여주셨을 때, 우리는 어떤 상태에 있었는가? 관찰 질문
   - 그 때, 우리는 아직 죄인이었다.

4. 그리스도께서는 우리를 향한 당신의 사랑을 어떻게 보여주셨는가? 관찰 질문
   - 예수님은 우리를 위하여 십자가에서 대신 죽으심으로 우리를 향한 당신의 사랑을 보여주셨다.

이런 사랑의 증명이 너무나 놀라운 이유는 무엇인가? 🗨 **해석 질문**
- 의인을 위하여 죽는 자가 쉽지 않고 선인을 위하여 용감히 죽는 자가 혹 있지만, 죄인을 위하여 대신 죽는 일은 상식적으로 이해되지 않는 일이기 때문이다.

5. 이 구절은 하나님이 우리에 관하여 알고 계신 모든 것을 고려하시고 당신의 생명을 우리를 위하여 기꺼이 내놓기로 결정하셨다고 말씀한다. 하나님의 이런 결정이 우리를 어떻게 해방시켜주는가? 🗨 **관찰 질문**
- 우리는 예수님의 피로 말미암아 의롭다 하심을 받았다(9절).
- 그 결과 진노하심에서 구원을 받을 것이다(9절).
- 예수님의 죽으심으로 말미암아 우리가 하나님과 화목하게 되었다(10절).
- 화목하게 된 자는 예수님의 살아나심으로 말미암아 구원을 받을 것이다(10절).

6. 이번 주에 이 구절이 당신에게 무엇을 말씀해주었는가? 🗨 **적용 질문**
- 이 구절을 묵상하고 암송하며 깨달은 바를 나누도록 하라.

 자유케 하는 진리의 말씀

탕자의 비유는 우리를 복음의 중심이자 하나님의 마음으로 인도하는 예수님의 이야기이다. 그러나 더 자세히 연구해보면, 이 이야기가 아버지에게 거역하는 아들이 아니라 그 아들을 기다리시는 아버지를 염두에 두고 있다는 사실을 알게 된다.

1. 누가복음 15장 11~24절을 읽으라. 작은아들은 자신에게 돌아올 재산을 요구하면서 아버지에게 무엇이라고 말했는가(12절)?
   관찰 질문
   – "아버지여 재산 중에서 내게 돌아올 분깃을 내게 주소서"

2. 이 작은아들은 얼마나 비참한 지경까지 떨어졌는가(14~16절)?
   관찰 질문
   – 재산을 낭비하여 다 없앤 후 그 나라에 크게 흉년이 들어 그가 비로소 궁핍해졌다(14절).
   – 그 나라 백성 중 한 사람에게 (목숨을) 붙여 살았다(15절).
   – 그 사람이 그를 들로 보내어 돼지를 치게 하였다(15절).
   – 돼지는 유대인들에게는 만지는 것조차 금지되어 있던 동물이었다.
   – 그가 돼지 먹는 쥐엄 열매로 배를 채우고자 했지만, 그것조차 주는 사람이 없었다(16절).

3. "스스로 돌이켜"(17절)라는 말의 의미가 무엇이라고 생각하는가?
   해석 질문
   – "스스로 돌이킨다"라는 말은 참회한다는 의미다.

4. 이 작은아들이 아버지에게 돌아오기까지 왜 그토록 오랜 시간이 걸렸을까? **해석 질문**
   – 인간은 고통이 참을 수 없는 지경에 이르러야 비로소 변화를 모색하려고 하기 때문이다.

5. 작은아들은 아버지께로 돌아가면 어떻게 말하고 어떤 행동을 해야겠다고 마음먹었는가(18~19절)? **관찰 질문**

– "내가 일어나 아버지께 가서 이르기를 아버지 내가 하늘과 아버지께 죄를 지었사오니 지금부터는 아버지의 아들이라 일컬음을 감당하지 못하겠나이다 나를 품꾼의 하나로 보소서 하리라 하고".

이렇게 마음먹었지만 그가 실제로 하지 못한 말은 무엇인가(21절)? 관찰 질문
– "아버지 내가 하늘과 아버지께 죄를 지었사오니 지금부터는 아버지의 아들이라 일컬음을 감당하지 못하겠나이다"라는 말밖에 하지 못했다.
– "품꾼의 하나로 보소서"라는 말은 실제로 하지 못했다.

이것은 무엇을 의미하는가? 해석 질문
– 어쩌면, 이 아들은 아버지의 반응을 보고 속으로 이렇게 말했을지도 모른다. '야, 이거 내가 생각했던 것보다 일이 수월하게 풀려가잖아. 잘하면 더 나은 대접을 받을 수도 있겠는걸.'
– 그러나 이 아들은 자신에게 뛰어오는 아버지를 보았을 때, 그의 마음이 무너졌을 것이다. 어떻게 그런 아버지와 흥정을 할 수 있단 말인가? 무엇으로 아버지의 그런 사랑을 보답할 수 있단 말인가? 이 아들이 할 수 있는 일은 아버지의 자비에 자신을 내어맡기는 것뿐이었다.

6. 아버지는 돌아온 아들에게 어떤 반응을 보였는가(20, 22~24절)?
   관찰 질문
   – 아직도 거리가 먼데 아버지가 그를 보고 측은히 여겨 달려가 목을 안고 입을 맞추었다(20절).
   – 아버지는 종들에게 "제일 좋은 옷을 내어다가 입히고 손에 가락지를 끼우고 발에 신을 신기라 그리고 살진 송아지를 끌어다가 잡으라 우리가 먹고 즐기자 이 내 아들은 죽었다가 다시 살아났으며 내가 잃었다가 다시 얻었

노라"라고 말했다(22-24절).

7. 만일 당신이 이 탕자라면 어떤 느낌이 들겠는가? 🔖 **적용 질문**
   - 각자 자신이 탕자였다면 어떤 느낌이 들었을지를 나누라.
   - 그리고 왜 그런 느낌이 들었을 것 같은지도 물어보라.

8. 이 이야기가 담고 있는 복음의 메시지를 요약해보라. 🔖 **해석 질문**
   - 아들은 자신의 비천함에 주목하였지만, 아버지는 아들의 귀향에 기쁨을 감추지 못한다.
   - 하나님은 우리가 우리의 자격 미달에 눈을 감고 당신만을 바라보길 원하신다.
   - 우리를 향한 당신의 사랑, 우리를 기뻐하시는 당신의 마음을 우리가 알기를 원하신다.
   - 집으로 돌아올 길이 열려 있다는 것은 좋은 소식이다. 아버지는 우리더러 집으로 돌아오라고 부르고 계신다.

9. 당신에게 특히 영향을 준 구절이 있다면 무엇인가? 🔖 **느낌 질문**
   - 돌아가면서 자신에게 특히 영향을 준 구절을 나누도록 하라.
   - 그리고 왜 그 구절이 특히 영향을 주었는지도 물어보라.
   - 이런 추가 질문, 심화 질문을 통해 은혜가 더 풍성해지는 것을 경험하게 될 것이다.

II권 4과 은혜

🔍 어깨를 딛고서는 독서

기다리시는 아버지
– 독서 자료는 교재에 실려 있습니다.

■ **생각해볼 문제들**

1. 탕자 이야기가 우리 이야기인 이유는 무엇인가?
   – 우리는 탕자처럼, 우리를 지으신 하나님으로부터 독립하여 우리가 주인 노릇을 하려하기 때문이다.
   – 우리도 작은 아들처럼 자유란 어느 누구에게도 매이지 않고 제멋대로 하고 싶은 것을 하는 것이라고 생각하기 때문이다.

2. 아들이 결국 스스로 돌이키게 된 이유는 무엇이었는가?
   – 작은 아들이 돌아가려고 한 것은 자신이 한 일이 나쁘다고 생각해서가 아니라, 자기 이익 때문이었다.
   – 그는 고통스러워서 어쩔 수 없이 집으로 돌아가게 된 것이다.
   – 그는 "나는 여기서 주려 죽는구나"라고 말한다(17절).
   – 틀림없이 망신을 당하겠지만, 그런 망신보다 당장 그가 겪는 고통과 굶주림이 더 컸다.

3. 아들은 아버지와 어떤 흥정을 하려고 했는가?
   – 그는 "나를 품꾼의 하나로 보소서"라고 청하려 했다.
   – 작은 아들은 낮은 자 중에서도 가장 낮은 자가 되고자 하였다.

   이로 보아 아들의 마음 상태는 어떠했는가?
   – 아들의 이런 모습은 계산된 행동으로 보인다. 어쩌면 이 아들은 자신이

집에서 가지고 나가 탕진한 재산을 노동 시간으로 계산하여 갚으려 했는지도 모른다.
- 만일 그가 자신이 진 빚을 도로 갚을 수 있다면, 그는 자신의 자유와 아들의 지위를 되찾을 수 있을 것이다.
- 그러나 이 아들은 여전히 자기 아버지가 겪은 고통을 모른다. 그에겐 오직 자신의 고통만 있을 뿐이다.

4. 이 이야기에 성육신과 십자가가 존재함을 보여주는 증거는 무엇인가?
- 아버지는 집안의 어른이므로, 아들에게 모욕을 주고 수치를 안겨줌으로써 가문의 명예를 지킬 법도 하다. 아들이 집에 당도하여 종들이 아들이 온 것을 알렸을 때, 아버지는 "무슨 아들? 내겐 그런 아들이 없다. 그 아이는 죽었다"라고 말할 수도 있었다.
- 그런데 뜻밖의 일이 벌어진다. "(오히려)[개역개정판에는 없는 말이나, NIV에는 But이라는 말이 있다 – 역주] 아직도 거리가 먼데 아버지가 그를 보고 측은히 여겨 달려가 목을 안고 입을 맞추니"(20절).
- '오히려'라는 말 한 마디에 모든 복음이 들어있다.
- 아버지는 마을 입구 길에 나가 매일 아들이 돌아오기를 기다렸다. 마찬가지로, 하나님은 하늘에 안연히 앉아계시지 않고, 잃어버린 자들을 찾고 구하시고자 직접 오셨다. 아버지는 누구보다 앞서 그 아들을 환영하려고 하였다. 자신과 아들 사이의 간격과 거리를 좁힌 사람은 아버지였다.
- 십자가는 "아버지가 그를 보고 달려가 목을 안고 입을 맞추니"라는 말 안에 들어있다. 중동에서 성인은 늘 느리고 점잖은 태도로 걷는다. 일정한 속도로 점잖게 걷는 것은 존경을 자아내고 마땅히 영예를 누려야 할 사람임을 보여주는 행동이다. 많은 사람 앞에서 뛰는 것은 아주 채신머리 없는 행동이다.
- 아버지가 이렇게 달려가려면, 자신의 겉옷을 걷어 속옷을 드러내며 뛰어

갈 수밖에 없었을 것이다. 이런 행동은 그 자체만으로도 부끄럽고 체면이 깎이는 일이다. 아들이 부끄러움을 당하는 대신, 도리어 아버지가 아들에게 달려가 아들 대신 수치를 당한 것이다.

5. 아들이 결국 아버지 사랑의 소중함을 깨닫게 된 때는 언제였는가?
   – 이 아들은 자신에게 뛰어오는 아버지를 보았을 때, 그의 마음이 무너졌을 것이다. 어떻게 그런 아버지와 흥정을 할 수 있단 말인가? 무엇으로 아버지의 그런 사랑을 보답할 수 있단 말인가?
   – 누군가가 여러분 대신 자신의 생명을 내어주었다고 해보자. 여러분이 무엇으로 그 사람에게 보답할 수 있겠는가? 이 아들이 할 수 있는 일은 아버지의 자비에 자신을 내어맡기는 것뿐이었다.

6. 아버지의 마음 상태를 당신 자신의 말로 묘사해보라.
   – 아들은 자신의 비천함에 주목하였지만, 아버지는 아들의 귀향에 기쁨을 감추지 못한다.
   – 하나님은 우리가 우리의 자격 미달에 눈을 감고 당신만을 바라보길 원하신다.
   – 우리를 향한 당신의 사랑, 우리를 기뻐하시는 당신의 마음을 우리가 알기를 원하신다.

7. 사랑으로 잃어버린 자들을 찾으시는 하나님의 이야기가 우리 이야기가 되는 이유는 무엇인가?
   – 우리들 또한 하나님의 사랑이 필요한 자들이기 때문이다.

다음 항목을 활용하여 당신이 체험한 하나님의 사랑을 다른 훈련생들과 함께 나눠보라. **적용 질문**

- 그리스도를 알기 전에 당신이 살았던 삶의 본질은 무엇인가?
- 당신은 어떻게 그리스도께 오게 되었는가?
- 그리스도 안에 있는 당신의 삶은 이전과 어떻게 달라졌는가?
- 훈련생들이 각자 돌아가면서 자신의 삶을 나누도록 이끌라.

8. '어깨를 딛고서는 독서'가 당신에게 확신이나 도전이나 위로를 주었는가? 그 이유는 무엇인가? 🔖 **적용 질문**
- 탕자 이야기와 관련하여 새롭게 깨닫거나, 확신을 얻거나, 도전이 되었거나, 위로를 얻은 것이 있다면 나누도록 하라.

인도자를 위한 더 깊이 나아가기

제임스 패커의 『하나님을 아는 지식』 12장 "하나님의 사랑"을 읽어 보라.

 과제물

1. 5과를 예습하라.
2. 5과의 심비에 새기는 말씀(이사야 53:4-6)을 암송하라.
3. 교회가 제시하는 성경읽기표대로 매일 성경을 읽어나가라.
4. 교회가 정한 Q.T.지를 사용하여 매일 Q.T.하는 습관을 들이라.
5. 주일예배, 수요예배를 비롯하여 목회자가 강조하는 교회의 공예배에 참여하라.
6. 오늘 배운 내용에 기초하여 매일 20분 이상 하나님께 ACTS의 순서를 따라 기도하는 시간을 가지라. 기도를 시작할 때에 주기도문으로 기도하고, 기도를 마칠 때에 주기도문으로 마무리하라.
7. 주중에 같이 훈련받는 지체 3명 이상에게 전화하여 서로 격려하고 은혜를 나누라.

5과 구속

심비에 새기는 말씀 이사야 53:4~6
자유케 하는 진리의 말씀 고린도전서 15장
어깨를 딛고서는 독서 예수님께서 주시는 소망

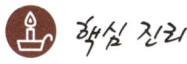 핵심 진리

그리스도는 하나님과 인류의 깨어진 관계를 어떻게 회복시키셨는가?

예수 그리스도는 하나님과 인류 사이의 유일한 중보자로서 성부 하나님이 보내신 분이다(딤전 2:5). 그리스도가 우리를 대신하여 십자가에서 죽으심으로 죗값이 치러졌으며, 그리스도가 무덤에서 육신으로 부활하심으로 사망이 힘을 잃었다.

위에서 제시한 질문과 대답의 핵심 문구를 확인해보라. 그리고 그 의미를 당신 자신의 말로 이야기해보라.
- 예수 그리스도는 하나님과 인류 사이의 유일한 중보자이시다.
- 예수 그리스도는 성부 하나님이 보내신 분이다.
- 예수님이 우리를 대신하여 십자가에서 죽으셨다.
- 그 죽으심으로 말미암아 우리가 지은 죄의 값이 치러졌다.
- 그리스도께서 부활하심으로써 사망이 무력해졌다.
- 그리스도는 영혼만 부활하신 것이 아니라 육신으로도 부활하셨다.

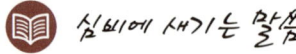

그리스도께서 희생 제물이 되신 죽음이 대속성(代贖性)을 지니고 있음을 증언하는 성경 구절들이 많다. 신약의 저자들은 우리가 그리스도의 죽음이 갖는 중요성을 이해하길 원한다. 그들은 이사야의 예언에서 메시아가 다스리는 왕이 되시기 전에 자신을 희생하는 종이 될 것이라는 진리를 발견하였다(마태복음 8:17, 사도행전 8:32~33, 베드로전서 2:22~25을 보라).

1. 이사야 52장 13절~53장 12절에서 발견할 수 있는 메시아의 특징들은 무엇인가? 관찰 질문
   – 한 마디로 정리하면 "고난당하는 메시아"이다.
   – 우리의 죄악을 인하여 대속의 죽음을 죽으시는 메시아의 모습을 이야기하고 있다.

   그분의 외모
   – 그의 모양이 타인보다 상하였고 그의 모습이 사람들보다 상하였다(52:14).
   – 그는 주 앞에서 자라나기를 연한 순 같고 마른 땅에서 나온 뿌리 같아서 고운 모양도 없고 풍채도 없었다. 우리가 보기에 흠모할 만한 아름다운 것이 없는 분이셨다(53:2).

   그분에 대한 사람들의 반응
   – 그는 멸시를 받아 사람들에게 버림 받았으며 간고를 많이 겪었으며 질고를 아는 자라 마치 사람들이 그에게서 얼굴을 가리는 것 같이 멸시를 당하였고 우리도 그를 귀히 여기지 아니하였다(53:3).
   – 우리는 그가 징벌을 받아 하나님께 맞으며 고난을 당한다 생각했다(53:4).
   – 우리는 다 양 같아서 그릇 행하여 각기 제 길로 갔다(53:6).
   – 그 세대 중에 아무도 "그가 살아 있는 자들의 땅에서 끊어짐은 마땅히 형

벌 받을 내 백성의 허물 때문"이라고 생각하지 않았다(53:8).

그분이 감당하신 사역
- 그는 실로 우리의 질고를 지고 우리의 슬픔을 당하셨다(53:4).
- 그는 우리의 허물 때문에 찔리셨고, 우리의 죄악 때문에 상하셨다. 그가 징계를 받으므로 우리는 평화를 누리고 그가 채찍에 맞으므로 우리는 나음을 받았다(53:5).
- 여호와께서는 우리 모두의 죄악을 그에게 담당시키셨다(53:6).
- 속건제물이 되신 것이다(53:10).
- 많은 사람을 의롭게 하며 또 그들의 죄악을 친히 담당하셨다(53:11).
- 그가 자기 영혼을 버려 사망에 이르게 하며 범죄자 중 하나로 헤아림을 받았다(53:12).

그분이 사역을 감당하신 태도
- 그가 곤욕을 당하여 괴로울 때에도 그의 입을 열지 아니하였다. 마치 도수장으로 끌려 가는 어린 양과 털 깎는 자 앞에서 잠잠한 양 같이 그의 입을 열지 아니하였다(53:7).

2. 오늘 우리가 심비에 새길 말씀은 이사야 53장 4~6절이다. 이 구절을 소리 내어 암송해보라.

> **이사야 53:4-6**
> 4 그는 실로 우리의 질고를 지고 우리의 슬픔을 당하였거늘 우리는 생각하기를 그는 징벌을 받아 하나님께 맞으며 고난을 당한다 하였노라 5 그가 찔림은 우리의 허물 때문이요 그가 상함은 우리의 죄악 때문이라 그가 징계를 받으므로 우리는 평화를 누리고 그가 채찍에 맞으므로 우리는 나음을 받았도다 6 우리는 다 양 같아서 그릇 행하여 각기 제 길로 갔거늘 여호와께서는 우리 모두의 죄악을 그에게 담당시키셨도다

3. 이사야가 예수님께서 짊어지게 될 것이라고 예언한 것은 무엇인가? 관찰 질문
   - 우리의 질고, 우리의 슬픔(4절). 우리의 허물, 우리의 죄악(5절).

   해석 보조 : 질고란 무슨 뜻인가?
   - 문자적으로 질병을 뜻한다.

4. 예수님께서 우리를 위하여 이루신 일은 무엇인가? 관찰 질문
   - 그가 징계를 받으므로 우리는 평화를 누리게 되었다. 그가 채찍에 맞으므로 우리가 나음을 받았다(5절).
   - 많은 사람을 의롭게 하며, 많은 사람의 죄악을 친히 담당하셨다(11절).

5. 예수님께서 우리를 위하여 행하신 일을 하시는 동안 우리 상태는 어떠한가? 관찰 질문
   - 우리는 예수님이 징벌을 받아 하나님께 맞으며 고난을 당한다 하였다(4절).
   - 다 양 같아서 그릇 행하여 각기 제 길로 갔다(6절).

6. 십자가를 통하여 완전해지려는 우리의 소망은 무엇인가? 해석 질문
   - 우리 죄의 문제가 해결되고, 영원한 생명을 누리게 되는 것이다.
   - 그리스도를 통해 하나님과 평화를 누리게 되는 것이다.

7. 이번 주에 이 구절이 당신에게 무엇을 말씀해주었는가? 적용 질문
   - 이 구절을 묵상하고 암송하며 깨달은 바를 나누도록 하라.

II권 5과 구속

 자유케 하는 진리의 말씀

고린도전서 15장에서 바울은 고린도교회를 향해 예수님의 부활에 대해, 그리고 마지막 날에 있게 될 우리의 부활에 대해 가르친다. 바울은 그리스도께서 죽은 자 가운데서 부활하지 아니하셨다는 일부 사람들의 주장을 반박하면서, 육신이 영광 중에 부활하려면 죽어야 한다고 이야기한다.

1. 고린도전서 15장을 읽으라. 1~4절에서 바울은 복음의 핵심을 무엇이라고 요약하는가? 관찰 질문
   – 바울이 전한 복음은 "성경대로 그리스도께서 우리 죄를 위하여 죽으시고 장사 지낸 바 되셨다가 성경대로 사흘 만에 다시 살아나셨다"는 것이다 (3-4절).
   – 복음은 예수님이 죽으시고, 장사되셨다가, 부활하셨다는 소식이다.
   – 그리스도께서 십자가에서 이루신 일과 죽은 자 가운데서 살아나심으로 말미암아, 우리는 죄에 따른 책임을 면제 받고 새 생명으로 거듭나게 되었다.

2. 5~11절에서 바울은 예수님의 부활을 목격한 사람들을 열거한다. 이런 증거가 왜 중요한가? 해석 질문
   관찰 보조 : 예수님의 부활을 목격한 사람들은 누구인가?
   – 게바(베드로)
   – 열두 제자
   – 오백여 형제에게 일시에
   – 야고보
   – 모든 사도에게
   – 맨 나중에 만삭되지 못하여 난 자 같은 내(바울)게도 보이셨느니라

- 이것이 중요한 이유는 예수님의 부활이 역사적인 사실이냐 아니냐를 밝히는 증거이기 때문이다.

바울은 왜 자신이 직접 부활하신 그리스도를 만났다는 사실을 확증하는 것이 필요하다고 생각하는가? 🔍 **해석 질문**
- 그리스도의 부활에 대해서 논증하려는 바울이 부활하신 그리스도를 만나지 못했다면 논증의 설득력이 떨어질 수 있기 때문이다.
- 바울이 사역하던 시대에는 아직도 부활하신 그리스도를 직접 만난 사람들이 생존해 있었기 때문이다.

3. 12~19절을 보라. 만일 예수님께서 죽은 자 가운데서 다시 살아나지 못하셨다면 어떤 결과가 벌어질까? 🔍 **관찰 질문**
- 그리스도께서 만일 다시 살아나지 못하셨으면 우리가 전파하는 것도 헛것이요 또 우리 믿음도 헛것이 되고 만다(14절).
- 우리가 하나님의 거짓 증인으로 발견될 것이다(15절).
- 그리스도께서 다시 살아나신 일이 없으면 우리의 믿음도 헛되고 우리가 여전히 죄 가운데 있을 것이다(17절).
- 그리스도 안에서 잠자는 자도 망한 것이다(18절).
- 만일 그리스도 안에서 우리가 바라는 것이 다만 이 세상의 삶뿐이면 모든 사람 가운데 우리가 더욱 불쌍한 자가 된다(19절).

4. 20~23절을 보면, 바울은 예수님을 부활의 "첫 열매"라고 말한다. 바울은 이 열매라는 이미지를 통해 무엇을 전달하려고 하는가? 🔍 **해석 질문**
- 첫 열매를 수확하고 나면 나머지 열매도 거두어들이게 된다.
- 마찬가지로, 예수님께서 죽은 자 가운데서 다시 살아나셔서 잠자는 자들의 첫 열매, 부활의 첫 열매가 되셨다는 사실은, 예수 그리스도를 믿는 우

리도 그 부활에 동참하게 될 것을 말씀하시는 것이다.
- 그리스도에게 속한 자들이 그리스도 안에서 삶을 얻게 될 것을 말씀하시는 것이다.

5. 35~50절에 비춰볼 때, 당신은 부활한 우리 몸을 어떻게 묘사하겠는가? 관찰 질문
   - 죽은 자의 부활도 썩을 것으로 심고 썩지 아니할 것으로 다시 살아난다(42절).
   - 욕된 것으로 심고 영광스러운 것으로 다시 살아난다(43절).
   - 약한 것으로 심고 강한 것으로 다시 살아난다(43절).
   - 육의 몸으로 심고 신령한 몸으로 다시 살아난다(44절).
   - 육의 몸이 있는 것처럼 영의 몸도 있다(44절).
   - 우리가 흙에 속한 자의 형상을 입은 것 같이 또한 하늘에 속한 이의 형상을 입을 것이다(49절).

6. 51~57절은 예수님의 부활이 거둔 궁극적 승리를 말한다. 예수님의 부활은 마지막 장애인 사망을 어떻게 제거하는가? 관찰 질문
   - 나팔 소리가 나매 죽은 자들이 썩지 아니할 것으로 다시 살아나고 우리도 홀연히 다 변화될 것이다(51절).
   - 그 때에 사망을 삼키고 이기리라고 기록된 말씀이 이루어질 것이다(54절).
   - 사망이 쏘는 것은 죄요 죄의 권능은 율법이다(56절).
   - 그런데 예수 그리스도께서 "죄의 삯은 사망이다"라는 율법의 요구, 즉 죄를 지은 자는 죽음을 맛보아야 한다는 율법의 요구를 대속의 제물이 되사 다 이루심으로 말미암아 율법에서 자유해졌고, 사망에서 놓인 바 된 것이다.
   - 그러므로 주 예수 그리스도로 말미암아 우리에게 승리를 주시는 하나님께 감사할 수밖에 없다(57절).

적용 보조 : 당신에게 특히 영향을 준 구절이 있다면 무엇인가?
- 돌아가면서 자신에게 특히 영향을 준 구절을 나누도록 하라.
- 그리고 왜 그 구절이 특히 영향을 주었는지도 물어보라.
- 이런 추가 질문, 심화 질문을 통해 은혜가 더 풍성해지는 것을 경험하게 될 것이다.

 어깨를 덥고서는 독서

예수님께서 주시는 소망
- 독서 자료는 교재에 실려 있습니다.

■ **생각해볼 문제들**

1. 복음이 당신에게 맡겨져있다는 것은 당신에게 무엇을 의미하는가?
   - 각자 자신의 의견을 나누도록 이끌라.
   - 훈련생들이 정리되어 있지 않을 경우에는, 인도자가 자신의 의견을 말하면서 정리하는 것도 좋다.
   - 복음을 맡은 바울은 디모데에게 다음 세대에게 복음을 전달하는 역할을 감당했다.

2. 예수님의 십자가 대속이 완성되는 데 예수님의 신성이 필요한 이유는 무엇인가?
   - 예수님이 자신의 죄 때문에 죽어야 한다면, 예수님이 우리를 대신한다는 것은 아무런 효력이 없는 일이 되고 만다.
   - 예수님은 우리 죄를 대신할 자격을 갖고 계신다. 그분은 이 땅에 사는 여느 사람과 다른 분이시기 때문이다.

- 오직 예수님만이 우리를 대신하실 수 있는 것은 그분이 육신이 되신 하나님이시기 때문이다(요 1:14).

3. 예수님의 신성을 주장하는 내용들 가운데 어느 주장이 가장 설득력 있다고 생각하는가?
   - 예수님은 "내가 진리이니 나를 따르라"라고 말씀하셨지만, 다른 사람들은 "진리 또는 길이 있으니, 그것을 따르라"라고 말했다.

4. 그리스도께서 십자가에서 죽으심으로 이루어진 일은 무엇인가?
   - 그리스도가 십자가에서 죽으신 것은 하나님이 자신을 우리 죄의 대가로 내어주신 사건이다.
   - 그 일로 인해 우리 죄의 문제가 해결되었다.

5. 그리스도의 죽음이 어떻게 아버지의 의를 만족시키고 우리로 하여금 자비를 얻게 만들었는가?
   - 의는 죗값을 치러야 한다고 요구한다. 예수님은 우리를 대신하여 우리가 죽어야 할 죽음을 감당하셨다.
   - 예수님은 죄를 향한 하나님의 불타는 진노를 감내하셨고, 십자가에서 버림을 받아 아버지와 단절되는 고통을 겪으셨다.

6. 부활이 주는 유익 중 당신에게 가장 큰 소망을 주는 것은 무엇인가? 📖 **적용 질문**
   - 부활이 없었다면, 우리는 승리 없이 동정만 얻을 것이다.
   - 부활이 없었다면, 사탄이 승리하였을 것이다.
   - 부활이 없었다면, 사망이 영원한 원수로 남아있었을 것이다.
   - 부활이 없었다면, 새 생명이 없었을 것이다.
   - 각자 자신의 의견을 나누도록 하라.

7. '어깨를 딛고서는 독서'가 당신에게 확신이나 도전이나 위로를 주 었는가? 그 이유는 무엇인가? **적용 질문**
   - 예수님께서 주시는 소망과 관련하여 새롭게 깨닫거나, 확신을 얻거나, 도 전이 되었거나, 위로를 얻은 것이 있다면 나누도록 하라.

 인도자를 위한 더 깊이 나아가기

존 스토트의 『기독교의 기본 진리』(생명의말씀사 역간) 2장 "그리스도 자 신의 주장", 4장 "그리스도의 부활", 7장 "그리스도의 죽음"을 읽어 보라.

과제물

1. 6과를 예습하라.
2. 6과의 심비에 새기는 말씀(에베소서 2:8-10)을 암송하라.
3. 교회가 제시하는 성경읽기표대로 매일 성경을 읽어나가라.
4. 교회가 정한 Q.T.지를 사용하여 매일 Q.T.하는 습관을 들이라.
5. 주일예배, 수요예배를 비롯하여 목회자가 강조하는 교회의 공예 배에 참여하라.
6. 오늘 배운 내용에 기초하여 매일 20분 이상 하나님께 ACTS의 순 서를 따라 기도하는 시간을 가지라. 기도를 시작할 때에 주기도문 으로 기도하고, 기도를 마칠 때에 주기도문으로 마무리하라.
7. 주중에 같이 훈련받는 지체 3명 이상에게 전화하여 서로 격려하 고 은혜를 나누라.

6과 칭의

심비에 새기는 말씀 에베소서 2:8~10
자유케 하는 진리의 말씀 로마서 3:21~31
어깨를 딛고서는 독서 기쁨에 놀라다

 핵심 진리

십자가가 가져다준 유익은 사람들에게 어떻게 전달되는가?

우리는 오직 예수 그리스도를 믿음으로 말미암아 하나님 앞에서 의롭다 하심을 받는다. 하나님이 주시는 이 믿음이라는 선물은, 우리가 철저한 도덕 파산자이며 하나님의 은총을 받아 누릴 수 없는 자이기에 예수 그리스도를 영접하고 그분께 의지하지 않으면 안 되는 존재임을 인정하는 것이다. 우리가 의롭다 하심을 얻게 된 것은 모두 예수 그리스도 때문이다.

위에서 제시한 질문과 대답의 핵심 문구를 확인해보라. 그리고 그 의미를 당신 자신의 말로 이야기해보라.
- 우리는 하나님 앞에서 의롭다 하심을 받아야 한다.
- 의롭다 하심은 오직 예수 그리스도를 믿음으로 말미암아 얻게 된다.
- 믿음은 내가 철저한 도덕 파산자이며 하나님의 은총을 받아 누릴 수 없는 자라는 것을 인정하는 것이다.
- 믿음은 내가 예수 그리스도를 영접하고 그분께 의지하지 않으면 안 되는 존재임을 인정하는 것이다.
- 그런데 이 믿음은 선물이다.
- 왜 그런가? 우리가 의롭다 하심을 얻게 된 것은 모두 예수 그리스도 덕분이기 때문이다.

심비에 새기는 말씀

우리는 그리스도인의 삶에서 선행이 어떤 위치를 차지하는가를 놓고 다툰다. 오늘 우리가 심비에 새길 말씀은 이와 관련하여 적절한 균형을 명확히 제시하고 있다. 에베소서 2장 10절에 따르면, 하나님을 기쁘시게 하려는 선행 또는 우리 인간의 노력은 구원의 기초가 될 수는 없으나, 우리가 구원 받았음을 분명하게 보여주는 증거다.

1. 에베소서 2장 1~7절을 읽으라. 바울은 어떤 표현을 사용해 인간의 절망을 설명하고 있는가(1~3절)? 관찰 질문
   - 우리는 **허물과 죄로 죽었던 존재다**(1절).
   - 그 때에 우리는 허물과 죄 가운데서 행하여 **이 세상 풍조를 따르고 공중의 권세 잡은 자(마귀, 지금 불순종의 아들들 가운데서 역사하는 영)를 따랐다**(2절).
   - 전에는 우리 믿는 성도들도 다 그 가운데서 우리 육체의 욕심을 따라 지내며 육체와 마음의 원하는 것을 하였다(3절).
   - 우리도 **본질상 진노의 자녀들이었다**(3절).

그리고 4절부터 시작되는 놀라운 반전은 어떤 내용인가? 관찰 질문
   - 하나님은 긍휼이 풍성한 분이시다(4절).
   - 그 긍휼이 풍성하신 하나님이 우리를 큰 사랑으로 사랑하셔서 허물로 죽은 우리를 그리스도와 함께 살리셨다(5절).
   - 살리실 뿐 아니라 함께 일으키사 그리스도 예수 안에서 함께 하늘에 앉히신다(6절).

2. 오늘 우리가 심비에 새길 말씀은 에베소서 2장 8~10절이다. 이 구절을 소리 내어 암송해보라.

> **에베소서 2:8~10**
>
> 8 너희는 그 은혜에 의하여 믿음으로 말미암아 구원을 받았으니 이것은 너희에게서 난 것이 아니요 하나님의 선물이라 9 행위에서 난 것이 아니니 이는 누구든지 자랑하지 못하게 함이라 10 우리는 그가 만드신 바라 그리스도 예수 안에서 선한 일을 위하여 지으심을 받은 자니 이 일은 하나님이 전에 예비하사 우리로 그 가운데서 행하게 하려 하심이니라

3. 은혜와 믿음과 구원 얻는 것 사이에는 무슨 관계가 있는가(8절)?
   관찰+해석 질문
   - 은혜에 의하여 믿음으로 말미암아 구원을 얻는다.
   - 우리는 어떤 노력이나 능력이나 대가를 지불하고 구원을 얻은 것이 아니다. 하나님의 은혜로 구원을 얻은 것이다.
   - 그러나 우리는 하나님의 선물을 받아들여야 한다.
   - 하나님의 은혜의 선물을 받아들이는 손이 믿음이다.
   - 하나님께서 은혜로 구원이라는 선물을 준비해주지 않으신다면 우리의 믿음은 아무 소용이 없다.

4. 하나님께서는 어떻게 우리가 구원에 대해 자랑할 근거를 없애버리셨는가? 관찰+해석 질문
   - 하나님께서 우리에게 구원을 베푸신 것은 우리의 행위를 근거로 하신 것이 아니다.
   - 구원은 하나님의 선물이다.
   - 선물은 대가를 지불하고 구입하는 것이 아니다.

5. 10절 말씀에 근거해볼 때, 성도의 삶에 있어서 선한 일을 행할 장소는 어디인가? 해석 질문
   – 우리는 우리 자신의 유익만을 위해 구원을 얻은 것이 아니다.
   – 그리스도와 그분의 몸된 교회를 섬기기 위해 구원을 얻었다(엡 4:12 참조).
   – 다른 수많은 영혼들(땅의 모든 족속)을 섬기기 위해 구원을 얻었다(창 12:1-3 참조).

6. 이번 주에 이 구절이 당신에게 무엇을 말씀해주었는가? 적용 질문
   – 이 구절을 묵상하고 암송하며 깨달은 바를 나누도록 하라.

 자유케 하는 진리의 말씀

바울은 로마서의 첫 몇 장에서 인간의 무력함을 탁월한 글로 논증하였다. 우리는 모두 사형 선고를 받았다. 하나님의 진노를 받을 만한 자들이기 때문이다. 그러나 하나님은 예수 그리스도를 보내셔서 우리가 스스로 할 수 없는 일을 우리를 대신하여 하게 하셨다. 그리스도께서 은혜로 베푸신 이 구원에 대해 우리가 보여야 할 응답은 믿음이다.

1. 로마서 3장 21~31절을 읽으라. 당신은 하나님의 의를 어떻게 정의하겠는가? 해석 질문
   – 율법을 다 지킴으로 얻게 되는 의와는 다른 것이다(21절).
   – '하나님의 의'는 율법과 선지자들이 이미 예언한 것이다(21절).
   – 예수 그리스도를 믿음으로 말미암아 모든 믿는 자에게 미치는 의다(22절).

II권 6과 칭의

2. 율법 외에 하나님의 한 의가 "나타났다"라는 말은 무슨 뜻인가 (21절)? 해석 질문
   - 율법을 다 지킴으로 얻게 되는 의와는 다른 방식으로 의로워지는 길이 나타났다는 말이다.

3. 우리는 하나님의 의를 어떻게 얻는가(22, 24, 26, 28, 30절)? 관찰 질문
   - 예수 그리스도를 믿음으로 말미암아(22절)
   - 그리스도 예수 안에 있는 속량으로 말미암아(24절)
   - 하나님의 은혜로 값없이(24절)
   - 예수 믿는 자를 의롭다 하심으로(26절)
   - 율법의 행위가 아니라 믿음으로(28절)
   - 믿음으로 말미암아(30절)

4. 예수님을 믿는다는 것은 무슨 뜻인가? 해석 질문
   - 예수님께서 나의 죄를 대신하여 십자가를 지시고 대속의 죽음을 죽으셨다는 사실을 믿는 것이다.
   - 그 대속의 죽음으로 율법의 요구가 이루어졌으며, 죄의 문제가 해결되었음을 믿는 것이다.
   - 예수님께서 사망의 권세를 깨뜨리시고 부활하심으로써 잠자는 자들의 첫 열매가 되셨다는 사실을 믿는 것이다.
   - 나도 그 부활에 동참하게 될 것을 믿는 것이다.
   - 예수님을 믿음으로 구원을 얻은 성도는 율법을 파기하는 것이 아니라 오히려 하나님의 은혜와 사랑에 감격하여 율법을 온전히 지키는 자리에 이르게 된다(31절).

5. 하나님의 의가 율법 이외에 우리에게 주어진 선물인 이유는 무엇인가? 🔍 **해석 질문**
   - 이 세상에 율법을 모두 다 지킬 수 있는 사람은 하나도 없다.
   - 하나님의 은혜가 아니면, 예수 그리스도의 대속이 아니면 의롭다 칭함을 받을 길이 없다.
   - 하나님의 은혜가 아니면 안 되는 일이며, 우리가 하나님의 의를 요구할 자격이 없기 때문에 이것은 전적인 하나님의 선물이다.

6. 예수 그리스도는 우리를 위하여 무엇을 이루셨는가? 🔍 **해석 질문**
   - 예수님은 우리를 위하여 대속의 죽음을 죽으셨다.
   - 예수님은 사망의 권세를 깨시고 부활하심으로써 잠자는 자들의 첫 열매가 되셨다.

7. 왜 믿음의 원리는 우리가 자랑할 근거들을 모두 없애버리는가 (27~28절)? 🔍 **관찰 질문**
   - 행위로 구원을 얻은 것이 아니기 때문이다.
   - 율법을 지킴으로 구원을 얻은 것이 아니기 때문이다.

   적용 보조 : 당신에게 특히 영향을 준 구절이 있다면 무엇인가?
   - 돌아가면서 자신에게 특히 영향을 준 구절을 나누도록 하라.
   - 그리고 왜 그 구절이 특히 영향을 주었는지도 물어보라.
   - 이런 추가 질문, 심화 질문을 통해 은혜가 더 풍성해지는 것을 경험하게 될 것이다.

II권 6과 칭의

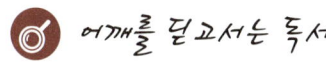 어깨를 딛고서는 독서

기쁨에 놀라다
- 독서 자료는 교재에 실려 있습니다.

■ 생각해볼 문제들

1. 하나님 앞에서 의롭게 되는 일은 어떤 점에서 행위에 따른 보상 체계와 반대되는가?
   - 하나님으로부터 온 의와 우리가 선한 사람이 되려고 행하는 의는 분명 다르다.
   - 하나님의 기준에 맞춰 살아갈 수 없는 우리의 무능함과 상관없이 하나님 앞에서 의롭게 되는 일이 우리 앞에 나타난 것이다.

2. 마르틴 루터는 하나님의 의를 어떻게 오해하였는가?
   - 루터에게 하나님은 공포였다.
   - 루터의 종교적 경건도 하나님의 진노를 누그러뜨려야 할 루터 자신의 필요에서 나온 것이었다.
   - 그가 돈을 많이 벌 수 있는 법률가의 길을 포기하고 수도원에 들어간 것도 이런 두려움 때문이었다.
   - 루터에게 하나님은 진정시켜드려야 할 두려운 존재였다.

3. 하나님의 의에 포함되어 있는 두 가지 요소는 무엇인가?
   - 하나님의 의는 이중적인 의미를 가진다.
   - 하나님 자신이 의로우시지만, 동시에 하나님은 예수 믿는 자도 의롭다 하시는 분이시다.

4. 하나님은 당신의 의와 자비를 어떻게 만족시키시는가?
   - 하나님의 의는 '죄를 범하였으며, 그 죄에 따른 대가를 치러야 한다'는 것을 완전히 인정하는 것이다.
   - 하나님의 평결은 한 편으로 "유죄로서 책임을 져야 한다"는 것이지만, 다른 한 편으로는 "너는 자유다. 죗값은 이미 치러졌다"는 것이다.
   - 칭의는 율법이 요구하는 모든 것이 충족되었다는 의미다. "하나님의 의"라는 말속에서는 의와 자비가 균형을 이루고 있다.
   - 예수님은 십자가를 지시고 하나님의 의를 만족시키심으로써 우리 죗값을 치르셨다. 동시에, 우리를 대신하심으로 우리에게 자비를 베푸셨다.

5. 성경이 말씀하는 화목제물 개념에서 놀라운 점을 든다면 무엇인가?
   - 화목제물로 세운다는 말은 진노를 가라앉힌다는 말이다.
   - 다른 종교에서처럼 인간이 제물이 되는 것이 아니다.
   - 하나님은 당신의 진노를 가라앉히려고 인간을 희생제물로 삼는 대신, 당신이 주도권을 쥐시고 당신의 독생자를 희생제물로 삼으셨다.

6. 구원에 이르는 믿음은 무엇인가?
   - 믿음은 바른 대상을 신뢰하거나 확신하는 것이다.
   - 믿음은 우리가 파산자임을 인정하는 것이다.
   - 믿음은 헌신하는 행위이다.
   - 믿음은 결단이다.

7. 당신의 믿음은 구원에 이르는 믿음이라고 생각하는가? 그렇게 생각한다면 또는 그렇게 생각하지 않는다면, 그 이유는 무엇인가?
   ▣ 적용 질문
   - 각자 자신의 생각을 나누도록 하라.
   - 나눔 가운데 정리가 필요한 부분이 있다면, 바른 믿음을 세워가도록 이끌

II권 6과 칭의

어주라.
- '어깨를 딛고서는 독서'를 읽고 믿음으로 말미암는 '하나님의 의'와 관련하여 새롭게 깨닫거나, 확신을 얻거나, 도전이 되었거나, 위로를 얻은 것이 있다면 나누도록 하라.

 인도자를 위한 더 깊이 나아가기

롤란드 베인톤의 『마르틴 루터의 생애』(생명의말씀사 역간) 3장 "복음"을 읽어보라.

 과제물

1. 7과를 예습하라.
2. 7과의 심비에 새기는 말씀(로마서 8:15-16)을 암송하라.
3. 교회가 제시하는 성경읽기표대로 매일 성경을 읽어나가라.
4. 교회가 정한 Q.T.지를 사용하여 매일 Q.T.하는 습관을 들이라.
5. 주일예배, 수요예배를 비롯하여 목회자가 강조하는 교회의 공예배에 참여하라.
6. 오늘 배운 내용에 기초하여 매일 20분 이상 하나님께 ACTS의 순서를 따라 기도하는 시간을 가지라. 기도를 시작할 때에 주기도문으로 기도하고, 기도를 마칠 때에 주기도문으로 마무리하라.
7. 주중에 같이 훈련받는 지체 3명 이상에게 전화하여 서로 격려하고 은혜를 나누라.

7과 양자 됨

심비에 새기는 말씀 로마서 8:15~16
자유케 하는 진리의 말씀 갈라디아서 4:1~7; 요한1서 3:1~2
어깨를 딛고서는 독서 아빠의 자녀

 핵심 진리

우리가 하나님과 새로운 관계를 맺을 때 얻게 되는 가장 큰 유익은 무엇인가?

그리스도인들이 누리는 가장 큰 특권은 하나님의 친자(親子)이신 예수 그리스도를 통하여 하나님의 영원한 집안에 양자로 받아들여지게 된 것이다.

위에서 제시한 질문과 대답의 핵심 문구를 확인해보라. 그리고 그 의미를 당신 자신의 말로 이야기해보라.
– 그리스도인들이 누리는 가장 큰 특권은 하나님의 양자가 되는 것이다.
– 양자 됨은 하나님의 친자이신 예수 그리스도를 통하여 가능하다.

심비에 새기는 말씀

바울은 로마서 8장의 이 대목에서 하나님의 자녀가 된다는 것이 무슨 의미인지 논한다. 성령은 우리가 하나님의 양자로 받아들여졌음을 증언한다. 하나님 아버지 집안의 일원이 됨으로써 우리 역시 영원한 유업을 물려받을 자격을 얻게 되었다.

1. 로마서 8장 12~17절을 보고 양자로 받아들여졌다는 개념을 추적해보라. 관찰+해석 질문
   - 하나님의 영으로 인도함을 받으면 하나님의 아들이다(14절).
   - 무서워하는 종의 영이 아니라 하나님을 아빠 아버지라 부를 수 있는 양자의 영을 받았다(15절).
   - 성령이 우리가 하나님의 자녀인 것을 증언하신다(16절).
   - 우리의 영도 우리가 하나님의 자녀인 것을 증언해준다(16절).
   - 하나님의 자녀가 된 것은 예수님과 함께 공동상속자가 되었다는 의미이다(17절).
   - 상속자로서 영광만이 아니라 고난도 함께 받는 존재가 된 것이다(17절).

2. 오늘 우리가 심비에 새길 말씀은 로마서 8장 15~16절이다. 이 구절을 소리 내어 암송해보라.

   > **로마서 8:15~16**
   > 15 너희는 다시 무서워하는 종의 영을 받지 아니하고 양자의 영을 받았으므로 우리가 아빠 아버지라고 부르짖느니라 16 성령이 친히 우리의 영과 더불어 우리가 하나님의 자녀인 것을 증언하시나니

3. 하나님의 자녀가 되면, 어떻게 우리가 이전에 두려움의 종이던 것이 무효가 되는가? 해석 질문

- 우리의 신분이 종이 아니라 아들로 바뀌기 때문이다.
- 종은 주인을 두려워한다.
- 그러나 아들은 아버지 품안에 안긴다.

4. "아빠, 아버지"라 부르짖는다는 말은 무슨 뜻인가? 해석 질문
   - 예수님께서 직접 이 표현을 사용하셨다(막 14:36).
   - 하나님과 하나님의 자녀들과의 특별한 친밀감을 나타내는 말이다.

오직 성령이 그 안에 거주하시는 사람만이 이 말을 할 수 있는 이유는 무엇인가? 해석 질문
- 종의 영이 지배하고 있으면 하나님을 두려워하지, 아빠라고 부를 수 없다.
- 양자의 영이신 성령께서 우리 안에 오셔서 모든 죄와 사망의 법에서 해방하시는 역사를 일으키셔야 하나님을 아빠로 부를 수 있다.

5. 바울은 "성령이 친히 우리의 영과 더불어 우리가 하나님의 자녀인 것을 증언하시나니"라고 말한다. 이는 무슨 뜻인가? 해석 질문
   - 성령께서 우리 안에서 하나님을 두려워해야 할 모든 이유를 내모시고 정리해주신다는 뜻이다.
   - 성령께서 우리가 하나님의 자녀 됨을 우리 영에게 내적으로 강하게 증거하신다는 의미이다.

6. 당신이 하나님의 자녀가 되었다는 느낌을 조금이라도 체험한 때가 있었는가? 언제였는가? 적용 질문
   - 각자의 경험을 나누도록 하라.
   - 그런 경험을 하게 되었을 때, 어떤 유익이 있었는지, 계속 그런 경험을 하고 있는지, 그런 경험이 드물다면 이유가 무엇인지 나누면서 은혜를 공유하도록 하라.

자유케 하는 진리의 말씀

오늘 우리가 배울 본문은 하나님의 양자가 되는 과정과 하나님의 양자가 누리는 특권을 설명한다.

1. 갈라디아서 3장 26절~4장 7절을 읽으라. 당신이 그리스도와 동등하게 된 근거는 무엇인가(3:26~29)? 관찰 질문
   - 우리는 믿음으로 그리스도 예수 안에서 하나님의 아들이 되었기 때문이다(26절).
   - 우리는 그리스도와 합하기 위하여 세례를 받았기 때문이다(27절).
   - 우리는 그리스도로 옷 입었기 때문이다(27절).
   - 우리는 다 그리스도 예수 안에서 하나이기 때문이다(28절).
   - 우리가 그리스도의 것이기 때문이다(29절).

   해석 보조 : 그리스도로 옷 입었다는 말은 무슨 뜻인가?(27절)
   - 율법이라는 옛 옷을 벗고, 그리스도를 통해 얻은 의의 옷을 입게 되었다는 뜻이다.

2. 바울은 4장 1~3절에서 여전히 율법 아래 있는 자들의 지위를 묘사한다. 바울은 상속자인 자녀와 율법과의 관계를 설명하기 위해 상속자인 자녀 개념을 어떻게 사용하고 있는가? 해석 질문
   - 유업을 이을 상속자가 모든 것의 주인이지만 어릴 때는 아버지가 정한 때까지 후견인과 청지기 아래에서 종과 다름없이 자란다(1-2절).
   - 마찬가지로 그리스도인들도 그리스도와 함께한 공동상속자가 되기 전에는 율법 아래서 종노릇했다(3절).

3. 예수님께서 보내심을 받은 이유는 무엇인가(4:4~5)? 관찰 질문
   - 율법 아래에 있는 자들을 속량하시고, 우리로 아들의 명분을 얻게 하려고

II권 7과 양자 됨

예수님을 보내셨다.

4. 우리가 하나님의 양자로 받아들여졌음을 증명하는 증거는 무엇인가(4:6)? 🔍 **관찰 질문**
   - 우리가 하나님의 양자로 받아들여졌다는 증거는 우리 마음 가운데 아들의 영을 보내셔서 하나님을 아빠 아버지라고 부르게 하신 것이다(6절).

5. 유업을 이을 상속자가 되었다는 것은 무슨 뜻인가? 🔍 **해석 질문**
   - 그리스도와 함께 공동상속자가 되었다는 말이다.
   - 우리는 예수님과 함께 하나님의 자원을 사용할 수 있는 모든 권리를 얻게 된 것이다.

   당신은 유업을 이을 상속자가 되었다는 말씀에 대해 어떤 느낌이 드는가? 🔍 **느낌 질문**
   - 각자의 느낌을 나누도록 하라.

6. 요한1서 3장 1~2절을 읽으라. 우리가 하나님의 자녀가 되면 어떤 특권이 주어지는가? 🔍 **관찰 질문**
   - 우리가 하나님의 사랑으로 하나님의 자녀가 되면, 장차 예수님과 같아질 것이다(3절).

   해석 보조 : 예수님과 같아진다는 것은 무슨 의미인가?(2절)
   - 예수님을 믿는 사람은 점점 더 예수님을 닮아가게 되어있다(롬 8:29 참조).
   - 그러나 예수님을 닮아가는 일은 우리가 예수님을 얼굴과 얼굴을 대하여 볼 때에 완성될 것이다(빌 3:21 참조).

7. 무엇으로 우리는 하나님의 자녀가 될 것을 기대할 수 있는가? 🔍 **관찰 질문**

- 하나님께서 우리에게 베푸신 사랑 때문이다(1절).

8. 당신에게 특히 영향을 준 구절이 있다면 무엇인가? 📖 **적용 질문**
   - 돌아가면서 자신에게 특히 영향을 준 구절을 나누도록 하라.
   - 그리고 왜 그 구절이 특히 영향을 주었는지도 물어보라.
   - 이런 추가 질문, 심화 질문을 통해 은혜가 더 풍성해지는 것을 경험하게 될 것이다.

 어깨를 딛고서는 독서

아빠의 자녀
- 독서 자료는 교재에 실려 있습니다.

■ **생각해볼 문제들**

1. 그리스도인의 근본적 의미를 정의한다면 무엇이라고 할 수 있는가?
   - "그리스도인은 무엇인가?"라는 질문에 제임스 패커는 이렇게 답했다. "내가 아는 가장 훌륭한 대답은 하나님을 자신의 아버지로 모신 사람이 그리스도인이라는 것이다."

2. 우리 육신의 부모를 보며 하나님 개념을 이야기한다면, 당신에게 떠오르는 점은 무엇인가? 📖 **적용 질문**
   - 우리가 하나님을 신뢰하고 그분과 친밀하게 지내며 그분에게 자신을 드러낼 수 있는 능력은 우리가 부모로부터 발견하는 모델에서 유래한다.
   - 만일 우리 육신의 아버지가 지혜도 없고 사랑도 표현하지 못하는 분이라

거나 우리를 내버리거나 학대하는 분이라면, 우리는 하나님을 사랑하는 아버지로 여길 수 없다고 주장하는 사람들이 있다.
- 그러나 좋은 소식이 있다. 우리가 경험하는 아버지 하나님의 모습은 우리가 경험하는 우리 부모의 모습에 국한되지 않는다. 하나님은 사랑과 보살핌에 충실하신 아버지, 너그럽고 사려 깊은 아버지, 우리가 하는 모든 일에 관심이 많으신 아버지, 훈련을 시키는 데 능숙하신 아버지, 지혜롭게 인도해주시는 아버지, 늘 가까이 계셔서 도움을 베푸시는 아버지, 우리가 성숙하고 성실한 사람으로 자라가도록 가르쳐주시는 아버지이시다. 우리 육신의 아버지의 모습이 어떠하든, 하나님 아버지의 모습은 이러하다.
- 각자 육신의 부모님에 비추어 떠오르는 하나님 개념을 나누도록 하라.
- 어떤 훈련생의 경우에는 부모님에 대한 좋지 않은 기억을 갖고 있을 수 있다.
- 그런 경우, 심하면 "하나님 아버지"라고 기도하지도 못하는 경우가 있을 수 있다.
- 혹, 그런 훈련생이 나온다면 함께 그 훈련생을 위해 기도하고, 선하신 하나님 아버지를 더 깊이 경험하고 알아가는 훈련이 되도록 의탁하는 기도를 함께 드리라.

3. 하나님을 '아빠, 아버지'로 부를 수 있다는 것은 우리와 하나님의 관계가 갖는 본질이 어떻다는 것을 말해주는가?
- 우리는 한 가족 안에서 살도록 만들어졌다는 말이다.
- 우리의 가장 큰 특권이자 가장 깊은 소망은 거룩하신 하나님을 우리의 사랑하는 아버지로 체험하는 것이요, 두려움 없이 그분께 다가가 아버지이신 그분이 베푸시는 보살핌과 관심을 확인하는 것이다.

4. 하나님 아버지는 우리를 예수님과 같이 생각하신다. 우리가 하나님의 양자가 되었기 때문이다. 하나님이 당신을 기뻐하시고 당신

을 자랑스러워하시며 당신을 즐거워하신다는 것을 믿기 어려운가? 왜 그런가? 믿을 수 있다면 왜 그런가? ◪ **적용 질문**
- 각자 이 질문에 대해 답하도록 기회를 주라.
- 믿는다면 이유가 무엇인지, 그렇게 믿고 살 때 누리는 유익이 무엇인지 등을 추가로 질문해보라.
- 믿기 어렵다면 이유가 무엇인지, 어떻게 그 문제를 해결해야 한다고 생각하는지 등을 추가로 질문해보라.

5. 바울은 우리를 "하나님의 상속자요 그리스도와 함께한 상속자"라고 부른다. 이 말의 의미는 무엇인가?
- 우리는 결코 썩지 않는 부활한 몸 그리고 새 하늘과 새 땅을 상속할 수 있는 지위를 얻게 되었다.
- 우리는 하나님의 상속자요 그리스도와 함께한 공동 상속자다. 따라서 우리는 예수님이 물려받는 모든 것에 참여하게 된다.

6. 양자 됨에 관한 공부는 한 바퀴 빙 돌아서 우리가 하나님의 형상으로 창조되었다는 말이 갖는 의미로 우리를 데려간다. 왜 그런가?
- 우리는 하나님의 형상으로 창조되었다는 말이 우리가 사귐을 나누도록 창조되었다는 뜻임을 발견하였다.
- 하나님 집안의 양자가 되었다는 것은 잃어버린 낙원을 되찾았다는 말이다.
- 하나님은 보이지 않는 하나님의 형상이신 예수님을 보내셔서(골 1:15) 우리 안에 하나님의 형상을 회복시키셨다.
- 오직 성령이 우리 안에 거하심으로 우리가 "아빠, 아버지"라고 부르짖을 때에, 우리는 집으로 돌아갈 길을 발견하게 된다.

7. '어깨를 딛고서는 독서'가 당신에게 확신이나 도전이나 위로를 주었는가? 그 이유는 무엇인가? ◪ **적용 질문**

– 하나님의 자녀 됨과 관련하여 새롭게 깨닫거나, 확신을 얻거나, 도전이 되었거나, 위로를 얻은 것이 있다면 나누도록 하라.

 인도자를 위한 더 깊이 나아가기

제임스 패커의 『하나님을 아는 지식』 19장 "하나님의 아들들"을 읽어보라.

 과제물

1. 3권 1과를 예습하라.
2. 3권 1과의 심비에 새기는 말씀(에베소서 5:18-20)을 암송하라.
3. 교회가 제시하는 성경읽기표대로 매일 성경을 읽어나가라.
4. 교회가 정한 Q.T.지를 사용하여 매일 Q.T.하는 습관을 들이라.
5. 주일예배, 수요예배를 비롯하여 목회자가 강조하는 교회의 공예배에 참여하라.
6. 오늘 배운 내용에 기초하여 매일 20분 이상 하나님께 ACTS의 순서를 따라 기도하는 시간을 가지라. 기도를 시작할 때에 주기도문으로 기도하고, 기도를 마칠 때에 주기도문으로 마무리하라.
7. 주중에 같이 훈련받는 지체 3명 이상에게 전화하여 서로 격려하고 은혜를 나누라.

1과 | 성령 충만   2과 | 성령의 열매
3과 | 신뢰   4과 | 사랑
5과 | 의   6과 | 복음 증거

"하나님의 아들이신 예수님은 사람들을 하나님의 자녀로 만드시고자 사람이 되셨다"[1]라는 C. S. 루이스의 말은 II권의 요지를 탁월하게 요약해준다. 하나님은 아버지이신 당신과 우리의 관계를 회복시키심으로 우리 안에 하나님의 형상을 회복시키고자 그리스도 안에서 일하셨다. 하나님께서 얻고자 하시는 것은 새 사람들이다. 이들은 자기 안에 있는 하나님의 생명을 그대로 드러낸다.

우리 안에 있는 새 생명은 하나님의 보내심을 받아 우리 안에 거하시는 성령님이시다._{III권 1, 2과} II권의 1과 "삼위 하나님"에서 시작된 삼위일체 구조가 III권의 1과와 2과에 이르러 완결된다. II권의 1과와 2과에서는 우리에게 당신의 모양을 나누어주신 주권자 하나님께 초점을 맞추었다. 하나님이 사귐 가운데 존재하시는 분이듯이, 우리도 사귐을 가지도록 창조되었다. II권의 5과부터 7과까지 세 과는 예수 그리스도의 인격과 사역에 초점을 맞추었다.

우리는 먼저 삼위일체 하나님의 세 번째 위격이신 성령님께 초점을 맞추어 III권을 시작해보려고 한다. 성령님이 내주하심으로 우리는 그리스도인이 된다. III권의 **1과**는 **성령 충만**이 의미하는 바를 소개한다. 성령님의 첫 번째 역할은 예수 그리스도가 누구신지를 알려주는 것이다. **2과**에서는 **성령의 열매**를 다룬다. 그리스도인이 기뻐하는 놀라운 진리는 그리스도의 생명이 우리 안에 거하신다는 것이다. "이 비밀은 너희 안에 계신 그리스도시니 곧 영광의 소망이니라."_{골 1:27}

3과는 우리가 그리스도와 사귐을 시작했던 그곳이 우리가 계속하여 사귐을 이어가야 할 출발점임을 일깨워준다. 바울은 갈라디아 사람들에게 성령으로 시작하였다가 육체로 마치지 말라_{갈 3:3}고 권면한다. 믿음과

인격과 삶이 변화하는 첫걸음

대치되는 또 하나의 단어가 **신뢰**다. 신뢰는 순종과 불가분이다. 신뢰가 있을 때 우리는 하나님이 어디로 이끄시든 하나님을 따라간다. 신뢰는 우리에게 약속을 지키시는 하나님을 확실히 믿고 의지한다는 의미다.

4과에서는 예수님의 제자임을 규정하는 본질인 **사랑**을 다룬다. 프랜시스 쉐퍼Francis Schaeffer가 "그리스도인의 표지"라고 불렀던 이 사랑은 교회 전체에 "눈으로 볼 수 있는 사랑"을 보이라고 강력히 요구한다. 예수님은 세상이 예수님의 제자들 속에서 사랑을 발견할 수 있는지를 근거로 우리가 그리스도인인지 아닌지 판단할 수 있는 권세를 이 세상에 주셨다.

사회적 양심과 사랑이 결합하면 우리 마음은 가난하고 핍절한 자들에게로 향하게 된다(**5과**). 성경이 말하는 **정의**는 억압적인 사회 구조 내에 존재하는 불의와 착취를 폭로하는 것이자 사회 취약 계층의 영적, 정신적, 육체적 필요를 채워주는 것을 의미한다.

마지막으로 **6과**에서 다룰 **복음 증거**는 말뿐만 아니라 행동으로도 이루어져야 한다. 증거는 "모든 믿는 자에게 구원을 주시는 하나님의 능력이 되는"롬 1:16 복음을 선포하는 것이기 때문이다. 하나님은 우리에게 사람들의 마음속에 도사리고 있는 죄의 견고한 요새를 무너뜨리고 이 사람들을 당신과 화해시키고자 당신의 말씀을 우리에게 위탁하셨다.

Becoming Like Christ

1과 성령 충만

심비에 새기는 말씀 에베소서 5:18~20
자유케 하는 진리의 말씀 요한복음 14:15~18; 16:5~15
어깨를 딛고서는 독서 친밀한 현존

 핵심 진리

우리는 어떻게 하나님께 능력을 받아 예수님을 따르려는 소망을 품게 되는가?

예수님은 우리를 홀로 내버려두지 않고 우리 옆에 서서 도와줄 보혜사를 보내시겠다고 약속하셨다. 보혜사, 곧 성령은 우리가 아는 죄를 모두 비우고 성령의 내주하시는 능력으로 우리 자신을 끊임없이 가득 채우기를 소망할 때 우리 안에서 자유롭게 역사하신다.

위에서 제시한 질문과 대답의 핵심 문구를 확인해보라. 그리고 그 의미를 당신 자신의 말로 이야기해보라.
- 예수님은 우리를 홀로 내버려두지 않으시겠다고 약속하셨다.
- 예수님은 우리 옆에 서서 우리를 도울 보혜사를 보내시겠다고 약속하셨다.
- 보혜사, 곧 성령은 우리 안에서 자유롭게 역사하신다.
- 우리가 아는 죄를 모두 비우고 성령의 내주하시는 능력으로 우리를 계속하여 가득 채우기를 소망할 때 그렇게 하신다.

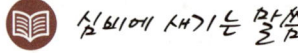 심비에 새기는 말씀

바울은 에베소 사람들에게 성령 충만을 받고, 당신의 영을 보내어 우리와 함께 있게 하신 하나님께 늘 감사하고 그분을 늘 찬미함으로 하나님을 닮아가라고 권면한다.

1. 에베소서 5장 1~20절을 읽으라. 바울이 에베소서 5장 1~17절에서 에베소 사람들에게 권면한 내용을 열거해보라. 관찰 질문
   - 너희는 하나님을 본받는 자가 되라(1절).
   - 너희도 사랑 가운데서 행하라(2절).
   - 음행과 온갖 더러운 것과 탐욕은 너희 중에서 그 이름조차도 부르지 말라(3절).
   - 누추함과 어리석은 말이나 희롱의 말을 버리고, 감사하는 말을 하라(4절).
   - 누구든지 헛된 말로 너희를 속이지 못하게 하라(6절).
   - 불순종의 아들들과 함께하는 자가 되지 말라(7절).
   - 빛의 자녀들처럼 행하라(8절).
   - 주를 기쁘시게 할 것이 무엇인가 시험하여 보라(10절).
   - 너희는 열매 없는 어둠의 일에 참여하지 말고 도리어 책망하라(11절).
   - 너희가 어떻게 행할지를 자세히 주의하여 지혜 없는 자 같이 하지 말고 오직 지혜 있는 자 같이 하여 세월을 아끼라(15~16절).
   - 어리석은 자가 되지 말고 오직 주의 뜻이 무엇인가 이해하라(17절).
   - 술 취하지 말고 오직 성령으로 충만함을 받으라(18절).
   - 시와 찬송과 신령한 노래들로 서로 화답하라(19절).
   - 너희의 마음으로 주께 노래하며 찬송하라(19절).
   - 범사에 우리 주 예수 그리스도의 이름으로 항상 아버지 하나님께 감사하라(20절).

이 권면에서 당신은 대체로 어떤 인상을 받는가? 🔖 **해석 질문**
- 1절에서 명령하는 '하나님을 본받는 성도의 모습'이 어떠해야 하는지를 잘 보여준다.
- '성령 충만한 자의 모습'이 어떠해야 하는지를 잘 보여준다.

2. 오늘 우리가 심비에 새길 말씀은 에베소서 5장 18~20절이다. 소리 내어 암송해보라.

> **에베소서 5:18~20**
> 18술 취하지 말라 이는 방탕한 것이니 오직 성령으로 충만함을 받으라 19시와 찬송과 신령한 노래들로 서로 화답하며 너희의 마음으로 주께 노래하며 찬송하며 20범사에 우리 주 예수 그리스도의 이름으로 항상 아버지 하나님께 감사하며

3. 성령으로 충만한 것과 술 취한 것(행 2:13~17을 보라)을 대비할 때, 바울이 강조하는 점은 무엇인가? 🔖 **해석 질문**
- 술로 충만해 취한 사람은 술에 의해 통제를 받는다.
- 마찬가지로 성령으로 충만한 사람은 성령에 의해 통제를 받는다.

4. "성령으로 충만하다"라는 말은 무슨 뜻인가? 🔖 **해석 질문**
- 성령 충만하다는 것은 우리가 성령을 얼마나 많이 소유하고 있느냐의 문제가 아니라, 성령께서 얼마나 우리를 장악하고 계시느냐의 문제이다.
- 매일, 매순간 성령의 인도하심에 순종하고, 그분의 이끄심에 인생을 내어 맡기는 것이 곧 성령 충만이다.

5. 19절과 20절을 보면, 바울은 성령이 충만한 사람의 특징으로 세 가지를 든다. 그것은 무엇인가? 🔖 **관찰 질문**

- 시와 찬송과 신령한 노래들로 **서로 화답한다** : 예배
- **마음으로 주께 노래하며 찬송한다** : 찬송
- 범사에 우리 주 예수 그리스도의 이름으로 항상 아버지 하나님께 **감사한다** : 감사

이 세 가지가 성령 충만의 증거인 이유는 무엇인가? 📖 **해석 질문**
- 상황과 여건을 초월하여 찬송하는 것은 맨정신으로 되는 일이 아니다.
- 범사에, 모든 일에, 항상, 언제나 하나님께 감사하는 것은 맨정신으로 되는 일이 아니다.
- 하나님의 영, 성령의 도움이 있어야만 가능한 일이다.

6. 이번 주에 이 구절이 당신에게 무엇을 말씀해주었는가? 📖 **적용 질문**
- 이 구절을 묵상하고 암송하며 깨달은 바를 나누도록 하라.

 자유케 하는 진리의 말씀

예수님도 당신의 공생애 사역 기간에 성령에 관하여 말씀하신 적이 있다. 그러나 성령은 예수님께서 이 땅을 떠나실 즈음에 중앙 무대에 등장한다. 예수님은 십자가에 달리시기 전날 밤 제자들과 다락방에 모이셨다(요 13~17장). 이때 예수님은 그들에게 "작은 자들아 내가 아직 잠시 너희와 함께 있겠노라"(요 13:33)라고 말씀하신다. 이어서 예수님은 당신이 떠나는 것이 제자들에게 유익이 될 거라고 말씀하신다. 당신이 성령을 보내어 제자들과 함께 있게 하고 그들 안에 살도록 하실 것이기 때문이었다.

Ⅲ권 1과 성령 충만

1. 요한복음 14장 15~18절과 16장 5~15절을 읽으라. 예수님은 성령을 "또 다른 보혜사"라고 부르신다(요 14:16). 이것은 성령의 역할이 무엇임을 우리에게 알려주는가? 관찰+해석 질문
   - 첫 번째 보혜사는 예수님이시다.
   - 위로자요, 상담자요, 조력자요, 변호자로서 우리 옆에 서 있도록 부르심을 받은 첫 번째 분이 예수님이시다.
   - 예수님은 당신의 몸이 떠나가면 당신과 똑같은 또 다른 보혜사를 보내시겠다고 약속하신다.
   - 예수님과 똑같은 "또 다른" 보혜사가 우리 옆에 오셔서 예수님처럼 우리를 도우신다.

2. 요한복음 14장 15~18절에서 예수님께서 성령에 관하여 우리에게 가르쳐주시는 것은 무엇인가? 관찰 질문
   - 성령은 진리의 영이시다(17절).
   - 성령은 영원토록 우리와 함께 계실 것이다(16절).
   - 세상은 능히 성령을 받지 못한다. 그분을 보지도 못하고 알지도 못하기 때문이다(17절).
   - 그러나 예수 믿는 우리는 성령을 안다. 우리와 함께 거하시고, 우리 속에 계시기 때문이다(17절).

3. 어찌하여 예수님께서 떠나가시는 것이 제자들에게 유익이 될 수 있을까(요 16:7)? 관찰+해석 질문
   - 예수님께서 떠나가지 않으시면 보혜사가 우리에게로 오시지 아니할 것이기 때문이다(7절).
   - 예수님은 지상에 계시는 동안 육신을 입고 계셨기 때문에 시간과 공간의 제약을 받으시는 분이셨다. 예수님을 만나기 위해서는 그분이 계신 곳, 그 장소에 가야만 했다.

- 그러나 성령은 영이시기 때문에 시간과 공간의 제약을 받지 않으시고 우리 모든 성도의 마음속에 계시며 우리를 인도하시고, 상담해주시고, 위로해주신다.

4. 성령의 사역은 무엇인가(16:8~13)? 관찰 질문
   - 죄에 대하여, 의에 대하여, 심판에 대하여 세상을 책망하신다(8절).
   - 우리를 모든 진리 가운데로 인도하신다(13절).
   - 장래 일을 우리에게 알리신다(13절).

5. 성령과 예수님의 관계는 무엇인가(16:14~15)? 관찰 질문
   - 성령이 예수님의 영광을 나타내실 것이다(14절).
   - 성령의 사역은 성령님 자신에게 주목을 끄는 것이 아니고 예수님을 영화롭게 하는 것이다.
   - 예수님의 것(즉, 하나님의 것)을 가지고 우리에게 알리실 것이다(14절).
   - "고대 문학에서 우정에 대한 주요 이상들에는 충절(때때로 죽기까지), 평등과 모든 재산을 공유하는 것 그리고 **모든 비밀을 나눌 수 있는 친밀함** 등을 포함했다."(IVP 배경주석)

6. 당신에게 특히 영향을 준 구절이 있다면 무엇인가? 적용 질문
   - 돌아가면서 자신에게 특히 영향을 준 구절을 나누도록 하라.
   - 그리고 왜 그 구절이 특히 영향을 주었는지도 물어보라.
   - 이런 추가 질문, 심화 질문을 통해 은혜가 더 풍성해지는 것을 경험하게 될 것이다.

III권 1과 성령 충만

 어깨를 딛고서는 독서

친밀한 현존
– 독서 자료는 교재에 실려 있습니다.

■ **생각해볼 문제들**

1. 예수님께서 성령님에 관하여 말씀하시는 장면을 당신 자신의 말로 묘사해보라.
   – 각자 자신이 이해한 대로 말하도록 인도하라.
   – 혹, 본류에서 벗어나는 경우가 있다면 상처가 되지 않게 잘 정리해주도록 하라.

2. 예수님께서 성령님을 보내시는 것이 우리에게 유익인 이유는 무엇인가?
   – 예수님은 유월절 만찬이 열린 다락방에서 당신의 몸이 떠나가는 것이 모든 제자들에게 유익이라고 말씀하신다. 당신이 가시지 않으면, 성령님이 오시지 않기 때문이었다. 그러나 예수님이 가시면, 예수님은 "보혜사"를 보내실 것이다.
   – 아버지 하나님이 이 세상에 보내신 예수님은 다시 아버지께로 돌아가서 우리의 대언자가 되사, 우리를 대변하시고 변호하신다.

3. 당신은 '어깨를 딛고서는 독서'를 통해 성령의 인격과 사역에 관하여 새로운 통찰을 얻었는가? 얻었다면 어떤 것인가? **적용 질문**
   – 각자 새로운 통찰을 얻은 것을 나누도록 이끌라.
   – '어깨를 딛고서는 독서'에서 성령의 인격과 사역에 관해 정리해주는 내용은 다음과 같다.

성령의 인격
- 성령은 인격이시다.
- 성령은 예수님과 같은 또 하나의 존재(다른 보혜사)이시다.
- 성령은 늘 우리와 함께 계신다.
- 성령은 우리 안에 사신다.

성령의 사역
- 성령은 거룩한 영이시다. 거룩한 성령은 우리를 순수하게, 정결하게 만드시고, 하나님이 기뻐하시지 않는 모든 것으로부터 우리를 자유롭게 만들어 주신다.
- 성령은 하나님의 말씀을 이루신다.
- 성령은 우리 자신과 세상 안에 존재하는 모습들에 만족하지 못하는 거룩한 불만을 만들어낸다.
- 우리가 성령을 보내신 하나님을 닮기까지, 성령은 쉬지 않으시고 우리도 쉬지 못하게 하신다.
- 진리의 영이신 성령은 우리에게 모든 진리를 가르치시고, 그 진리로 우리를 인도하실 것이다.
- 성령은 우리를 조르고, 끌어당기고, 밀어붙이고, 인도하여 진리로 이끄신다.
- 성령은 인간이 그리스도의 충만하심을 깨달아 만물을 그리스도의 눈으로 바로 볼 수 있도록 엄청난 열정을 쏟아 부으신다.

4. '어깨를 딛고서는 독서'를 통해 성령님에 관하여 잘못 알고 있었던 것을 명쾌하게 알게 된 것이 있는가? 있다면 무엇인가? 📖 **적용 질문**
- 각자 성령에 대해 잘못 알고 있었던 것들이 없는지 나누도록 하라.
- 이런 나눔을 통해 성령에 관한 잘못된 생각들을 교정하는 시간이 되도록 이끌라.

5. 당신의 삶 속에 성령님이 계신 목적은 무엇이라고 생각하는가?
   🔎 **적용 질문**
   – 각자 자신의 생각을 나누도록 이끌라.
   – '어깨를 딛고서는 독서'에서는 우리 삶 속에 계신 성령님의 목적을 다음과 같이 정리한다.
   – 내 삶 속에 계신 성령님의 목적은 살아계신 그리스도를 우리 삶의 중심으로 만드는 것이다.
   – 내 삶 속에 계신 성령님의 목적은 나를 거룩하신 하나님과 더 닮은 존재로 만들어가시며, 나를 도와 진리이신 하나님의 눈으로 인생의 모든 것을 보게 하시는 것이다.

6. '어깨를 딛고서는 독서'가 당신에게 확신이나 도전이나 위로를 주었는가? 그 이유는 무엇인가? 🔎 **적용 질문**
   – 성령님과 관련하여 새롭게 깨닫거나, 확신을 얻거나, 도전이 되었거나, 위로를 얻은 것이 있다면 나누도록 하라.

 인도자를 위한 더 깊이 나아가기

Watson, David. "Life in the Spirit." Chap. 5 in *Called and Committed: World-Changing Discipleship* (Wheaton, Ill.: Harold Shaw, 2000).

 과제물

1. 2과를 예습하라.
2. 2과의 심비에 새기는 말씀(갈라디아서 5:22-23)을 암송하라.
3. 교회가 제시하는 성경읽기표대로 매일 성경을 읽어나가라.
4. 교회가 정한 Q.T.지를 사용하여 매일 Q.T.하는 습관을 들이라.
5. 주일예배, 수요예배를 비롯하여 목회자가 강조하는 교회의 공예배에 참여하라.
6. 오늘 배운 내용에 기초하여 매일 25분 이상 하나님께 ACTS의 순서를 따라 기도하는 시간을 가지라. 기도를 시작할 때에 주기도문으로 기도하고, 기도를 마칠 때에 주기도문으로 마무리하라.
7. 주중에 같이 훈련받는 지체 3명 이상에게 전화하여 서로 격려하고 은혜를 나누라.

2과 성령의 열매

심비에 새기는 말씀 갈라디아서 5:22~23
자유케 하는 진리의 말씀 갈라디아서 5:16~26
어깨를 딛고서는 독서 그리스도의 인격이 맺는 열매

 핵심 진리

우리를 그리스도의 형상으로 변화시킬 때 성령이 하시는 역할은 무엇인가?

성령님은 거룩하시다. 자신이 들어가 사시는 사람들 속에서 그리스도의 인격을 만들어내시기 때문이다. 이 인격이 보여주는 특징들은 '성령의 열매'라는 이름으로 알려져 있다.

위에서 제시한 질문과 대답의 핵심 문구를 확인해보라. 그리고 그 의미를 당신 자신의 말로 이야기해보라.
- 성령님은 거룩하시다.
- 성령님은 자신이 들어가 사시는 사람들 속에서 그리스도의 인격을 만들어내신다.
- 그 인격이 보여주는 특징들이 곧 성령의 열매다.

심비에 새기는 말씀

우리는 삶 속에서 성령의 열매를 맺으라는 부르심을 받았다. 갈라디아서 5장 22~23절은 성령의 열매들을 열거한다.

1. 우리는 '자유케 하는 진리의 말씀'을 공부할 때 갈라디아서 5장 16~26절의 더 큰 문맥을 살펴볼 것이다. 여기서는 다만 성령의 열매와 반대되는 주된 세력이 무엇인지 찾아보라. 관찰 질문
   본문에서 지적하는 성령의 열매와 반대되는 주된 세력은 다음과 같다.
   - 육체의 욕심(16절)
   - 육체의 소욕(17절)
   - 육체의 일 : 음행, 더러운 것, 호색, 우상 숭배, 주술, 원수 맺는 것, 분쟁, 시기, 분냄, 당 짓는 것, 분열함, 이단, 투기, 술 취함, 방탕함(19-21절)
   - 정욕과 탐심(24절)

2. 오늘 우리가 심비에 새길 말씀은 갈라디아서 5장 22~23절이다. 소리 내어 암송해보라.

   > 갈라디아서 5:22~23
   > 22 오직 성령의 열매는 사랑과 희락과 화평과 오래 참음과 자비와 양선과 충성과 23 온유와 절제니 이같은 것을 금지할 법이 없느니라

3. 성령의 '열매'에서 '열매'는 왜 복수형이 아닌 단수형인가? 해석 질문
   - 이 열매는 예수 그리스도라는 한 인격이 보여주는 다면성이다.
   - 포도나무와 가지의 이미지는 성령의 열매를 포도송이로 묘사한다. 한 포도나무에 한 가지가 붙어 있다. 이 가지로부터 한송이 포도 열매가 자라

난다. 그 송이에 붙어 있는 각 포도 알은 예수님의 인격을 나타낸다.

4. 단수형으로 쓰인 "열매"는 이 모든 특징들이 우리 삶에 하나로 존재한다는 것을 의미하는가? 그 이유는 무엇인가? 🔍 **해석 질문**
   - 성령의 열매를 구성하는 아홉 가지는 성령을 모시고 사는 사람의 삶에 모두 나타나야 하는 것이다.
   - 어떤 열매는 나타나고 어떤 열매는 나타나지 않는 성질의 것이 아니다.

5. "이 같은 것을 금지할 법이 없다"는 바울의 말은 무슨 의미인가? 🔍 **해석 질문**
   - "율법을 허락하신 바로 그 하나님께서 성령을 보내셨다. 성령 충만하면 하나님께서 허락하신 법의 의도에 완벽하게 조화되는 삶을 살게 된다."
   (*Life Application Bible*)

6. 예수님께서 당신의 인격을 점점 더 예수님의 인격과 닮아가도록 바꾸어가심을 느끼는 부분이 있는가? 어떤 것인가? 📝 **적용 질문**
   - 각자 자신의 이야기를 나누도록 이끌라.

✏️ 자유케 하는 진리의 말씀

성령의 열매에 관한 가르침은 우리 안에 자리 잡고 있는 옛 본성과 새 본성의 다툼을 말하는 문맥 속에 자리하고 있다.

1. 갈라디아서 5장 16~26절을 읽으라. 영과 육 사이에 벌어지는 싸움의 본질을 당신 자신의 말로 이야기해보라. 🔍 **관찰 질문**
   - 성령을 따라 행하면 육체의 욕심을 이루지 않게 된다(16절).

- 육체의 소욕은 성령을 거스르고, 성령은 육체를 거스른다(17절).
   - 이 둘은 서로 대적한다(17절).
   - 성령을 따라 행하는 것과 육체의 욕심을 따라 행하는 것은 마치 풍선의 한 쪽을 누르면 다른 한 쪽이 부풀어 오르는 것과 같은 이치이다.
   - 한 쪽을 따라 행하면 다른 쪽을 따라 행하는 일이 줄어들게 된다.

2. 바울이 말하는 "육체의 욕심"은 무슨 뜻인가? 해석 질문
   - 우리 자신의 이기적인 욕망을 말한다.
   - 우리의 몸에 뿌리를 두고 있는 악한 욕망이나 경향성들을 말한다.

3. 바울은 우리에게 우리 자신의 의지를 행할 능력이 있다고 말한다. 우리가 하는 선택의 본질은 무엇인가? 해석 질문
   - 바울은 우리가 무엇을 따라 행할 것인지를 의지적으로 결정할 수 있다고 말한다.
   - "우리가 그리스도를 영접해도 우리의 죄악된 본성은 여전히 존재한다. 그러나 하나님은 우리가 성령의 통제 아래 우리의 죄악된 본성을 두게 하셔서 성령이 그것을 변화시킬 수 있게 하신다. 이것은 초자연적인 과정이다. 우리는 우리의 죄악된 본성의 영향력을 과소평가해서는 안 된다. 또 우리 자신의 힘으로 그것과 싸우려고 시도해서도 안 된다. … 우리 자신의 의지력으로 죄를 극복하려고 시도하지 말고, 그리스도의 거대한 능력을 이용해야 한다. 하나님은. … 성령을 보내셔서 우리 안에 살게 하시고 우리에게 힘을 주신다. 그러나 죄악된 본성의 욕망을 제어할 수 있는 능력은 우리가 성령으로 살고자 하는 소원이 얼마나 간절하냐에 따라 결정된다. 각 성도들에게 매일 이 과정은 순간순간 결단을 요구한다."(LAB 주석, 갈라디아서)
   - 우리가 성령으로 살고자 선택할 때, 육체의 욕심을 따라 행하는 일은 자연스럽게 줄어든다.

4. 바울이 말하는 육체의 일들을 읽어볼 때 당신 안에서 여전히 죽어야 할 것은 무엇이며, 성령의 열매로 대체되어야 할 것은 무엇인가? 🔍 **적용 질문**
   - 각자 자신의 이야기를 나누도록 이끌라.
   - 왜 그렇게 생각하는지도 물어보라.
   - 죽이거나, 대체해야 할 부분들을 어떻게 실천해갈 것인지도 물어보라.

5. 성령의 인도하심을 받는 사람은 왜 율법 아래에 있지 아니한가? 🔍 **해석 질문**
   - 우리는 더 이상 무서워하는 종의 영을 받은 자가 아니라, 양자의 영을 받은 존재들이기 때문이다(롬 8:15).
   - 무서워하는 종의 영을 받은 사람은 율법 아래 있는 자들이다.
   - 성령의 인도하심을 받는 사람들은 양자의 영을 받은 존재들이다.

6. 육체를 십자가에 못 박았다는 말은 무슨 뜻인가(24절)? 🔍 **해석 질문**
   - 이 말은 우리가 이제는 절대로 육체의 소욕을 따르지 않을 것이라는 말이 아니다.
   - 우리는 그리스도인이 되었음에도 여전히 죄를 지을 가능성을 가지고 있다.
   - 하지만 우리는 죄의 권세로부터 자유해졌고, 더 이상 죄에 굴복당해서는 안 된다.
   - 우리는 매일 우리의 죄악된 성향을 하나님의 지배 아래 두어야만 한다. 매일 십자가에 못 박아야만 한다. 매 순간 성령의 능력에 의지해야만 한다.

그렇다면 하나님은 당신의 생명을 우리 안에서 어떻게 만들어내시는가? 🔍 **해석 질문**
   - 우리가 성령으로 살면 또한 성령으로 행하게 된다(25절).

- 성령으로 행하면 우리 안에 예수 그리스도를 닮은 생명의 역사가 일어난다.

7. 당신에게 특히 영향을 준 구절이 있다면 무엇인가? **적용 질문**
   - 돌아가면서 자신에게 특히 영향을 준 구절을 나누도록 하라.
   - 그리고 왜 그 구절이 특히 영향을 주었는지도 물어보라.
   - 이런 추가 질문, 심화 질문을 통해 은혜가 더 풍성해지는 것을 경험하게 될 것이다.

어깨를 딛고서는 독서

그리스도의 인격이 맺는 열매
- 독서 자료는 교재에 실려 있습니다.

■ **생각해볼 문제들**

1. 그리스도인으로 살아간다는 의미의 핵심은 무엇인가?
   - 그리스도인은 그리스도가 그 안에 들어와 사시는 사람이라는 의미다.
   - 바울은 "너희 안에 계시는 그리스도"라는 표현을 즐겨 썼다.
   - 그리스도가 우리의 인격을 통하여 드러나야만 한다.

2. 갈라디아서 5장 22~23절이 '열매'라는 말을 단수형으로 쓰고 있는 것은 무엇을 시사하는가?
   - 이 열매는 예수 그리스도라는 한 인격이 보여주는 다면성이다.

3. 성령의 열매를 당신이 이해한 대로 한 줄씩 정의해보라.
   - 각자 자신이 이해한 대로 나누도록 이끌라.

'어깨를 딛고서는 독서'는 이렇게 정의한다.
- 사랑 : 사랑은 결코 억누를 수 없는 자비심이다.
- 희락 : 희락은 나를 기뻐하시는 아버지의 기쁨 가운데 사는 것이다.
  희락은 우리가 아버지에게 눈에 넣어도 아프지 않은 귀중한 존재라는 사실을 아는 것이다.
  희락은 우리에게 해피엔딩이 있음을 아는 것이다.
- 화평 : 화평은 안전함에서 나온 평온이다.
- 오래 참음 : 오래 참음은 오래 견딤을 의미하는 복합어다.
- 자비 : 자비는 굳세면서도 부드럽다.
- 양선 : 양선은 거룩함을 향한 사랑이다.
- 충성 : 충성은 내가 한 약속을 지키는 것이다.
- 온유 : 온유는 힘을 제어하는 것이다.
  온유는 하나님의 능력에 복종하는 것이다.
- 절제 : 절제는 열정에 재갈을 물려 하나님이 원하시는 방향으로 움직이게 하는 것이다.

4. 이 열매들 가운데 당신의 삶 속에서 이미 성장한 성품을 하나 골라보고, 성장을 위해 하나님의 은혜가 필요한 성품을 하나 골라보라.
   적용 질문
   - 각자 자신의 이야기를 나누도록 이끌라.
   - 이미 주신 하나님의 은혜에 대해 감사하고, 앞으로 받을 은혜를 구하는 시간을 가지라.

5. 당신이 속한 소그룹의 각 사람을 주목해보고, 각 구성원에게서 발견한 성령의 열매를 나눠보라. **적용 질문**
   - 각자 서로의 삶에서 발견한 성령의 열매를 나누는 시간을 가지라.
   - 서로에게 격려의 시간이 될 것이다.

당신의 삶에는 그리스도를 닮은 성품이 존재하는가? 있다면 무엇인가? 📖 **적용 질문**
- 서로에 대해서만이 아니라 각자 자기 자신에 대해서도 돌아보는 시간을 갖도록 이끌라.
- 스스로 생각할 때 그리스도를 닮은 성품이 있다면 어떤 영역인지?
- 언제, 어떤 계기로 그런 성품이 자리 잡게 되었는지?
- 그런 성품을 갖게 되었을 때 어떤 영적 유익이 있는지를 나누고 심화시키라.
- 스스로 생각할 때 그리스도를 닮은 성품이 없다면, 그런 성품이 자리 잡도록 어떤 삶을 살아야 할지, 어떻게 기도하며 하나님과 동역해야 할지 물어보라.

6. '어깨를 딛고서는 독서'가 당신에게 확신이나 도전이나 위로를 주었는가? 그 이유는 무엇인가? 📖 **적용 질문**
- 성령의 열매와 관련하여 새롭게 깨닫거나, 확신을 얻거나, 도전이 되었거나, 위로를 얻은 것이 있다면 나누도록 하라.

인도자를 위한 더 깊이 나아가기

성령의 열매를 열거해보고, 복음서가 진술하는 그리스도의 삶에서 각각의 열매에 해당하는 예들을 찾아보라.

 과제물

1. 3과를 예습하라.
2. 3과의 심비에 새기는 말씀(잠언 3:5-6)을 암송하라.
3. 교회가 제시하는 성경읽기표대로 매일 성경을 읽어나가라.
4. 교회가 정한 Q.T.지를 사용하여 매일 Q.T.하는 습관을 들이라.
5. 주일예배, 수요예배를 비롯하여 목회자가 강조하는 교회의 공예배에 참여하라.
6. 오늘 배운 내용에 기초하여 매일 25분 이상 하나님께 ACTS의 순서를 따라 기도하는 시간을 가지라. 기도를 시작할 때에 주기도문으로 기도하고, 기도를 마칠 때에 주기도문으로 마무리하라.
7. 주중에 같이 훈련받는 지체 3명 이상에게 전화하여 서로 격려하고 은혜를 나누라.

3과 신뢰

심비에 새기는 말씀　잠언 3:5~6
자유케 하는 진리의 말씀　히브리서 11장
어깨를 딛고서는 독서　하나님은 모든 것이 합력하여 선을 이루게 하신다

 핵심 진리

우리는 그리스도를 아는 지식 안에서 어떻게 자라가야 하는가?

바울은 골로새 사람들에게 이렇게 권면한다. "그러므로 너희가 그리스도 예수를 주로 받았으니 그 안에서 행하되"(골 2:6). 절대선이신 하나님을 믿을 때, 우리는 성령의 능력과 연결되어 예수 그리스도가 어디로 이끄시든 담대하게 따라갈 수 있다.

위에서 제시한 질문과 대답의 핵심 문구를 확인해보라. 그리고 그 의미를 당신 자신의 말로 이야기해보라.
- 우리는 그리스도 예수를 주로 받았으니 그리스도 안에서 행해야 한다.
- 우리는 절대선이신 하나님을 믿어야 한다.
- 우리는 성령의 능력과 연결되어야 한다.
- 그래야 예수 그리스도가 어디로 이끄시든 담대하게 따라갈 수 있다.

심비에 새기는 말씀

오늘 우리가 심비에 새길 말씀은 우리 삶에 필요한 지혜와 통찰의 근원을 알려준다. 이 구절들은 삶의 방향을 안내하는 표지판으로 사람들이 가장 많이 암송하는 구절들 가운데 하나이다.

1. 잠언 3장 1~10절을 읽고, 5~6절에 나오는 명령과 약속의 배경을 살펴보라. 관찰 질문

명령	약속
나의 법을 잊어버리지 말고, 네 마음으로 나의 명령을 지키라(1절).	장수하여 많은 해를 누리고 평강을 더하게 될 것이다(2절).
인자와 진리가 네게서 떠나지 말게 하고, 그것을 네 목에 매며 네 마음판에 새기라(3절).	하나님과 사람 앞에서 은총과 귀중히 여김을 받게 될 것이다(4절).
너는 마음을 다하여 여호와를 신뢰하고 네 명철을 의지하지 말라(5절). 범사에 그를 인정하라(6절).	하나님이 네 길을 지도하시리라(6절).
스스로 지혜롭게 여기지 말라. 여호와를 경외하며 악을 떠나라(7절).	이것이 네 몸에 양약이 되어 네 골수를 윤택하게 하리라(8절).
네 재물과 네 소산물의 처음 익은 열매로 여호와를 공경하라(9절).	네 창고가 가득히 차고 네 포도즙 틀에 새 포도즙이 넘치리라(10절).

당신은 어떤 주제를 발견하는가?
– 순종과 그에 따르는 복이라는 주제를 발견하게 된다.

2. 오늘 우리가 심비에 새길 말씀은 잠언 3장 5~6절이다. 소리 내어 암송해보라.

> **잠언 3:5~6**
> 5너는 마음을 다하여 여호와를 신뢰하고 네 명철을 의지하지 말라 6너는 범사에 그를 인정하라 그리하면 네 길을 지도하시리라

3. 우리가 하나님을 전심으로 신뢰하려면 하나님이 어떤 분이셔야만 하는가? 해석 질문
   - 하나님이 신뢰할 만한 분이셔야 한다.

4. 5절은 우리에게 "네 명철을 의지하지 말라"라고 말씀한다. 이것은 무슨 뜻인가? 그리스도인들은 이성을 사용하지 말아야 한다는 말인가? 해석 질문
   - 의지한다는 말은 어떤 사람이나 사물에 전적으로 체중을 싣고, 신뢰한다는 표현이다.
   - 여호와를 신뢰하고 명철을 의지하지 말라는 말은 주의 깊게 생각하지 말라거나 하나님께서 주신 이성을 무시하라는 뜻이 아니다.
   - 다른 모든 것은 배제한 채 우리 자신의 명철만 믿어서는 안 된다는 말이다.

5. "너는 범사에 그를 인정하라"(6절)라는 말씀이 중요한 이유는 무엇인가? 해석 질문
   - 하나님을 인정하라는 말은 삶의 모든 영역을 하나님께 내어드리라는 말이다.
   - 이미 삶의 많은 영역을 하나님께 내어드렸을 것이다.
   - 그러나 아직도 하나님께서 영향력을 미치지 못하도록 은근히 제한하거나 무시하는 삶의 영역이 있을 수 있다.
   - 오늘 본문은 "범사에" 하나님을 인정하라고 말씀하신다.

6. 범사에 하나님을 인정할 때 약속하시는 결과는 무엇인가? 관찰 질문
   - 하나님께서 "네 길을 지도하시리라"

이것이 의미하는 바는 무엇인가? 해석 질문
   - 하나님은 무엇이 우리 삶에 최선인지 잘 알고 계신 분이시다.
   - 하나님은 우리 삶에 어떤 것이 더 나은지 우리 자신보다 더 정확히 판단하시는 분이시다.
   - 우리가 하나님을 전적으로 신뢰하고 범사에 그분을 인정하면, 하나님께서 우리의 삶을 인도하고 이끌어주신다. 왜냐하면 우리가 하나님의 뜻을 이루는 인생이 될 것을 아시기 때문이다.

7. 이번 주에 이 구절이 당신에게 무엇을 말씀해주었는가? 적용 질문
   - 이 구절을 묵상하고 암송하며 깨달은 바를 나누도록 하라.

 자유케 하는 진리의 말씀

히브리서 11장은 종종 위대한 신앙인들을 모아놓은 '명예의 전당'으로 불린다. 우리보다 앞서 살았던 위대한 선진들의 믿음을 열거하고 있기 때문이다. 오늘은 하나님이 이끄시는 대로 따라갔던 이들의 모험심을 통해 당신의 기대와 모험 의식을 함양하도록 하라.

1. 히브리서 11장을 읽으라. 믿음의 정의를 당신 자신의 말로 다시 적어보라(1절). 관찰 질문
   - 믿음은 바라는 것들의 실상이요 보이지 않는 것들의 증거다(1절).

- "믿음은 우리가 바라는 것들에 대한 실물이며 보이지 않는 것들에 대한 증거입니다."(현대인의 성경)
- "믿음은 우리가 바라는 것들에 대해서 확신하는 것입니다. 또한 보이지는 않지만 그것이 사실임을 아는 것입니다."(쉬운성경)
- "믿음은 우리가 바라는 것들을 보증해주고 볼 수 없는 것들을 확증해줍니다."(공동번역)

2. "믿음이 없으면 하나님을 기쁘시게 하지 못한다."(6절) 하나님을 기쁘시게 하는 데 믿음이 필요한 이유는 무엇인가? 관찰 질문
   - 본문은 특별히 2가지 믿음에 대해 요구한다.
   - 하나님께 나아가는 자는 반드시 그가 계신 것을 믿어야 한다.
   - 하나님께서 실제로 존재하신다는 사실을 믿지 않는다면, 어떻게 하나님께 나아가 교제하며, 하나님을 기쁘시게 해드릴 수 있겠는가?
   - 하나님께 나아가는 자는 하나님을 찾는 자들에게 반드시 상 주시는 이심을 믿어야 한다.
   - 하나님께서 사랑과 선을 베푸시는 분이라는 확신이 없다면, 어떻게 하나님께 나아가 교제하며 하나님을 기쁘시게 해드릴 수 있겠는가?

3. 본문이 열거하는 영웅들이 갖고 있는 믿음의 공통 요소는 무엇인가? 해석 질문
   - 하나님을 기쁘시게 했다는 것이다.
   - 아벨은 가인보다 더 나은 제사를 드렸다. 그 결과 하나님이 그 예물에 대하여 증언하셨다(칭찬하셨다, 4절).
   - 에녹도 죽음을 보지 않고 옮겨지기 전에 하나님을 기쁘시게 하는 자라 하는 증거를 받았다(5절).
   - 다른 믿음의 영웅들도 마찬가지다.

4. 이 믿음의 영웅들 가운데 당신과 동일시할 수 있는 사람이 있는가? 누구이며, 왜 그런가? 📖 **적용 질문**
   – 각자 자신의 삶과 동일시되는 인물을 나누도록 하라.
   – 그리고 왜 그렇게 생각하는지 이유도 함께 나누도록 하라.

5. 이 영웅들의 믿음을 보며 당신은 어떤 도전을 받는가? 📖 **적용 질문**
   – 각자 자신에게 도전이 되는 부분을 나누도록 하라.
   – 왜 그 부분이 도전이 되는지도 물어보라.
   – 자신의 믿음에 어떤 부분이 변해야할지도 나누라.

6. 당신에게 특히 영향을 준 구절이 있다면 무엇인가? 📖 **적용 질문**
   – 돌아가면서 자신에게 특히 영향을 준 구절을 나누도록 하라.
   – 그리고 왜 그 구절이 특히 영향을 주었는지도 물어보라.
   – 이런 추가 질문, 심화 질문을 통해 은혜가 더 풍성해지는 것을 경험하게 될 것이다.

 어깨를 딛고서는 독서

하나님은 모든 것이 합력하여 선을 이루게 하신다
– 독서 자료는 교재에 실려 있습니다.

■ **생각해볼 문제들**

1. "하나님이 모든 것이 합력하여 선을 이루게 하실 것"이라는 약속은 잘못 사용되어 왔다. 구체적인 사례를 들어보라.
   – 우리는 일과 시간 이후에는 호출을 받고 싶어하지 않는 의사처럼, 사람들

의 상처에 이 구절을 집어던진다. 당장 급한 환자에게 "이 구절을 가져가시고 내일 아침에 전화하세요"라고 말하는 의사처럼, 이 구절을 써먹는 것이다.
- 각자 이 구절을 잘못 사용해온 예가 있는지 나눠보라.

2. "모든 것이 합력하여 선을 이루게 되리라"는 약속이 "하나님을 사랑하는 사람들과 그분의 뜻을 따라 부르심을 입은 사람들"에게만 적용되는 이유는 무엇인가?
- 만일 어떤 사람이 하나님을 사랑하고 신뢰하며 인정하면, 만일 어떤 사람이 하나님이 너무나 지혜로우시고 너무나 사랑이 풍성하신 아버지이심을 느끼고 알고 확신한다면, 그 사람은 하나님이 그에게 보내시는 모든 것을 겸손히 받아들일 수 있다. 어떠한 상황에서도 선을 베푸시는 하나님의 은혜를 신뢰하지 않으면, 우리는 하나님의 계획과 목적에 맞서 싸우게 될 것이며, 결국 씁쓸한 종말을 맞게 될 것이다.
- 부르심을 입었다는 말은 "나를 따르라"라는 예수님의 명령을 듣고 이를 이행하도록 부름을 받았다는 뜻이다. 그것은 곧 우리 스스로 예수 그리스도가 시키시는 훈련에 복종하는 것이다. 예수 그리스도는 우리를 당신의 형상으로 만들어가시고자, 우리를 훈련시키신다. 우리가 선하신 하나님께 응답하지 않고 우리 삶을 그분께 내맡기지 않는다면, 우리는 모든 것이 합력하여 선을 이루도록 해주시겠다는 약속을 이루어 달라고 하나님께 요구할 수 없다.

3. 제리 싯처가 당한 비극을, 하나님의 선하심을 아는 지식으로 어떻게 설명할 수 있을까?
- 하나님의 선하심을 믿는다 하여 삶에 찾아오는 비극을 면할 수 있는 것은 아니다.
- 모든 것이 선하지는 않지만, 하나님은 모든 것이 합력하여 선을 이루게

하신다.

4. 당신의 인생에서 눈이 뜨이게 되었던 이야기를 나눠보라.
   - '우회로'가 '시원하게 뚫린 고속도로'로 바뀐 경험
   - 새로운 관점을 가져다 준 시간
   - 시간을 초월하는 목적의식을 얻은 사건
   – 각자 경험한 내용을 나누도록 이끌라.
   – 그런 눈이 뜨이게 되었을 때 어떤 영적인 유익이 있었는지, 신앙생활에 어떤 성장을 맛보았는지 등을 물어보라.

5. 28절은 29절과 30절에 근거를 두고 있다. 어떤 관계로 연결되어 있는가?
   – 하나님은 모든 것이 합력하여 선을 이루게 하신다. 하나님은 우리를 만드시기 전부터 우리를 향한 목적을 갖고 계셨기 때문이요, 그 목적을 이루면서도 동시에 우리의 자유의지가 그 목적을 이루는 과정에서 어우러질 수 있게 하시기 때문이다.

6. 당신은 마지막에 읽은 제임스 패커의 글에서 어떤 위로를 얻었는가? **적용 질문**
   – 제임스 패커의 글을 읽고 각자 위로받은 내용을 나누도록 이끌라.

   제임스 패커는 이렇게 말한다.
   – 신자인 우리는 그리스도의 십자가에서 우리 각 사람이 하나님이 사랑하시는 사람이라는 보증을 발견한다.
   – 하나님의 아들은 나를 사랑하시고 나 때문에 당신 자신을 내어주셨다.
   – 이것을 알면, 우리는 '하나님을 사랑하며 그분의 목적을 따라 부르심을 입은 자들에게 모든 것이 합력하여 선을 이룬다'는 약속을 우리에게 적용할

수 있다.
- 단지 몇 가지 것만이 아니라 모든 것이 합력하여 선을 이룬다!
- 우리에게 일어나는 각각의 일은 우리를 향한 하나님의 사랑을 드러내며, 우리를 향한 하나님의 목적을 더 촉진하려고 우리에게 다가온다.
- 비록 우리가 하나님이 왜 그렇게 하시는지 그 이유를 모를 때에도 우리는 그 일들 속에, 그리고 그 배후에 사랑이 있음을 안다.
- 따라서 우리는, 인간적으로 말해 '일들이 잘못 돌아가고 있을 때' 조차도 늘 기뻐할 수 있다.

7. '어깨를 딛고서는 독서'가 당신에게 확신이나 도전이나 위로를 주었는가? 그 이유는 무엇인가? **적용 질문**
- 합력해서 선을 이루시는 하나님과 관련하여 새롭게 깨닫거나, 확신을 얻거나, 도전이 되었거나, 위로를 얻은 것이 있다면 나누도록 하라.

인도자를 위한 더 깊이 나아가기

C. S. 루이스의 『순전한 기독교』에서 "도덕의 세 요소"와 "기본 덕목"을 읽으라.

 과제물

1. 4과를 예습하라.
2. 4과의 심비에 새기는 말씀(요한복음 13:34-35)을 암송하라.
3. 교회가 제시하는 성경읽기표대로 매일 성경을 읽어나가라.
4. 교회가 정한 Q.T.지를 사용하여 매일 Q.T.하는 습관을 들이라.
5. 주일예배, 수요예배를 비롯하여 목회자가 강조하는 교회의 공예배에 참여하라.
6. 오늘 배운 내용에 기초하여 매일 25분 이상 하나님께 ACTS의 순서를 따라 기도하는 시간을 가지라. 기도를 시작할 때에 주기도문으로 기도하고, 기도를 마칠 때에 주기도문으로 마무리하라.
7. 주중에 같이 훈련받는 지체 3명 이상에게 전화하여 서로 격려하고 은혜를 나누라.

4과 사랑

심비에 새기는 말씀 요한복음 13:34~35
자유케 하는 진리의 말씀 요한복음 17:20~26
어깨를 딛고서는 독서 대야와 수건을 든 사람들

 핵심 진리

믿음이 없는 세상을 향해 우리가 예수 그리스도의 제자임을 증명해주는 표지는 무엇인가?

예수님은 스스로 십자가에 달려 죽으심으로 희생하는 사랑의 본을 보여주셨다. 이 사랑은 그리스도인들이 서로 나누는 사귐 가운데도 그대로 나타나야 한다. 이런 사랑은 세상의 방식과 도무지 어울리지 않기에 불신자들의 주목을 받을 것이다.

위에서 제시한 질문과 대답의 핵심 문구를 확인해보라. 그리고 그 의미를 당신 자신의 말로 이야기해보라.
- 예수님은 십자가에 달려 죽으심으로 희생하는 사랑의 본을 보여주셨다.
- 예수님이 십자가에 달려 죽으신 것은 스스로 선택하신 희생이었다.
- 이 희생의 사랑은 그리스도인들이 서로 나누는 사귐 가운데도 그대로 나타나야 한다.
- 이런 사랑은 세상의 방식과 도무지 어울리지 않는다.
- 그러므로 불신자들의 주목을 받게 된다.

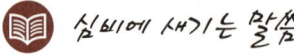 심비에 새기는 말씀

오늘 우리가 공부할 말씀은 예수님께서 다락방에서 제자들에게 하신 마지막 말씀 가운데 두 대목이다. 먼저 심비에 새길 말씀은 예수님의 섬김을 통해 여실히 나타난 사랑에 초점을 맞춘다. '자유케 하는 진리의 말씀'을 통해 오늘 우리가 다룰 두 번째 본문에서 예수님은 제자들을 향해 모두 하나가 되라고 요구하신다. 사랑과 하나 됨은 떼려야 뗄 수 없는 것이다.

1. 서로 사랑하라는 예수님의 명령이 등장하는 전체 무대는 예수님께서 제자들과 함께하신 마지막 만찬자리다. 예수님께서 제자들의 발을 씻어주신 일과 제자들 중 하나가 당신을 배신하리라는 예언은 서로 사랑하라는 예수님의 명령에 어떤 배경을 제공해주고 있는가(요 13:1~35)? 관찰 질문
   - 예수님께서는 이 땅의 사역을 마감하시면서 제자들에게 참된 섬김의 본을 보이신다.
   - 제자들은 아무도 예수님의 발을 씻어 드리려 하지 않았다.
   - 제자들 가운데 집안의 종들이 해야 할 역할을 하려는 겸손과 용기를 지닌 사람은 아무도 없었다. 이 일은 이방인 종이나 여성이나 아이들이 해야 할 일이었다.
   - 누가복음은 제자들이 식사를 시작하면서 누가 더 큰가를 놓고 다툼을 벌였다고 말한다(눅 22:24).
   - 그들 중에는 예수님을 팔 자(가룟 유다)도 있었다.
   - 그럼에도 예수님께서 친히 섬김의 본을 보이신 이유는 "내가 주와 또는 선생이 되어 너희 발을 씻었으니 너희도 서로 발을 씻어 주는 것이 옳으니라 내가 너희에게 행한 것 같이 너희도 행하게 하려 하여 본을 보였노라"(14-15절)라는 말씀에 담겨있다.
   - 예수님께서는 제자들을 향하여 "내가 너희를 사랑한 것 같이 너희도 서로

사랑하라"고 말씀하신다(34절).
- 이것이 예수님의 제자인 증거라는 것이다(35절).
- 먼저 예수님이 사랑하셨다. 사랑의 본을 보이신 것이다.
- 예수님께서 제자들의 발을 씻어주신 일과 제자 중의 하나가 당신을 배신하리라는 예언은 아직도 "서로 사랑하라"는 예수님의 명령이 절실히 필요한 제자들의 모습을 있는 그대로 드러내주고 있다.

2. 오늘 우리가 심비에 새길 말씀은 요한복음 13장 34~35절이다. 소리 내어 암송해보라.

> **요한복음 13:34-35**
> 34새 계명을 너희에게 주노니 서로 사랑하라 내가 너희를 사랑한 것 같이 너희도 서로 사랑하라 35너희가 서로 사랑하면 이로써 모든 사람이 너희가 내 제자인 줄 알리라

3. 예수님은 "내가 너희를 사랑한 것 같이 너희도 서로 사랑하라"(요 13:34)라고 명령하신다. '내가…한 것 같이'라는 말은 이 구절의 의미에 어떤 영향을 미치고 있는가? 🔍 해석 질문
- 예수님께서 먼저 사랑의 본을 보이셨다.
- 예수님은 제자들의 발을 씻겨주심으로써 섬기는 사랑이 무엇인지 본을 보여주셨다.
- 예수님께서 먼저 사랑하심으로써, 사랑하는 것이 불가능한 것이 아니라는 것을 증명해 보이셨다.
- 예수님께서 먼저 사랑하심으로써, 보고 따를 수 있는 모델이 되어주셨다.

4. 우리가 예수님의 제자임을 세상에 증명해보이는 표지가 사랑인 이유는 무엇인가? 해석 질문
   - 하나님께서는 세상을 사랑하셔서 독생자를 이 땅에 보내주셨다(요 3:16).
   - 예수님께서는 우리를 사랑하셔서 십자가에서 대속의 제물이 되셨다.
   - 우리도 예수님께서 우리를 사랑하신 것같이 서로 사랑해야 한다(요 13:34).

5. 다른 사람들이 당신이 그리스도인 친구들과 나누는 사귐을 보면서 무엇을 발견하리라 생각하는가? 적용 질문
   - "왜! 정말 그리스도의 제자들이구나!"라는 탄성을 지를 것이라고 확신하는가?
   - 아니면, "저게 뭐야! 저게 그리스도를 믿는 제자들의 모임이야?"라는 비아냥을 들을 것 같은가?
   - 각자가 속한 신앙공동체를 오늘 우리가 다루는 본문의 기준을 가지고 평가해보도록 이끌라.
   - 그리고 부족한 부분이 있다면 무엇인지, 어떻게 그 부족함을 메워가야 할지 질문해보라.

6. 이번 주에 이 구절이 당신에게 무엇을 말씀해주었는가? 적용 질문
   - 이 구절을 묵상하고 암송하며 깨달은 바를 나누도록 하라.

자유케 하는 진리의 말씀

우리가 예수님의 제자임을 세상에 보여주는 표지는 사랑이다. 반면, 하나 됨은 예수님께서 하나님으로부터 보냄 받았음을 보여주는 표지다. 프랜시스 쉐퍼는 사랑과 하나 됨을 가리켜 "궁극적 변증"이라고 말한다. 우리 신앙이 진짜임을 세상에 변호할 수 있는 방법은 올바른 신념이 아니라 올바른 행위다.

1. 요한복음 17장 20~26절을 읽으라. 예수님은 우리를 위하여 무슨 기도를 하시는가(20~21절)? 📖 관찰 질문
   - "아버지여, 아버지께서 내 안에, 내가 아버지 안에 있는 것 같이 그들도(제자들, 제자들의 말로 말미암아 예수님을 믿게 될 모든 사람들) 다 하나가 되어 우리 안에 있게 하사 세상으로 아버지께서 나를 보내신 것을 믿게 하옵소서"(21절).
   - "아버지여 내게 주신 자도 나 있는 곳에 나와 함께 있어 아버지께서 창세 전부터 나를 사랑하시므로 내게 주신 나의 영광을 그들로 보게 하시기를 원하옵나이다"(24절).

2. 우리의 하나 됨의 근거는 무엇인가(21~23절)? 📖 관찰 질문
   - 우리의 하나 됨의 근거는 삼위일체 하나님이다.

3. 무엇이 우리의 하나 됨을 세상에 증명해주는가(23절)? 📖 관찰 질문
   - 예수님께서 우리 안에 있고, 하나님께서 예수님 안에 계시면, 우리가 온전함을 이루어 하나가 된다.
   - 이처럼 우리가 온전함을 이루어 하나가 되면, 하나님께서 예수님을 사랑하심 같이 우리도 사랑하신 것을 세상이 알게 된다.

   왜 그것이 증거가 되는가? 📖 해석 질문

- 예수님께서 우리 안에 있고, 하나님께서 예수님 안에 계셔 우리가 온전함을 이루어 하나가 되면, 하나님께서 예수님을 사랑하심 같이 우리들도 사랑하신다는 증거가 되기 때문이다.

4. 당신은 하나 됨을 보여주는 태도와 가치가 무엇이라고 생각하는가? 📖 적용 질문
   - 각자 하나 됨을 보여주는 태도와 가치가 무엇인지 나누도록 이끌라.
   - 하나 됨을 보여주는 태도와 가치 가운데 하나는 예수님께서 우리 안에 계시느냐 하는 것이다.
   - 다른 것은 다 있고, 예수님이 빠져 있다면 하나 됨은 불가능하다.

5. 성도들이 서로 분열되는 이유는 무엇인가? 📖 적용 질문
   - 예수님께서 성도들의 모임 안에 계시지 않기 때문이다.
   - 성도들 자신 밖에 없으니 하나 되지 못하는 것이다.

6. 당신에게 화해가 필요한 관계는 없는가? 있다면 어떤 관계인가?
   📖 적용 질문
   - 각자 하나 됨이 깨어진 관계는 없는지 물어보라.
   - 그리고 그런 관계를 어떻게 회복해 가야할지 물어보라.
   - 이미 그런 회복을 경험한 사람들의 이야기를 통해 관계 회복의 비법을 서로 나누도록 하라.

7. 당신에게 특히 영향을 준 구절이 있다면 무엇인가? 📖 적용 질문
   - 돌아가면서 자신에게 특히 영향을 준 구절을 나누도록 하라.
   - 그리고 왜 그 구절이 특히 영향을 주었는지도 물어보라.
   - 이런 추가 질문, 심화 질문을 통해 은혜가 더 풍성해지는 것을 경험하게 될 것이다.

III권 4과 사랑

 어깨를 덮고서는 독서

대야와 수건을 든 사람들

– 독서 자료는 교재에 실려 있습니다.

■ **생각해볼 문제들**

1. 요한은 왜 예수님께서 "아신" 것을 그분이 제자들의 발을 씻어주신 사건의 배경으로 제시하는가?
   - 요한복음이 즐겨 쓰는 말 중에 하나는 "그의 때가 아직 이르지 아니하였다"라는 말이다.
   - 예수님은 하나님의 시간표를 의식하며 행동하셨다.
   - 그러나 요한복음 13장은 "그 때가 이르렀다"고 말한다.
   - 예수님은 몇 시간 뒤면 자신이 믿었던 제자들 가운데 하나가 동산에서 자신에게 입맞춤으로 자신을 배신하리라는 것을 잘 알고 계셨다.
   - 예수님은 당신이 어디에서 오셨으며 어디로 가실지 알고 계셨다(요 13:3).

2. 만일 예수님께서 당신의 발을 씻어주신다면 당신은 어떤 반응을 보였을 거라고 생각하는가?
   - 베드로는 "내 발을 절대로 씻지 못하시리이다"(요 13:8)라는 반응을 보였다.
   - 각자 어떤 반응을 보였을지 나눠보도록 하라.

3. 예수님께서 발을 씻어주신 일이 왜 십자가를 미리 보여주는 일이 되는가?
   - 발을 씻어줌은 이 무시무시한 죽음이 자기비하를 의미한다는 것을 미리 보여준다.
   - 예수님은 베드로의 관심을 끄는 말씀을 하신다. "내가 너를 씻어주지 아

니하면 네가 나와 상관이 없느니라"(요 13:80).
- 예수님은 '당신이' 발을 씻어주셔야 한다는 점을 강조하신다. 더러운 발은 십자가로 말미암아 더 깊은 곳까지 씻겨져야 한다는 것을 상징한다.
- 세례의 이미지가 십자가의 이미지와 결합된다. 세례 때 물속에 들어감으로써 우리 죄는 다 씻겨나간다.
- 하나님이 우리 죄에 따른 책임을 말끔히 씻어주신 것은 오로지 그리스도가 그 피를 흘려주신 덕분이다.

4. 종의 자세로 섬기는 사랑은 다음 세 가지를 의미한다. 세 가지를 설명해보라.

  a. 쉴 새 없이 움직이는 눈
   - 종은 주인이 자신을 불러주기를 기다리지 않고 자신이 필요한 일이 없는지 쉴새없이 찾아다닌다.

  b. 자신보다 다른 사람들에게 무엇이 필요한지에 초점을 맞추는 것
   - 종은 자신보다 다른 사람들에게 무엇이 필요한지에 초점을 맞춘다.

  c. 자기희생
   - 종처럼 섬기는 자세는 자신을 죽이는 것이다. 종이 되는 것은 우리 본성에 반하는 일이요, 자기 자신을 십자가에 못 박아야 하는 일이다.

5. 종과 같은 사랑을 보여주는 사람으로 성장하려면, 당신은 어디에서 은혜를 공급받아야 하는가?
   - 먼저는 예수님께 "발 씻어주심"을 받아야 한다. 죄 사함의 은혜를 경험해야 한다.
   - 예수님께서는 "서로 발을 씻어주라"고 말씀하셨다. 일방적으로 발을 씻어

주는 것이 아니라 서로 발을 씻어주라는 말은 나도 남을 씻어주고, 남이 나를 씻어주는 것도 받으라는 말이다.
– 일방적으로 발을 씻어주는 일만 하면 지쳐 쓰러질 수 있다.

6. '어깨를 딛고서는 독서'가 당신에게 확신이나 도전이나 위로를 주었는가? 그 이유는 무엇인가? 📖 **적용 질문**
– 진정한 섬김과 관련하여 새롭게 깨닫거나, 확신을 얻거나, 도전이 되었거나, 위로를 얻은 것이 있다면 나누도록 하라.

인도자를 위한 더 깊이 나아가기

프란시스 쉐퍼의 『그리스도인의 표지』(생명의말씀사 역간)를 읽으라. 이 책은 교회가 용서에 기초하여 하나가 된 그리스도의 몸임을 보여주어야 한다는 것을 교회에 들려주는 선지자의 음성이다.

 과제물

1. 5과를 예습하라.
2. 5과의 심비에 새기는 말씀(이사야 58:6-7)을 암송하라.
3. 교회가 제시하는 성경읽기표대로 매일 성경을 읽어나가라.
4. 교회가 정한 Q.T.지를 사용하여 매일 Q.T.하는 습관을 들이라.
5. 주일예배, 수요예배를 비롯하여 목회자가 강조하는 교회의 공예배에 참여하라.
6. 오늘 배운 내용에 기초하여 매일 25분 이상 하나님께 ACTS의 순서를 따라 기도하는 시간을 가지라. 기도를 시작할 때에 주기도문으로 기도하고, 기도를 마칠 때에 주기도문으로 마무리하라.
7. 주중에 같이 훈련받는 지체 3명 이상에게 전화하여 서로 격려하고 은혜를 나누라.

5과 의

심비에 새기는 말씀 이사야 58:6~7
자유케 하는 진리의 말씀 마태복음 25:31~46
어깨를 덜고서는 독서 하나님은 가난한 자들을 사랑하신다

 핵심 진리

세상에서 깨어진 사람들과 함께하며 어떻게 희생적인 사랑을 표현해야 하는가?

사랑이 깨어진 삶과 만날 때, 그리스도의 제자들은 정의 편에 서라는 요구를 받는다. 성경이 말씀하는 의는 억압의 사슬을 끊고, 가난한 자들을 위한 대의에 공감하며, 짓밟힌 자들의 필요를 채워주는 것이다.

위에서 제시한 질문과 대답의 핵심 문구를 확인해보라. 그리고 그 의미를 당신 자신의 말로 이야기해보라.

- 사랑이 부서진 삶과 만날 때, 그리스도의 제자들은 정의 편에 서라는 요구를 받는다.
- 성경이 말씀하는 의는 억압의 사슬을 끊는 것이다.
- 성경이 말하는 의는 가난한 자들의 대의에 공감하는 것이다.
- 성경이 말하는 의는 짓밟힌 자들의 필요를 채워주는 것이다.

심비에 새기는 말씀

1. 이사야 58장 1~12절은 금식하며 회개하라는 하나님의 요구에 배경이 되는 대목이다. 1~5절에 따르면, 사람들은 금식 행위를 어떤 모양으로 타락시켰는가? 🔖 관찰 질문
   - 너희가 금식하는 날에 오락을 구하며 온갖 일을 시키는도다(3절).
   - 너희가 금식하면서 논쟁하며 다투며 악한 주먹으로 치는도다(4절).
   - 너희의 목소리를 상달하게 하려는 금식이 아니다(4절).
   - 사람이 자기의 마음을 괴롭게 하는 금식이 아니다(5절).
   - 그의 머리를 갈대 같이 숙이고 굵은 베와 재를 펴는 것을 어찌 금식이라 하겠으며 여호와께 열납될 날이라 하겠느냐(5절).
   - 궁극적으로 이스라엘은 금식 행위를 내적 실제와 믿음이 없는 종교적 행위로 타락시켰다.

8~12절은 진정한 금식에 대해 어떤 결과를 약속하는가? 🔖 관찰 질문
   - "네 빛이 새벽 같이 비칠 것이며"(8절) : 우리 삶에 어둠을 몰아내고 빛을 비추게 될 것이다.
   - "네 치유가 급속할 것이며"(8절) : 질병이 치유될 것이다.
   - "네 공의가 네 앞에 행하고 여호와의 영광이 네 뒤에 호위하리니"(8절) : 자신의 의로운 행위와 하나님의 영광이 마치 경호원이 보호하고 인도하여 위풍당당하게 행하는 것처럼 될 것이다.
   - "네가 부를 때에는 나 여호와가 응답하겠고 네가 부르짖을 때에는 내가 여기 있다 하리라"(9절) : 기도응답을 받을 것이다.
   - "네 빛이 흑암 중에서 떠올라 네 어둠이 낮과 같이 될 것이며"(10절) : 의로운 자가 어두운 상태라 하더라도 세상에서는 낮처럼 밝을 것이다.
   - "메마른 곳에서도 네 영혼을 만족하게 하며 네 뼈를 견고하게 하리니 너

는 물 댄 동산 같겠고 물이 끊어지지 아니하는 샘 같을 것이라"(11절) : 에덴동산 같이 하나님의 복 주심과 회복을 경험하게 될 것이다.
- "네게서 날 자들이 오래 황폐된 곳들을 다시 세울 것이며 너는 역대의 파괴된 기초를 쌓으리니 너를 일컬어 무너진 데를 보수하는 자라 할 것이며 길을 수축하여 거할 곳이 되게 하는 자라 하리라"(12절) : 무너진 데를 보수하고 수축하는 건축자가 될 것이다.

2. 오늘 우리가 심비에 새길 말씀은 이사야 58장 6~7절이다. 소리 내어 암송해보라.

> **이사야 58:6~7**
> 6내가 기뻐하는 금식은 흉악의 결박을 풀어 주며 멍에의 줄을 끌러 주며 압제 당하는 자를 자유하게 하며 모든 멍에를 꺾는 것이 아니겠느냐 7또 주린 자에게 네 양식을 나누어 주며 유리하는 빈민을 집에 들이며 헐벗은 자를 보면 입히며 또 네 골육을 피하여 스스로 숨지 아니하는 것이 아니겠느냐

3. 참된 금식을 증명하는 증거는 무엇인가? 관찰 질문
   - 하나님이 기뻐하시는 금식은 흉악의 결박을 풀어준다(6절).
   - 하나님이 기뻐하시는 금식은 멍에의 줄을 끌러준다(6절).
   - 하나님이 기뻐하시는 금식은 압제 당하는 자를 자유하게 한다(6절).
   - 하나님이 기뻐하시는 금식은 모든 멍에를 꺾는다(6절).
   - 하나님이 기뻐하시는 금식은 주린 자에게 양식을 나누어준다(7절).
   - 하나님이 기뻐하시는 금식은 유리하는 빈민을 집에 들인다(7절).
   - 하나님이 기뻐하시는 금식은 헐벗은 자를 보면 입힌다(7절).
   - 하나님이 기뻐하시는 금식은 골육을 피하여 스스로 숨지 아니하는 것이다(7절).

4. 참된 금식 행위에서 발견하는 공통점은 무엇인가? 🔍 **해석 질문**
   – 참된 금식, 하나님이 기뻐하시는 금식은 공의를 추구하는 것이다.

   이 점에 비춰볼 때 당신은 무엇을 해야 하는가? 📖 **적용 질문**
   – 각자 자신이 무엇을 해야 할지 나누도록 하라.

5. 이 구절들은 하나님의 마음에 관하여 무엇을 가르쳐주는가?
   🔍 **해석 질문**
   – 하나님은 껍데기만 있는 형식적인 신앙이 아니라, 겉과 속이 일치되는 참된 신앙을 원하신다.

6. 이번 주에 이 구절이 당신에게 무엇을 말씀해주었는가? 📖 **적용 질문**
   – 이 구절을 묵상하고 암송하며 깨달은 바를 나누도록 하라.

 자유케 하는 진리의 말씀

성경을 보면, 구원을 얻기 위한 행위와 구원 얻은 증거로 행하는 행위 사이에 건강한 긴장이 존재하고 있다. 우리가 거룩하시고 완전하신 하나님 앞에서 우리 힘으로 의롭다 함을 얻을 수 없다는 점은 분명하다. 그러나 우리가 긍휼을 베푸는 행위를 통하여 우리 마음이 변화되었다는 증거를 보여주지 않는다면, 사람들은 우리가 실제로 구원을 얻었는지 의심할 수 있다는 점 역시 분명한 사실이다. 오늘 우리가 공부할 본문에서, 예수님은 우리가 우리 힘으로 구원을 얻어야 한다고 말씀하시지는 않지만, 우리가 보여주는 구원의 증거에 기초하여 우리가 심판을 받게 될 것이라고 말씀하신다.

1. 마태복음 25장 31~46절을 읽으라. 인자는 누구인가? 또 그는 어떤 정황에서 등장하고 있는가? 관찰+해석 질문
   - 인자는 자기 영광으로 모든 천사와 함께 다시 오실 분, 예수님이시다(31절).
   - 모든 천사들과 함께 다시 오시는 재림이라는 정황에서 등장하신다(31절).
   - 모든 민족을 모으고 심판하시는 정황에서 등장하신다(32, 41, 46절).

2. 양들은 무슨 이유로 하나님 나라에서 환영을 받게 되는가? 관찰 질문
   - 예수님의 형제 중에 지극히 작은 자 하나가 주릴 때에 먹을 것을 주고, 목마를 때에 마시게 하고, 나그네 되었을 때에 영접하고, 헐벗었을 때에 옷을 입히고, 병들었을 때에 돌보고, 옥에 갇혔을 때에 와서 본 것이 곧 예수님께 한 것이기 때문이다(35-36, 40절).

3. 예수님께서 말씀하시는 사람들 곧 굶주린 자들, 목마른 자들, 나그네들, 헐벗은 자들, 병자들, 옥에 갇힌 자들을 생각하며 그들을 위해 기도하라. 당신이 살고 있는 지역에서는 어디에서 이런 사람들을 볼 수 있는가? 적용 질문
   - 함께 마음을 열고 다가가야 할 우리 주변에 있는 '지극히 작은 자'가 누구인지 나눠보라.

4. 예수님과 짓밟힌 자들은 어떤 관계인가? 해석 질문
   - "지극히 작은 자 하나에게 한 것이 곧 예수님께 한 것"(40절)이라고 말씀하시는 것을 볼 때, 예수님은 자신을 짓밟힌 자들과 동일시하고 계신다.

5. 염소들은 무슨 이유로 하나님 나라에서 쫓겨나게 되는가? 관찰 질문
   - 지극히 작은 자 하나가 주릴 때에 먹을 것을 주지 아니하고, 목마를 때에

마시게 하지 아니하고, 나그네 되었을 때에 영접하지 아니하고, 헐벗었을 때에 옷 입히지 아니하고, 병들었을 때와 옥에 갇혔을 때에 돌보지 아니한 것이 곧 예수님께 하지 아니한 것이기 때문이다(42-43, 45절).

그들의 마지막은 어떻게 되는가? 🏁 **관찰 질문**
- "저주를 받은 자들아 나를 떠나 마귀와 그 사자들을 위하여 예비된 영원한 불에 들어가라"(41절).

6. 이 본문이 전하는 메시지가 당신의 마음을 어떻게 휘저어놓았는가? 이야기해보라. 🌸 **느낌 질문**
- 각자 느낀 대로 나누도록 하라.

7. 당신에게 특히 영향을 준 구절이 있다면 무엇인가? 🧭 **적용 질문**
- 돌아가면서 자신에게 특히 영향을 준 구절을 나누도록 하라.
- 그리고 왜 그 구절이 특히 영향을 주었는지도 물어보라.
- 이런 추가 질문, 심화 질문을 통해 은혜가 더 풍성해지는 것을 경험하게 될 것이다.

 어깨를 딛고서는 독서

하나님은 가난한 자들을 사랑하신다
- 독서 자료는 교재에 실려 있습니다.

■ **생각해볼 문제들**

1. 성경의 아주 많은 부분이 경제 문제에 초점을 맞추는 이유가 무

엇이라고 생각하는가?
- 그것이 제자도의 중심을 차지하기 때문이다.

2. 가난의 네 가지 원인은 무엇인가?
- 의를 위하여 가난을 택한 경우
- 재난의 결과로 가난해진 경우
- 죄 또는 게으름의 결과로 가난해진 경우
- 강자들의 억압 때문에 가난해진 경우

성경이 가장 강조하는 원인은 무엇인가?
- 불의는 그 어떤 원인보다도 훨씬 더 많이 가난을 일으킨다.
- 세상에 있는 대부분의 가난한 사람들은 경제적, 정치적 지배자들의 착취 때문에 가난한 것이다.
- 성경은 '빈궁한 자, 가난한 자, 압제받는 자, 과부들, 고아들, 나그네들(또는 이방인들)'이라는 말을 사용하면서, 이런 가난한 사람들에게 압도적인 관심을 기울인다.
- 가난한 자들의 공통점은 자신의 권리를 너무 쉽게 빼앗긴다는 점이다.
- 이들은 착취당하고, 연약하며, 자신을 지키지 못한다.
- 이들은 늘 학대당하고 강자의 먹잇감이 된다.

이런 성경의 태도가 놀라운가? 놀랍다면 왜 그런지 이유를 설명해보라. **적용 질문**
- 각자 자신의 의견을 나누도록 이끌라.
- 특히 놀라운 반응을 보이는 훈련생의 경우, 왜 놀랍게 여기는지 그 이유를 나누도록 하라.

3. 가난한 자들을 무죄한 자 및 의로운 자와 동일시한다는 것은 정

의를 무엇으로 본다는 말인가?
- 성경은 가난한 사람들을 종종 '죄 없는 자들' 및 '의로운 자들'과 같은 사람들로 여기곤 한다. '의로운'과 '가난한'을 번갈아 사용하는 아모스 5장 12절의 평행 구조에 주목하라.
- 정의를 부자와 강자의 농간으로부터 가난한 자들을 적극 보호하고 이들을 구해내는 것으로 본다는 말이다.

4. 하나님은 가난한 자들을 어떤 태도로 대하시는가?
- 신학자인 칼 바르트(Karl Barth)는 "하나님은 가난한 자와 부유한 자 사이에서 결코 중립적 입장을 취하시지 않는다. 부유한 사람들은 자신들의 미래를 돌볼 수 있다. 하나님은 가난한 자 편이시다. 때문에, 성경은 가난한 자와 핍절한 자 편을 든다. 성경이 하나님이라고 부르는 분은 가난한 자 편이시다."라고 말했다.
- 하나님은 가난한 자들을 긍휼히 여기신다.
- 하나님은 가난한 자들의 부르짖음을 들으시고 이들을 압제에서 건져내신다.
- 하나님은 이스라엘 민족에게 핍절한 자, 연약한 자와 과부들을 박대하지 말라고 가르치셨다.
- 하나님은 가난한 자를 옹호하는 변호사이시다.

주님은 그런 태도를 어떻게 보여주시는가?
- 예수님이 태어나셨을 때, 처음 찾아온 이들은 사회에서 부랑자 취급을 받던 가난한 목자들이었다.
- 예수님의 부모는 너무 가난하여 사람들이 보통 정결례에서 드리는 제물을 바칠 수 없었다. 그들은 양 대신 비둘기 두 마리를 바쳤다.
- 예수님은 정치적 탄압을 피해 난민생활을 하셔야 했다. 예수님의 가족은 이집트로 피신하였다가 나중에 갈릴리로 돌아왔다.
- 예수님은 랍비였으나 수강료를 받지 않으셨으며, 정규 수입도 없으셨다.

- 일정한 거처도 없으셔서 이렇게 말씀하셨다. "여우도 굴이 있고 공중의 새도 거처가 있으되 인자는 머리 둘 곳이 없다"(마 8:20).
- 그분은 철저히 당신을 생의 가장자리에 있는 사람들과 동일시하셨다. 그러기에, 그분은 당신 제자들에게 "너희가 여기 내 형제 중에 지극히 작은 자 하나에게 한 것이 곧 내게 한 것이니라"(마 25:40)라고 말씀하셨다.

5. '어깨를 딛고서는 독서'가 제안하는 가난한 자들에게 보여야 할 반응 네 가지를 살펴보라. 당신은 왜 가난한 자들을 보살펴야겠다는 마음을 품게 되었는가?
   - 먼저 가난한 이들을 경멸하고 혐오하는 우리 태도를 회개해야 한다.
   - 가난한 자들을 우리와 같이 여기고 그들을 도와야 한다.
   - 가난한 자들을 긍휼히 여기시는 하나님의 마음을 헤아린다면, 우리는 어떻게 하면 가난한 이들에게 긍휼을 베푸는 삶을 살 수 있을지 깊이 생각할 수 있다.
   - 그들에게 복음을 전해야 한다.
   - 이 네 가지 이유를 제외하고 마음이 동한 이유가 있다면 나누도록 하라.

6. '어깨를 딛고서는 독서'가 당신에게 확신이나 도전이나 위로를 주었는가? 그 이유는 무엇인가? **적용 질문**
   - 정의에 대하여, 가난한 자들을 돕는 일과 관련하여 새롭게 깨닫거나, 확신을 얻거나, 도전이 되었거나, 위로를 얻은 것이 있다면 나누도록 하라.

인도자를 위한 더 깊이 나아가기

로날드 사이더의, 『가난한 시대를 사는 부유한 그리스도인』을 읽으라.
Perkins, John. *Let Justice Roll Down* (Ventura, Calif.: Regal, 2006).

 과제물

1. 6과를 예습하라.
2. 6과의 심비에 새기는 말씀(사도행전 1:8)을 암송하라.
3. 교회가 제시하는 성경읽기표대로 매일 성경을 읽어나가라.
4. 교회가 정한 Q.T.지를 사용하여 매일 Q.T.하는 습관을 들이라.
5. 주일예배, 수요예배를 비롯하여 목회자가 강조하는 교회의 공예배에 참여하라.
6. 오늘 배운 내용에 기초하여 매일 25분 이상 하나님께 ACTS의 순서를 따라 기도하는 시간을 가지라. 기도를 시작할 때에 주기도문으로 기도하고, 기도를 마칠 때에 주기도문으로 마무리하라.
7. 주중에 같이 훈련받는 지체 3명 이상에게 전화하여 서로 격려하고 은혜를 나누라.

6과 복음 증거

심비에 새기는 말씀 사도행전 1:8
자유케 하는 진리의 말씀 사도행전 4:1~30
어깨를 딛고서는 독서 우리의 믿음을 가까운 벗들과 공유하기

 핵심 진리

이 세상은 예수 그리스도의 사랑과 의를 어떻게 알게 되는가?

예수 그리스도는 제자들에게 복음의 메시지를 위탁하셨다. 이 복음은 구원으로 인도하는 하나님의 능력을 담고 있다. 복음을 나눌 권세는 성령님이 주신다. 성령님은 우리를 복음의 증인으로 세우신다. 증인은 자신이 아는 그리스도의 진리를 자신이 체험한 바를 기초로 선포하는 사람이다.

위에서 제시한 질문과 대답의 핵심 문구를 확인해보라. 그리고 그 의미를 당신 자신의 말로 이야기해보라.

– 예수 그리스도는 제자들에게 복음의 메시지를 위탁하셨다.

– 이 복음은 구원으로 인도하는 하나님의 능력을 담고 있다.

– 좋은 소식(복음)을 나눌 수 있는 권세는 성령님이 주신다.

– 성령님은 우리를 복음의 증인으로 세우신다.

– 증인은 자신이 그리스도에 관하여 참되다고 아는 것을 선포하는 사람이다.

– 증인의 선포는 개인이 체험한 바를 기초로 해야 한다.

심비에 새기는 말씀

예수님께서 교회에 주신 사명은 제자를 삼으라는 것이다. 보통 마태복음 28:18~20을 '대위임령'이라고 부른다.

1. 사도행전 1장 1~14절을 살펴보라. 예수님은 어떤 방법으로 제자들의 초점을 재조정하여 그들이 앞으로 감당할 과업을 보게 하시는가? **관찰 질문**
   - 예수님은 고난 받으신 후에 또한 제자들에게 확실한 많은 증거로 친히 살아 계심을 나타내셨다(3절).
   - 사십 일 동안 그들에게 보이시며 하나님 나라의 일을 말씀하셨다(3절).
   - 사도들에게 "예루살렘을 떠나지 말고 내게서 들은 바 아버지께서 약속하신 것을 기다리라"고 하셨다(4절). 성령으로 세례를 받을 것을 말씀하신 것이다(5절).
   - 제자들은 예수님께 "주께서 이스라엘 나라를 회복하심이 이 때니이까"(6절)라고 질문했다.
   - 예수님은 "때와 시기는 아버지께서 자기의 권한에 두셨으니 너희가 알 바 아니요 오직(but) 성령이 너희에게 임하시면 너희가 권능을 받고 예루살렘과 온 유대와 사마리아와 땅 끝까지 이르러 내 증인이 되리라"라고 대답하셨다.
   - 우리가 알아야할 것은 때와 시기가 아니다. 그러나 분명한 것 한 가지가 있다. 성령이 임하시면 증인이 된다는 것이다. 증인이 될 것이 아니라 증인이 된다.

2. 오늘 우리가 심비에 새길 말씀은 사도행전 1장 8절이다. 소리 내어 암송해보라.

> **사도행전 1:8**
> 오직 성령이 너희에게 임하시면 너희가 권능을 받고 예루살렘과 온 유대와 사마리아와 땅 끝까지 이르러 내 증인이 되리라 하시니라

3. 성령이 우리에게 임하실 때 우리가 받는 능력의 본질은 무엇인가? 해석 질문
   - 성령이 임하시면 두려움을 몰아내신다.
   - 성령은 교회의 입을 열게 만드신다.
   - 성령은 복음을 전하게 만드신다.
   - 성령은 증인이 되게 하신다.

4. 복음의 증인이 되는 것은 성령의 능력을 받은 사람에게 필연적으로 나타나는 결과다. 이 말씀은 우리가 부르심을 받으면 어떻게 동기부여가 된다고 가르쳐주는가? 해석 질문
   - 우리가 증인이 되는 것은 성령께서 가져오는 변화다.
   - 성령은 우리에게 임하신다. 성령이 능동적으로 우리에게 임하시는 것이다.
   - 우리는 임하시는 성령께 자리를 내어드리는 것이다.
   - 그러고 나면 성령께서 나를 장악하시고, 내 인생을 움직여 가신다.
   - 증인이 되고 싶어 되는 것이 아니라 성령이 임하시고 나면 성령께서 자연스럽게 증인이 되게 하시는 것이다.

5. 증인이 된다는 것이 무엇을 의미하는지 당신 자신의 말로 이야기해보라. 해석 질문
   - 각자 이해하고 묵상한 대로 나누도록 이끌라.
   - 혹, 본류에서 벗어난 이야기가 나올 때에는 방향을 조정해주는 역할을 하라.

6. 당신을 증인으로 만드시려는 예수님의 비전은 어느 정도인가?
   📖 **해석 질문**
   - 예수님께서는 우리에게 복음을 체험하게 하시려고 이 땅에 오셨다.
   - 십자가에 죽기까지 희생하셨다.
   - 그 복음을 체험한 자, 죄의 문제가 해결된 은혜를 맛보아 안 자는 증인의 삶을 거부할 수 없다.
   - 우리를 증인으로 만드시려는 예수님의 비전은 목숨을 내어놓는 수준까지 이른 것이다.

7. 이번 주에 이 구절이 당신에게 무엇을 말씀해주었는가? 📖 **적용 질문**
   - 이 구절을 묵상하고 암송하며 깨달은 바를 나누도록 하라.

 자유케 하는 진리의 말씀

예수님께서 사마리아를 지나가시다가 우물가의 여인을 만나신 이야기는 어떻게 믿음을 나누어야 하는지를 보여주는 모델이다. 예수님의 궁극적 목표, 곧 당신의 정체를 알려주시려는 과정에서 예수님은 어떻게 이 여인의 관심을 불러일으키셨는지 주목해보라.

1. 요한복음 4장 1~30절을 읽으라. 이 본문 전체에서 예수 그리스도의 인격을 표현하는 말이나 문구를 찾아보라. 📖 **관찰 질문**
   - 당신이 야곱보다 더 크니이까(12절).
   - 내가 주는 물을 마시는 자는 영원히 목마르지 아니하리니 내가 주는 물은 그 속에서 영생하도록 솟아나는 샘물이 되리라(14절).
   - 주여 내가 보니 선지자로소이다(19절).

- 네게 말하는 내가 그(메시야 곧 그리스도)라(26절).
- 내(사마리아 여인)가 행한 모든 일을 내게 말한 사람(29절).

2. 예수님과 이 여인 사이에는 어떤 장벽들이 가로놓여 있었는가? **관찰 질문**
   - 유대인으로서 어찌하여 사마리아 여자인 나에게 물을 달라 하나이까(9절) : 유대인은 사마리아인과 상종하지 않았다.
   - 예수님과 사마리아 여인 사이에는 사마리아인이라는 인종적 장벽 외에도 남자와 여자라는 성적 장벽이 존재했다. 유대 랍비들은 일반적으로 여자들과 많은 이야기를 나누는 것에 대해 경고했다. 특별히 사마리아 여자들은 날 때부터 부정하다고 단언했다.(IVP 배경주석)
   - 너에게 남편 다섯이 있었고 지금 있는 자도 네 남편이 아니니 네 말이 참되도다(19절) : 이 여인은 버림받은 여인, 상처 입은 영혼이었다. 예수님과 여인 사이에는 도덕적인 장벽이 존재했다.

   예수님은 그 장벽들을 어떻게 극복하셨는가? **관찰 질문**
   - 예수께서 물을 좀 달라 하시니(7절) : 예수님은 인종적인 장벽을 뛰어넘으셨다.
   - 예수님은 물 이야기에서 출발하여(7절), 생수에 대한 이야기로(10절), 영원히 목마르지 아니하는 물, 영생하도록 솟아나는 샘물에 대한 이야기로(14절), 여인의 비도덕적인 현 상태에 대한 이야기로(16절), 영적인 궁금증에 대한 이야기로(20-24절) 이끌어가시면서 성적 장벽과 도덕적 장벽을 허무신다.

3. 예수님은 여인과 나누시는 대화에서 생수를 언급하신다. 이 생수는 무엇인가(7~15절)? **해석 질문**
   - 생수는 상징적으로 성령을 가리킨다(요 7:38-39 참조).

예수님은 당신 자신을 누구라고 계시하시는가? 관찰 질문
- 예수님은 자신을 "메시야 곧 그리스도"라고 계시하신다(26절).

4. 적절한 예배 장소가 어디냐는 질문에 대해 예수님은 "아버지께 참되게 예배하는 자들은 영과 진리로 예배할 때가 오나니"라고 대답하신다. 예수님은 왜 돌연 이렇게 대답하셨을까(20~24절)?
관찰+해석 질문
- 예수님은 "예배 장소"에 대한 질문에 "예배 대상"과 "예배의 본질"로 대답하신다.
- 예수님은 자신이 바로 예배의 대상이 되는 메시야이심을 선언하시려고 "예배 대상"과 "예배의 본질"로 대답을 이끄신 것이다.

5. 왜 예수님은 사마리아 여인과 이런 대화를 나누셨을까? 해석 질문
- 고독하고, 소외되고, 곤궁했던, 그러나 깊은 영적 갈망을 가지고 있었던 그 여인을 구원하시려고 그러셨다.

6. 예수님은 어떤 방법으로 당신의 정체를 사마리아 여인에게 드러내시는가? 관찰 질문
- 예수님은 대화를 통해 공통의 관심사인 물 이야기에서 출발하여(7절), 생수에 대한 이야기로(10절), 영원히 목마르지 아니하는 물, 영생하도록 솟아나는 샘물에 대한 이야기로(14절), 여인의 비도덕적인 현 상태에 대한 이야기로(16절), 영적인 궁금증에 대한 이야기로(20–24절) 이끌어 가시면서 당신의 정체를 드러내셨다.

7. 오늘 본문에 나타난 예수님의 모습을 보면서, 우리가 복음 증거에 관하여 배울 수 있는 것은 무엇인가? 해석 질문

III권 6과 복음 증거

- 전도대상자와 공통의 관심사로 접촉점을 만들어야 한다.
- 서두르지 말고 조금씩 영적인 깊이를 더해가야 한다.
- 전도대상자가 겪고 있는 인생 문제의 근원을 드러내야 한다.
- 궁극적으로는 복음의 핵심을 전해야 한다.

8. 당신에게 특히 영향을 준 구절이 있다면 무엇인가? **적용 질문**
   - 돌아가면서 자신에게 특히 영향을 준 구절을 나누도록 하라.
   - 그리고 왜 그 구절이 특히 영향을 주었는지도 물어보라.
   - 이런 추가 질문, 심화 질문을 통해 은혜가 더 풍성해지는 것을 경험하게 될 것이다.

어깨를 딛고서는 독서

우리의 믿음을 가까운 벗들과 공유하기
– 독서 자료는 교재에 실려 있습니다.

■ **생각해볼 문제들**

1. 그리스도의 증인이 될 일을 생각하면 근심이 되는가? 만일 그렇다면 그 근심의 본질은 무엇인가? 그렇지 않다면 왜인가? **적용 질문**
   - 각자 자신의 생각을 나누도록 이끌라.
   - 레베카 피펏은 그리스도의 증인이 될 일을 생각하면 근심이 되는 원인으로 전도가 "예수님을 위해 사람들의 마음을 상하게 하는 것"이라는 생각을 제시한다.

2. 근심을 줄이는 여섯 가지 원리를 당신 자신의 말로 적어보라.

📖 **적용 질문**
- 각자 자신이 이해한 대로 적어 온 것을 나누도록 하라.
- '어깨를 딛고서는 독서'는 여섯 가지 원리를 다음과 같이 정리한다.
① 자기 확신을 줄이고 하나님을 확신하는 마음을 함양하라.
② 우리의 증언은 단지 우리가 끼치는 많은 영향 중 하나일 뿐이다.
③ 경청하는 한 방법으로 꼼꼼히 캐묻는 질문들을 던지라.
④ 사람들에게 예수님을 탐구해보라고 요구하라.
⑤ 기쁨으로 함께 나누라.
⑥ 복음 증거는 그들에게 그들의 가장 훌륭한 자아를 발견할 수 있는 기회를 주는 것이다.

3. 근심을 줄이는 여섯 가지 원리 중 당신에게 가장 필요한 것은 무엇인가? 왜 그런가? 📖 **적용 질문**
   - 각자 자신에게 가장 필요한 원리가 무엇인지 나누도록 하라.
   - 그리고 이유가 무엇인지도 물어보라.

4. 당신이 영향을 미칠 수 있는 사람들을 위해 사랑의 짐을 질 수 있도록 기도하라. 주님이 당신에게 어떤 사람들을 어루만지게 하시는가? 📖 **적용 질문**
   - 마무리하면서 함께 기도하는 시간을 가지도록 하라.
   - 여기에서는 주님께서 어떤 사람들을 어루만지게 하시는지를 나누면서 전도대상자들을 물색하도록 이끌어가라.

5. '어깨를 딛고서는 독서'가 당신에게 확신이나 도전이나 위로를 주었는가? 그 이유는 무엇인가? 📖 **적용 질문**
   - 복음증거와 관련하여 새롭게 깨닫거나, 확신을 얻거나, 도전이 되었거나, 위로를 얻은 것이 있다면 나누도록 하라.

인도자를 위한 더 깊이 나아가기

잠시 시간을 할애하여 당신 자신이 복음을 증거한 이야기를 써보라. 당신의 증거를 발전시키기 위해 다음 질문들에 답해보라.
- 그리스도께로 나아가기 전에 당신의 인생은 어떠했는가?
- 당신은 어떻게 당신의 삶을 그리스도께 헌신하게 되었는가?
- 그리스도께서 당신 안에 들어오신 뒤로 당신의 삶은 어떻게 바뀌었는가?

추천 도서
레베카 피펏의 『빛으로 소금으로』(IVP 역간)을 읽어보라.
Watson, David. "Evangelism" Chap. 9 in *Called & Committed: World-Changing Discipleship* (Wheaton, Ill.: Harold Shaw, 2000).

 과제물

1. 4권 1과를 예습하라.
2. 4권 1과의 심비에 새기는 말씀(고린도전서 12:12-13)을 암송하라.
3. 교회가 제시하는 성경읽기표대로 매일 성경을 읽어나가라.
4. 교회가 정한 Q.T.지를 사용하여 매일 Q.T.하는 습관을 들이라.
5. 주일예배, 수요예배를 비롯하여 목회자가 강조하는 교회의 공예배에 참여하라.
6. 오늘 배운 내용에 기초하여 매일 25분 이상 하나님께 ACTS의 순서를 따라 기도하는 시간을 가지라. 기도를 시작할 때에 주기도문으로 기도하고, 기도를 마칠 때에 주기도문으로 마무리하라.
7. 주중에 같이 훈련받는 지체 3명 이상에게 전화하여 서로 격려하고 은혜를 나누라.

1과 | 교회　　　　2과 | 영적 은사
3과 | 영적 전쟁　　4과 | 순종
5과 | 진정한 복　　6과 | 돈

   III권은 제자 한 사람 한 사람의 성품과 책임성에 초점을 맞추었다. 이제 IV권에서는 성도 한 사람 한 사람이 그리스도의 몸과 분리될 수 없고, 그리스도의 몸과 분리된 채 제자도를 구현하는 삶을 살려고 시도할 수도 없다는 것을 또 그래서도 안 된다는 것을 강조하고자 한다. 성령은 개인에게 역사하시는 영이시지만 교회에게도 생명의 근원이시다. 하나님은 각 사람들을 당신의 형상으로 재창조하시지만 또한 새로운 인류 공동체를 만들어내신다.

   1과와 2과의 주제는 **교회**와 **교회 사역의 본질**이다. 바울은 교회를 그리스도의 몸이라는 이미지로 표현하는데, 이는 교회가 그리스도가 들어가 사시는 사람들로서 유기적이고 살아있는 실재임을 강조한 것이다. 인간 신체의 각 부분이 몸 전체의 건강에 이바지하듯이, 교회의 각 지체는 각자 나름의 독특한 '영적 은사'를 실천에 옮김으로써 그리스도의 몸을 세워간다. **2과**는 **성령의 은사**가 무엇이며 하나님이 당신에게 주신 은사가 무엇인지를 깨닫는 과정이다.

   마르틴 루터Martin Luther는 세상과 육신과 마귀를 우리 원수라고 정리하였다. 우리는 육신과 마귀를 역순逆順으로 살펴보도록 하겠다. **3과**에서는 **영적 전쟁**을 다루며, 우리 원수인 마귀의 실상을 살펴보고 우리 약점을 악용하려는 마귀의 다양한 궤계를 살펴보겠다. **4과**는 하나님을 영화롭게 하지 않는 우리의 행동방식과 사고방식과 감정표현 방식의 일부가 된 습관들을 살펴보고, **순종**이 무엇인지 살펴볼 것이다. 하나님은 우리에게 순종을 원하신다. 우리가 행복하기를 바라시기 때문이다.

   5과 진정한 복에서는 제자훈련 사역의 세대계승에 대해 다루고, **6과**

# IV. 교회와 세상을 섬기는 첫걸음

돈에서는 그리스도인의 재정사용에 관한 주제를 다룬다. 그러면 함께해온 이 훈련의 여정이 끝을 맺게 된다. 잠시 시간을 내어 그동안 함께해온 훈련이 무슨 의미가 있었는지 성찰해보라. 당신이 처음 이 훈련을 시작했을 때 당신의 영혼 상태가 어떠했는지를 돌이켜보라. 훈련의 여정을 걸어오는 동안 이정표가 될 만한 중요한 일들이 있었는가? 무엇이었는가? 이 훈련으로 얻은 큰 통찰이 있는가? 전환점을 경험했는가? 좋았던 순간들과 확신이 깊어진 때와 새로운 인생의 방향들을 얻은 때가 있었는가? 이런 것들을 함께 나누고 서로 축하하도록 하라. 그리고 함께 훈련을 받은 다른 지체들을 위해, 다음 훈련을 받게 될 지체들을 위해 기도하도록 하라.

나는 당신이 이 과정을 통하여 비전을 얻고 제자훈련이 생활에 긴급하고 중요한 문제라는 인식을 마음 깊이, 든든히 갖게 되기를 간절히 기도한다.

Serving Christ

1과 교회

심비에 새기는 말씀 고린도전서 12:12~13
자유케 하는 진리의 말씀 고린도전서 12:12~27
어깨를 딛고서는 독서 살아있는 유기체

 핵심 진리

예수님은 어떤 방법으로 계속하여 당신 자신을 알리시는가?

예수님은 당신의 몸인 교회를 통해 이 땅에 지금도 계속 살아계신다. "그리스도의 몸"이라는 말은 단순히 비유가 아니라, 그리스도가 당신의 백성들을 통하여 살아계시는 실체를 표현하는 말이다. 하나님의 백성들은 다 함께 예수님의 생명을 온 세상으로 확장해간다.

위에서 제시한 질문과 대답의 핵심 문구를 확인해보라. 그리고 그 의미를 당신 자신의 말로 이야기해보라.
- 예수님은 이 땅에 지금도 계속 살아계신다.
- 예수님은 당신의 몸인 교회를 통해 살아계신다.
- "그리스도의 몸"이라는 말은 단순히 비유가 아니다.
- "그리스도의 몸"이라는 말은 그리스도가 당신의 백성들을 통하여 살아계시는 실제를 표현하는 말이다.
- 하나님의 백성들은 예수님의 생명을 온 세상으로 확장해간다.
- 하나님의 백성들은 다 함께 예수님의 생명을 온 세상으로 확장해간다.

심비에 새기는 말씀

1. 고린도전서 12장 1~11절을 살펴보라. 그리스도의 몸인 교회를 소개하는 데 배경 역할을 하는 주제는 무엇인가? 관찰 질문
   - 그리스도의 몸인 교회의 배경은 성령의 은사이다.

   왜 이것이 그리스도의 몸인 교회를 소개하는 적절한 서문이 되는가? 해석 질문
   - 교회가 그리스도의 몸이라는 말은 몸 안에 많은 지체가 있다는 말이다.
   - 각 지체가 감당해주어야 할 역할이 있고, 각자 그 역할을 제대로 수행해 낼 때, 교회는 비로소 그리스도의 몸으로서 온전하게 기능할 수 있기 때문이다.

2. 오늘 우리가 심비에 새길 말씀은 고린도전서 12장 12~13절이다. 소리 내어 암송해보라.

   > **고린도전서 12:12-13**
   > 12 몸은 하나인데 많은 지체가 있고 몸의 지체가 많으나 한 몸임과 같이 그리스도도 그러하니라 13 우리가 유대인이나 헬라인이나 종이나 자유인이나 다 한 성령으로 세례를 받아 한 몸이 되었고 또 다 한 성령을 마시게 하셨느니라

3. 바울은 놀랍게도 12절에서 "그리스도도 그러하니라"라는 말로 끝을 맺는다. 이 말은 그리스도와 그리스도의 몸인 교회의 관계에 대하여 무엇을 알려주는가? 관찰+해석 질문
   - 그리스도께서 곧 교회라는 말이다.
   - 그리스도의 몸된 교회도 몸은 하나인데 많은 지체가 있다는 말이다.

4. 바울이 12절에서 몸의 본질에 관하여 강조하는 두 가지 핵심은 무엇인가? 관찰 질문
   – 몸은 하나인데 많은 지체가 있다 : 다양성
   – 몸의 지체가 많으나 한 몸이다 : 통일성

5. 그리스도의 몸 안에 들어가는 방법은 무엇인가? 해석 질문
   – 예수 그리스도를 믿음으로 그리스도의 몸된 교회의 일원이 되는 것이다.
   – 13절은 이것을 "한 성령으로 세례를 받아 한 몸이 되었다"고 말씀한다.

6. "유대인이나 헬라인이나 종이나 자유인이나"(13절)라는 말을 통해 바울이 하고자 하는 말은 무엇인가? 해석 질문
   – 예수 그리스도를 믿음으로 그리스도의 몸된 교회의 일원이 되는 데는 차별이 없다는 말이다.
   – 누구나 예수 그리스도를 믿으면 그리스도의 몸의 지체가 될 수 있다.

7. 이번 주에 이 구절이 당신에게 무엇을 말씀해주었는가? 적용 질문
   – 이 구절을 묵상하고 암송하며 깨달은 바를 나누도록 하라.

자유케 하는 진리의 말씀

바울은 오늘 우리가 공부할 본문에서 "교회는 곧 그리스도의 몸"이라는 이미지를 사용한다. 바울은 몸의 각 지체들이 서로 소통한다고 말한다.

1. 고린도전서 12장 12~27절을 읽으라. 어떻게 사람의 몸이 교회를 비유하는 적절한 도구가 되는가? 관찰 질문
   - 몸은 하나인데 많은 지체가 있고 몸의 지체가 많으나 한 몸임과 같이(12절), 교회도 그리스도를 머리로 한 한 몸이지만 그 몸에 다양한 은사를 가진 많은 지체가 있기 때문이다.

2. 몸의 다양성을 설명하는 표현은 무엇인가? 관찰 질문
   - 몸은 하나인데 많은 지체가 있다(12절).
   - 몸은 한 지체뿐만 아니요 여럿이니(14절).
   - 너희는 그리스도의 몸이요 지체의 각 부분이라(27절).

3. 몸이 제 기능을 하지 못하게 막는 두 가지 해로운 태도는 무엇인가?(고전 12:15~16, 21을 보라) 관찰 질문
   - 발이 "나는 손이 아니니 몸에 붙지 아니하였다"라고 말하는 태도(15절). 귀가 "나는 눈이 아니니 몸에 붙지 아니하였다"라고 말하는 태도(16절).
   - 눈이 손에게 "내가 너를 쓸 데가 없다"라고 말하거나 머리가 발에게 "내가 너를 쓸 데가 없다"라고 말하는 태도(21절).

   이런 태도가 우리 교회 안에서는 어떤 모습으로 나타나고 있는가? 적용 질문
   - 혹, 이런 태도가 교회 안에 침입해 있지 않은지 점검하는 시간이 되도록 하라.

- 소그룹에서는 비밀 유지가 필수라는 사실을 다시 한 번 확인한 후에 토론을 진행함으로써, 성도들의 내면의 소리를 들을 기회로 삼으라.

당신에게는 이런 태도가 나타나고 있지 않은가? 📖 **적용 질문**
- 앞의 질문을 통해 이미 교회 안에 그런 태도가 있다는 이야기들을 나누었다면, 이제 좀 더 개인적인 적용이 일어나도록 각자의 삶에는 이런 태도가 없는지 나누도록 이끌라.
- 혹 이런 태도가 있다면 어떻게 이런 태도를 변화시켜가야 할지 의견을 나누도록 하라.
- 이미 이런 태도를 극복한 지체가 있다면 그런 지체들의 이야기를 들으면서 서로에게 배움이 일어나도록 이끌라.

4. 바울은 오늘 본문을 통해 "그리스도 안에서 다양성을 인정하는 것이 우리를 한몸 되게 한다"고 말하는 것 같다. 그 이유가 무엇일까? 📖 **해석 질문**
- 그리스도의 몸에는 다양한 역할을 감당해줄 다양한 지체가 필요하다.
- 어느 지체가 다른 지체를 무시하거나, 어느 지체가 스스로 자신을 한 몸의 일부분인 것을 부인한다면, 한 몸일 수 없기 때문이다.

5. 바울이 "더 약하게 보이는 몸의 지체"(22절)와 "덜 귀히 여기는 그것들"(23절)을 언급할 때 무엇을 염두에 두었을 것이라 생각하는가? 📖 **해석 질문**
- 교회 안에 세상의 기준으로 우열을 가리려는 생각을 가진 성도들이 있을 수 있다.
- 스스로 우월하다고 생각하는 성도든, 스스로 열등하다고 생각하는 성도든 모두 다 교회 공동체에 건강한 영향력을 끼칠 수 없다.
- 바울 사도는 많은 지체를 가진 한 몸으로서의 교회가 한 몸으로 기능하기

위해서는 다양성과 통일성을 인정하는 것이 필요하다는 사실을 염두에 두었을 것이다.

바울은 우리를 어떤 관계의 리듬으로 초대하고 있는가? 해석 질문
- 바울은 '세상의 관계 리듬'이 아니라 '하나님 나라의 관계 리듬'으로 우리를 초대한다.
- 세상은 우열을 가리고 일등만을 기억하지만, 하나님의 나라는 모두가 하나님의 관점으로 절대 평가를 받는 곳이다.
- 세상은 다섯 달란트로 열 달란트 만든 사람을 주목하지만, 하나님의 나라는 자신의 은사와 재능으로 최선을 다한 모두를 기억한다.

6. 27절에 따르면 우리가 균형을 찾아야 할 것은 무엇인가? 관찰 질문
- 27절은 "너희는 그리스도의 몸이요 지체의 각 부분이라"라고 말씀하신다.
- 우리는 혼자서 그리스도의 몸이 될 수 없다. 그리스도의 몸에는 수많은 지체가 필요하다. 이 균형을 놓치면 독불장군이 되거나 안하무인이 될 수 있다.

7. 당신에게 특히 영향을 준 구절이 있다면 무엇인가? 적용 질문
- 돌아가면서 자신에게 특히 영향을 준 구절을 나누도록 하라.
- 그리고 왜 그 구절이 특히 영향을 주었는지도 물어보라.
- 이런 추가 질문, 심화 질문을 통해 은혜가 더 풍성해지는 것을 경험하게 될 것이다.

어깨를 덮고서는 독서

살아있는 유기체
– 독서 자료는 교재에 실려 있습니다.

■ **생각해볼 문제들**

1. 고린도전서 12장 12절에 나오는 "그리스도도 그러하니라"라는 말이 전하는 놀라운 사실은 무엇인가?
   – 우리는 이 구절에서 바울이 "교회도 그러하니라"라고 쓰기를 기대한다.
   – 바울도 틀림없이 교회가 다양한 지체들로 구성된 사람의 몸과 같으며, 그 머리가 몸 전체를 질서 있게 조정한다는 취지로 이야기한다.
   – 그러나 바울은 여기서 더 나아가 그보다 훨씬 더 많은 것을 이야기한다. 바울에게 "그리스도의 몸"은 단순한 은유나 유익한 형상 언어가 아니다.
   – 이 말은 예수님이 실제로 당신의 백성들 가운데 사시면서 당신의 생명을 그들에게 공급하신다는 의미이기도 하다.

   그리스도와 교회의 관계는 어떤 관계인가?
   – 교회는 살아계시고 통치하시며 사람들 속에서 끊임없이 당신 자신을 드러내시는 그리스도와 신비한 융합을 이루고 있는 신성한 유기체다.
   – "예수님의 생명은 여전히 사람들 가운데 분명히 나타나고 있다. 그러나 이제는 지구 위 어느 한 곳에 있는 한 인간의 몸으로 나타나지 않고 교회라 불리는 복잡한 공동체로 나타난다."(레이 스테드맨)
   – 사울은 예수님의 제자들(교회)을 핍박했지만, 예수님께서는 "어찌하여 나를 박해하느냐?"라고 반문하셨다(행 9:1–5 참조). 교회와 예수님을 동일시하는 것이다.

2. 교회에게 그리스도는 "생명의 근원"이자 "궁극적 권위"라는 말로 집약해 정리할 수 있다. 이 관계를 당신이 이해한 대로 자신의 말로 이야기해보라.
   - '어깨를 딛고서는 독서'는 이렇게 정리하고 있다.
   - 교회와 그리스도의 관계의 본질을 암시하는 말이, 예수님이 "만물 위에 교회의 머리"(엡 1:22)이시라는 말이다.
   - '머리'라는 말은 성경에서 두 가지 의미를 갖고 있다. "생명의 근원"이라는 뜻과 "궁극적 권위"라는 뜻이다.

   생명의 근원
   - 원래 헬라어에서 '머리'는 "근원" 또는 "기원"을 가리키는 말이었다.
   - 바울은 영적 어른이 되는 유일한 길은 자신이 생명을 공급해주시는 예수님께 절대 의존하고 있음을 깨달아 이 예수님을 닮기까지 자라가는 것이라고 일깨워준다.

   궁극적 권위
   - 예수님이 머리이시라는 것은 교회가 그리스도의 권세 아래 직접 복종한다는 뜻이다.
   - 교회와 그리스도의 관계는 하나님이 우리 각 사람에게 성령을 통하여 부여하신 특별한 역할을 받아들이고 신실하게 완수한다는 뜻이다.

3. "예수는 주시다"라는 고백은 어떻게 교회 안에서 살아움직이는 실재가 되는가?
   - 예수님이 교회의 머리이시라는 것은 그분이 교회라는 몸 안에 생명을 불어넣으신다는 뜻이다.
   - 교회의 각 지체는 그 머리와 직접 연결되어 있다. 그 결과, 각 지체는 머리로부터 신호를 받아들일 수 있다.

- 신체 부분들은 고유의 의지를 갖고 있지 않다. 가령, 손과 발은 머리의 지시에 따라 반응하고 작동할 뿐이다.
- 만일 손이 머리와 따로 움직인다면, 신체에는 대혼란이 일어날 것이다.
- 교회라는 몸을 이루는 사람들이 그 머리이신 그리스도 앞에서 그들에게 부여된 기능을 알고, 행해야 할 책임을 이행할 때, 교회는 살아있는 유기체가 된다.

4. 당신은 비교나 모방을 통해 당신 자신을 비하한 적이 있는가? 있다면 어떤 경우였는가? **적용 질문**
   - 각자 다른 성도들과 자신을 비교하거나 모방하면서 자신을 비하한 적이 없는지 나눠보라.
   - 만일 이런 마음이 조금이라도 있다면, 교회 안에서 지체로서의 역할을 긍정적으로 감당해내기란 불가능하다.
   - 사실은 한 사람도 예외 없이 이런 비교나 모방을 통한 자기비하를 경험해 보았거나 지금도 경험하고 있을 것이다.
   - 서로의 마음을 열고, 혹, 그런 비교나 모방을 통한 자기비하를 극복한 사례가 있다면 비결은 무엇이었는지, 그런 과정을 통해 무엇을 배웠는지, 극복한 이후에 어떤 영적 유익이 있는지 등을 물어보면서 서로에게 배움이 일어나도록 이끌어가라.
   - '어깨를 딛고서는 독서'는 모방을 통한 자기비하에 대해 이렇게 말한다.
   - "모방은 우리 자신과 하나님께 죄를 짓는 것이다. 우리를 지금 이 모습으로 설계하셔서 그리스도의 몸에 필요한 존재로 만드신 분은 하나님이셨다."

5. 다른 사람 위에 군림하는 자세는 다른 사람들의 기여를 폄하하는 것이다. 그리스도의 몸된 교회 안에서 당신이 다른 사람들을 폄하한 적이 있는가? 있다면 어떤 경우였는가? **적용 질문**
   - 자기비하와는 다른 또 하나의 문제점을 지적한다.

- 다른 사람 위에 군림하며, 다른 사람들을 폄하하는 것이다.
- 혹, 이런 우월의식에 사로잡힌 사례는 없는지 나눠보라.
- "마땅히 생각할 그 이상의 생각을 품는 것"(롬 12:3)은 교회 공동체를 깨뜨리는 주범이다.
- 혹시라도 이런 마음을 가진 사람이 있다면 어떻게 그런 마음과 태도를 극복할 수 있을지 나누도록 하라.
- '어깨를 딛고서는 독서'는 이런 태도에 대해 다음과 같이 정리한다.
- "유아독존과 자기 신뢰는 공동체의 적이다. 약점이 없거나 부족한 부분이 있음을 인식하지 못한다면, 공동체가 있을 이유가 없다."

당신의 부족한 부분을 채워주기에 적절한 사람들을 당신에게 보내주신 하나님께 감사하는 시간을 가지라.
- 우리는 서로 다른 이를 필요로 한다.
- 몸의 모든 지체들은 서로 의존하고 있으며, 몸 전체가 건강하려면 모든 지체가 꼭 있어야 한다.
- 지혜로우신 하나님은 우리를 만능이요 다재다능하며 모든 것을 다 갖추어 그 누구도 필요 없는 독립적인 인간으로 만들어놓지 않으셨다.
- "우리는 모든 것을 다 갖고 있지 않으나, 우리가 함께한다면 모든 것을 갖는다."
- 서로를 바라보며 "저는 당신이 필요합니다" "저도 당신에게 필요한 존재가 되겠습니다"라고 고백하게 하라. 그리고 훈련생들이 함께 손을 잡고 기도하는 시간을 가지라.

6. '어깨를 딛고서는 독서'가 당신에게 확신이나 도전이나 위로를 주었는가? 그 이유는 무엇인가? 📖 **적용 질문**
   - 그리스도를 머리로 한 한 몸 된 교회와 관련하여 새롭게 깨닫거나, 확신을 얻거나, 도전이 되었거나, 위로를 얻은 것이 있다면 나누도록 하라.

 인도자를 위한 더 깊이 나아가기

그레그 옥던의 『새로운 교회개혁 이야기』(미션월드 역간)를 읽어보라.

 과제물

1. 2과를 예습하라.
2. 2과의 심비에 새기는 말씀(고린도전서 12:7)을 암송하라.
3. 교회가 제시하는 성경읽기표대로 매일 성경을 읽어나가라.
4. 교회가 정한 Q.T.지를 사용하여 매일 Q.T.하는 습관을 들이라.
5. 주일예배, 수요예배를 비롯하여 목회자가 강조하는 교회의 공예배에 참여하라.
6. 오늘 배운 내용에 기초하여 매일 30분 이상 하나님께 ACTS의 순서를 따라 기도하는 시간을 가지라. 기도를 시작할 때에 주기도문으로 기도하고, 기도를 마칠 때에 주기도문으로 마무리하라.
7. 주중에 같이 훈련받는 지체 3명 이상에게 전화하여 서로 격려하고 은혜를 나누라.

2과 영적 은사

심비에 새기는 말씀 고린도전서 12:7
자유케 하는 진리의 말씀 고린도전서 12:1~11, 27~31; 로마서 12:3~8; 에베소서 4:11~12; 베드로전서 4:10~11
어깨를 딛고서는 독서 우리는 은사를 받았다!

 핵심 진리

우리가 그리스도의 몸의 일부라는 것을 어떻게 알 수 있는가?

성령은 섬길 수 있는 능력인 "영적 은사"를 은혜로 베풀어주심으로써, 모든 그리스도인이 그리스도의 몸된 교회의 건강에 귀중한 기여를 할 수 있게 해주신다. 교회는 각 사람이 하나님이 주신 자신의 역할을 알고 그 역할에 따라 움직이려고 할 때 비로소 실제로 그리스도의 몸으로 작동한다.

위에서 제시한 질문과 대답의 핵심 문구를 확인해보라. 그리고 그 의미를 당신 자신의 말로 이야기해보라.
– 성령은 섬길 수 있는 능력인 "영적 은사"를 베풀어주신다.
– 성령의 은사는 은혜로 주어지는 것이다.
– 모든 그리스도인은 받은 은사를 통해 그리스도의 몸된 교회 전체의 건강에 귀중한 기여를 할 수 있다.
– 모든 그리스도인이 이렇게 주어진 은사를 활용할 때, 교회가 비로소 실제로 그리스도의 몸으로 작동한다.

심비에 새기는 말씀

고린도전서 12장은 신약 성경에서 성령이 주시는 영적 은사와 그리스도의 몸인 교회라는 주제를 다루는 고전적 본문 가운데 하나이다. 바울은 고린도전서 전반에 걸쳐 구사하는 패턴을 따라 자신이 다룰 주제를 제시하면서 12장을 시작하고 있다. "형제들아 신령한 것에 대하여 나는 너희가 알지 못하기를 원하지 아니하노니"(1절).

1. 바울은 고린도전서 12장 1~3절에서 사람들이 '신령하다, 성령의 인도하심을 받는다'라는 말의 의미에 관하여 오해하는 것이 무엇이라고 말하는가? 관찰+해석 질문
   - 예수 믿기 전에는 다른 종교의 말 못하는 우상이 요구하는 것을 신령하다고 생각하고 따라갔다는 것이다.
   - 그러나 성령의 인도하심을 받는다는 것은 우상이 요구하는 것을 따르는 것과는 다른 차원의 문제이다.

2. 오늘 우리가 심비에 새길 말씀은 고린도전서 12장 7절이다. 소리 내어 암송해보라.

   > **고린도전서 12:7**
   > 각 사람에게 성령을 나타내심은 유익하게 하려 하심이라

3. 영적 은사들은 그리스도의 몸된 교회에 어느 정도 기여하는가? 해석 질문
   - 영적 은사들은 그리스도의 몸된 교회에 없어서는 안될 요소들이다.
   - 각 요소들이 제 기능을 다할 때, 비로소 그리스도의 몸된 교회는 제 기능을 감당하게 되는 것이다.

4. 7절에서 '나타내심'이라는 표현은 성령의 은사에 관하여 무엇을 말해주는가? 해석 질문
   - 은사는 성령을 나타내신 것이다.
   - 자연인에서 나오는 능력이 아니라, 성령께서 나타내심으로 드러나는 능력이 성령의 은사이다.

5. 성령이 우리에게 은사를 주시는 이유는 무엇인가(7절)? 해석 질문
   - 교회를 유익하게 하기 위함이다.
   - 교회의 모든 지체들을 유익하게 하기 위함이다.
   - 은사는 기본적으로 나를 위한 것이 아니라, 다른 지체들과 교회 공동체를 위한 것이다.

6. 이번 주에 이 구절이 당신에게 무엇을 말씀해주었는가? 관찰 +해석 질문
   - 이 구절을 묵상하고 암송하며 깨달은 바를 나누도록 하라.

자유케 하는 진리의 말씀

신약 성경에는 섬기라고 주신 성령의 은사를 다루는 본문이 네 군데 있다. 일부 학자들은 로마서 12장 6~8절이 제시하는 일곱 가지 은사를 "원동력" motivational 은사로 본다. 그리고 모든 성도가 이 일곱 가지 가운데 한 가지씩은 다 가지고 있다고 본다. 고린도전서 12장이 열거하는 은사들은 이런 원동력 은사가 "겉으로 나타난 것들"이지만, 그 중 네 가지는 "직분"으로서 어떤 일을 할 수 있는 자질이나 지식을 갖추는 것과 관련되어 있다. 나는 이것이, 성령이 우리를 통하여 역사하시는 다양한 방식을 예시한 것이라고 본다. 은사의 다양성을 보여주기 위해 아래에서는 이 은사들을 네 가지 범주로 묶어보았다.

1. 고린도전서 12장 1~11절, 27~31절, 로마서 12장 3~8절, 에베소서 4장 11~12절, 베드로전서 4장 10~11절을 읽으라. 바울은 은사를 가리키는 표현으로 네 가지 동의어를 사용하고 있다. 이 표현들의 의미를 나름대로 정의해 적어보라. 📖 해석 질문
   – '어깨를 딛고서는 독서'는 다음과 같이 정의한다.

   은사(고전 12:4)
   – 여기서 사용된 헬라어는 "은혜로 준 선물"이라는 뜻을 가진 복합어다.
   – 우리는 오직 은혜로 구원받을 뿐만 아니라, 이 구원이라는 선물과 함께 자신만의 특별한 방법으로 다른 사람들을 섬길 수 있는 능력과 원동력을 부여받았다.
   – 은사들은 그리스도의 몸이 건강을 유지하는 데 우리가 분명하게 기여하는 것들이다.

직분(고전 12:5)
- '섬기는 일(직분)'이라는 말은 우리 개개인의 은사가 그리스도의 몸에 사용될 때 갖는 목적을 말한다.
- 은사들은 다른 사람들을 섬기는 데 그 목적이 있다.
- 직분은 여러분의 은사들이 활용되는 영역과 관련이 있다.

사역(고전 12:6)
- '사역'이라는 말은 그 어원이 '에너지'를 뜻하는 헬라어에서 나왔다.
- 각 은사는 각기 그 고유의 자취를 남긴다.

기능(롬 12:4)
- 성경의 다른 곳에서는 이 말을 "선한 행실"로 번역해놓았다.
- 여기서 이 말은 우리의 행동 방식, 우리가 우리에게 편안한 느낌을 주는 일들을 하는 특별한 방식을 가리킨다.

2. 네 가지 동의어를 검토한 다음, 성령의 은사를 당신 나름대로 정의해보라. 📖 **적용 질문**
   - 성령의 은사와 관련해서는 목회자들의 신학에 따라 차이가 날 수 있다.
   - '어깨를 딛고서는 독서'는 다음과 같이 정의한다.
   - 이 모든 것을 고려할 때, 성령의 은사들은 다음과 같이 정의할 수 있다.
   - 성령의 은사들은 성령이 우리에게 주신 섬김의 힘 또는 능력으로서, 그리스도의 몸을 세워가는 데 우리 각 사람의 독특한 동기가 표현된 것이다.

3. 각 본문이 열거하는 은사들을 확인해보고 다음 범주 중 해당하는 곳에 각 은사를 기록해보라. 각 은사 아래에 각자 나름대로 동의어를 하나씩 골라 기록해보라. 📖 📖 **관찰+해석 질문**

돕는 은사 (엡 4:11)	말하는 은사 (혀를 사용함)	표적을 보이는 은사	섬기는 은사 (직분)
사도 선지자 전도자 목사와 교사 (엡 4:11)	가르침 (롬 12:7; 고전 12:28) 위로(롬 12:8) 지혜(고전 12:8) 지식(고전 12:8)	병 고침(고전 12:9) 능력 행함 (고전 12:10) 방언(고전 12:10) 방언을 통역 (고전 12:10)	믿음(고전 12:9) 도움(고전 12:28) 다스림(고전 12:28) 섬김(롬 12:7) 구제(롬 12:8) 다스림(지도자)(롬 12:8) 긍휼을 베풂(롬 12:8) 대접(벧전 4:9) 영을 분별(고전 12:10)

- 이 부분도 목회자의 신학에 따라 차이가 날 수 있는 부분이다.
- 그레그 옥던이 소개한 내용을 활용해 목회자의 신학적 소견에 따라 이끌어가도록 하라.

4. 바울은 우리가 사람의 생각에 비추어 초자연적 은사라고 생각할 수 있는 것(예를 들어, 병고침)과 자연적 은사라고 생각할 수 있는 것(예를 들어, 행정)을 구별 없이 뒤섞어놓았다. 이것은 우리에게 무엇을 가르쳐주는가? 해석 질문
   - 병고치는 은사가 자연적 은사보다 더 뛰어나거나 우등하다는 의미가 아니라는 것이다.
   - 성령의 은사는 모두 다 하나님의 선물이고, 하나님의 몸된 교회를 세우라고 주어진 것이다.
   - 더 우등하거나 열등한 은사가 있는 것이 아니다.
   - 은사가 설령 아무리 평범한 것이라 할지라도, 성령이 주시는 모든 은사들은 성령의 초자연적 능력 가운데 작동한다는 생각을 바울이 품고 있었다는 증거다.

5. 당신은 바울이 모든 성령의 은사들을 완벽하게, 빠짐없이 알려주려 했다고 생각하는가? 그렇다면 또는 그렇지 않다면, 그 이유는 무엇인가? **적용 질문**
   - 각자의 생각을 들어보라. 그리고 왜 그렇게 생각하는지도 물어보라.
   - 만약, 바울이 모든 성령의 은사들을 완벽하게, 빠짐없이 알려주려 했다면, 지면이 모자랐을 것이다.

6. 당신에게 특히 영향을 준 구절이 있다면 무엇인가? **적용 질문**
   - 돌아가면서 자신에게 특히 영향을 준 구절을 나누도록 하라.
   - 그리고 왜 그 구절이 특히 영향을 주었는지도 물어보라.
   - 이런 추가 질문, 심화 질문을 통해 은혜가 더 풍성해지는 것을 경험하게 될 것이다.

 어깨를 딛고서는 독서

우리는 은사를 받았다!
– 독서 자료는 교재에 실려 있습니다.

■ 생각해볼 문제들

우리는 제자도가 추구하는 목적을 위해 은사 발견 과정의 1, 2, 3단계에 초점을 맞출 것이다. 아래 "주관적 은사목록"의 질문에 답해보라. 기도하면서 당신이 기록한 답을 검토한 다음, 당신이 자신의 은사라고 생각한 것들을 평가해보라. 주관적 은사목록에서 얻은 통찰과 발견한 패턴들을 훈련생들과 함께 나눠보라.

주관적 은사목록
다음 질문에 가능한 한 빨리, 당신에게 처음 떠오르는 생각으로 완성해보라.

1. 직장이나 교회 사역에서 내가 가장 큰 성취감을 느끼는 때는 언제인가?

2. 사람들은 내가 무엇을 할 때 그들에게 가장 큰 도움이 된다고 말하는가?

3. 다른 사람들이 종종 내게 요청하는 것이 있다면 무엇인가?(예를 들어, 어떤 어려운 개념을 가르쳐달라거나 설명해달라는 요청)

4. 리스도인으로서 자신의 모습을 그려볼 때 가장 많이 떠오르는 모습은 무엇인가?(예를 들어, 다른 사람을 격려하는 모습)

5. 하나님께서 회중 속에서 내가 감당해야 할 책임으로 무엇을 맡기셨다고 믿는가?

6. 교회에서 내가 가장 큰 관심을 갖는 일은 무엇인가?

7. 만일 내가 사역이 실패하지 않으리라는 확신을 가질 수 있다면 무엇을 해보고 싶은가?

내가 기록한 답을 검토해본 결과, 나는 무슨 은사를 갖고 있다고 생각하는가?(당신이 생각하는 대로 모두 적어보라.)
– 각자 주관적 은사목록을 점검하고 나면 훈련생들과 함께 나누는 시간을

가지도록 하라.

"우리가 받은 성령의 은사 확인하기"를 다음 안내에 따라 정리해보라.

우리가 받은 성령의 은사 확인하기

1. 함께 훈련받는 지체들의 이름을 기록하고, 그 이름 옆에 당신이 그들을 통하여 경험하게 된 (당신 자신의) 성령의 은사들을 모두 적어보라.
   - 함께 훈련받는 지체들을 통해 자기 자신의 은사가 무엇인지를 발견하고, 경험하게 된 것이 있다면 기록하게 하라.

2. 함께 훈련받는 지체들 중에 한 사람을 고르라. 당신이 작성한 목록에서 확인한 은사들을 가지고 그 사람에게 당신이 가진 은사가 뭐라고 생각하는지 질문을 던져보라. 한 사람이 끝나면 다음 사람으로 넘어가라. 이 경우에 토론을 벌여서는 안 된다.

   지체들이 확인해준 은사들은 무엇인가?
   - 리스트를 작성하고 나면, 함께 훈련받는 다른 지체들에게 이 리스트 가운데 어떤 은사가 두드러지는지 물어보라.
   - 이 과정을 통해 다른 지체들은 당신의 은사가 무엇이라고 생각하는지 알게 될 것이다.

   주관적 은사목록에서 확인한 은사 세 가지를 적어보라.
   1.
   2.
   3.

3. 다시 그룹 전체를 한 바퀴 돈 다음, 그룹이 확인해준 은사들과 주관적 평가를 통하여 발견한 은사들의 관계에 관하여 각 지체의 반응을 들어보라.

지체들이 확인해준 은사들과 당신 자신의 주관적 평가를 통해 발견한 은사들은 일치하는가? 당신이 자신의 은사라고 받아들일 수 있는 것은 무엇인가? 당신이 수긍할 수 없는 것은 무엇인가?

당신이 얻은 새로운 통찰이 있다면 무엇인가?
당신이 각 사람 속에서 본 것을 확인하고, 그 은사들이 한 개인의 삶 속에서 어떻게 작동하는지 당신이 본 대로 설명해보라.
- 이번 과에서는 간략한 은사점검을 했다.
- 국제제자훈련원에서 발간한 『평신도를 깨운다 사역훈련』 교재 2권 9과에서는 "은사개발"이라는 4단계를 통해 좀더 명확하게 은사, 사명, 개성, 발자취를 돌아보며 각자에게 맞는 사역의 장을 발견하도록 도와준다.

인도자를 위한 더 깊이 나아가기

브루스 벅비의 『네트워크 사역 : 개인의 열정, 은사, 스타일에 맞춘 봉사』(생명의말씀사 역간)나 『은사 종합 검진』(규장 역간)을 참고하라. 이 책은 당신이 연습을 통하여 은사를 발견할 수 있도록 이끌어주는 유익한 학습서다. 이 책에는 당신이 선택한 사역과 하나님이 설계하신 당신의 인격이 조화를 이룰 수 있도록 기질 프로필이 수록되어 있다.

 과제물

1. 3과를 예습하라.
2. 3과의 심비에 새기는 말씀(에베소서 6:14-18)을 암송하라.
3. 교회가 제시하는 성경읽기표대로 매일 성경을 읽어나가라.
4. 교회가 정한 Q.T.지를 사용하여 매일 Q.T.하는 습관을 들이라.
5. 주일예배, 수요예배를 비롯하여 목회자가 강조하는 교회의 공예배에 참여하라.
6. 오늘 배운 내용에 기초하여 매일 30분 이상 하나님께 ACTS의 순서를 따라 기도하는 시간을 가지라. 기도를 시작할 때에 주기도문으로 기도하고, 기도를 마칠 때에 주기도문으로 마무리하라.
7. 주중에 같이 훈련받는 지체 3명 이상에게 전화하여 서로 격려하고 은혜를 나누라.

3과 영적 전쟁

심비에 새기는 말씀 에베소서 6:14~18
자유케 하는 진리의 말씀 에베소서 6:10~20
어깨를 딛고서는 독서 우리의 싸움은 혈과 육에 맞서는 것이 아니다!

 핵심 진리

제자는 어떤 반대를 예상할 수 있는가? 이런 반대에 맞서 싸울 때 어떤 자원을 동원할 수 있는가?

제자들에게는 사탄이라는 원수가 있다. 이 원수는 우리가 예수 그리스도의 충만함에 이르도록 성장해가는 동안, 단계 단계마다 우리를 대적할 것이다. 제자들은 하나님이 주신 전신갑주를 취하여 사악한 사탄의 궤계에 맞서 싸울 수 있도록 무장해야 한다.

위에서 제시한 질문과 대답의 핵심 문구를 확인해보라. 그리고 그 의미를 당신 자신의 말로 이야기해보라.
- 제자들에게는 사탄이라는 원수가 있다.
- 우리는 예수 그리스도의 충만함에 이르도록 성장해가야 한다.
- 하지만 이 원수가 단계 단계마다 우리를 대적할 것이다.
- 제자들은 하나님이 주신 전신갑주로 무장해야 한다.
- 전신갑주는 사악한 사탄의 궤계에 맞서 영적 전쟁을 벌이는 데 필요한 무기이다.

심비에 새기는 말씀

그리스도인들은 전장에 나가 원수의 군대와 맞서 싸울 때 믿음의 갑주를 입어야 한다.

1. 에베소서 6장 14~18절을 읽으라. 갑주의 각 부분을 열거하고 공격 무기와 방어 무기로서 각 무기가 갖는 가치를 이야기해보라.
관찰+해석 질문
  - 진리의 허리 띠 : 방어용 무기. "군인에게 허리띠가 풀어져 있는 것은 '휴무'를 의미했다. 그리스도인은 언제나 전투할 준비가 되어 있어야 한다. 허리띠가 신자의 무장의 기초가 되듯이, 진리는 그리스도인의 삶의 기초다."(LAB 주석)
  - 의의 호심경 : 방어용 무기. 개역성경은 흉배로 번역했다. 흉배는 심장과 중요한 장기가 있는 가슴을 보호해주는 역할을 했다. '의'는 선한 일을 행하는 것이 아니라 예수 그리스도의 피를 통해 하나님과 바른 관계를 갖고 있다는 것을 의미한다.
  - 평안의 복음의 신 : 방어용 무기. 로마 군인들은 발이 미끄러지지 않도록 보호해주는 군화를 신었다. 로마 군인들의 신발 밑창에는 징을 박아서 발을 땅에 완전히 고정시켜주었기 때문에 백병전을 할 때 뒤로 밀리지 않았다. 하나님의 말씀은 영적인 백병전에 임해서도 평안(평화)을 가져다주는 복음이다.
  - 믿음의 방패 : 방어용 무기. 믿음의 방패는 악한 자의 불화살 공격을 막아낼 수 있다. 로마 군인들은 높이 120cm, 폭 75cm 정도의 커다란 직사각형의 전신방패를 사용했다. 이것은 나무나 가죽으로 만들어졌으며, 적군의 불화살공격을 막아내기 위해 가죽을 물에 완전히 적시기도 했다. 그리스도인들이 무장해야 할 방패는 하나님께 대한 전적인 신뢰다.
  - 구원의 투구 : 방어용 무기. 투구는 머리를 보호했다. 구원의 확신이 있는

성도들은 사탄의 공격을 이겨낼 수 있다.
- 성령의 검(하나님의 말씀) : 유일한 공격형 무기이다. 이것은 육박전에서 사용한 양날의 단검을 말한다. 예수님께서 마귀에게 시험을 받으실 때도 말씀으로 물리치셨다(마 4:4, 7, 10).
- 기도와 간구 : 사탄은 다양한 방법으로 다양한 사람들을 공격한다. 따라서 우리는 항상 성령 안에서 기도하고, 깨어 기도하고, 여러 성도들을 위해 기도해야 한다.

2. 오늘 우리가 심비에 새길 말씀은 에베소서 6장 14~18절이다. 소리 내어 암송해보라.

> **에베소서 6:14-18**
>
> 14그런즉 서서 진리로 너희 허리 띠를 띠고 의의 호심경을 붙이고 15평안의 복음이 준비한 것으로 신을 신고 16모든 것 위에 믿음의 방패를 가지고 이로써 능히 악한 자의 모든 불화살을 소멸하고 17구원의 투구와 성령의 검 곧 하나님의 말씀을 가지라 18모든 기도와 간구를 하되 항상 성령 안에서 기도하고 이를 위하여 깨어 구하기를 항상 힘쓰며 여러 성도를 위하여 구하라

3. 당신은 하나님의 전신갑주를 제대로 입고 있는가? 📖 **적용 질문**
   - 전신갑주의 각 항목을 점검해보는 시간을 가지라.

   당신에게 빠진 전투 장비는 무엇인가? 📖 **적용 질문**
   - 각자 자신에게 빠져있는 장비가 무엇인지 나누도록 이끌라.
   - 그리고 그 빠진 부분을 어떻게 보완할 수 있는지도 함께 나누라.
   - 이미 그 부분을 보완한 훈련생이 있다면, 그런 훈련생의 경험이 다른 지체들에게 도움이 되도록 심화 질문을 통해 나누라.

자유케 하는 진리의 말씀

1. 에베소서 6장 10~20절을 읽으라. 이 본문은 우리에게 무슨 명령을 내리고 있는가? 관찰 질문
   - "하나님의 전신 갑주를 입으라"(10절)고 명령한다.

   왜 이런 명령이 내려졌을까? 관찰 질문
   - 주 안에서와 그 힘의 능력으로 강건하여지고 마귀의 간계를 능히 대적하기 위해서이다(10~11절).
   - 우리의 씨름이 혈과 육을 상대하는 것이 아니라 통치자들과 권세들과 이 어둠의 세상 주관자들과 하늘에 있는 악의 영들을 상대하는 것이기 때문이다(12절).
   - 악한 날에 능히 대적하고 모든 일을 행한 후에 서기 위해서이다(13절).

2. 마귀의 "간계"란 무엇인가? 해석 질문
   - 마귀는 정정당당히 싸우지 않는다. 교묘한 속임수와 거짓과 간교한 계획들을 사용해 성도를 공격한다.

   당신은 특히 어떤 "간계"에 취약한가? 적용 질문
   - 각자 어떤 "간계"에 약한지 나누도록 하라.
   - 그리고 어떻게 극복하려고 애쓰고 있는지도 나누라.
   - 이런 나눔을 통해 인도자는 훈련생들의 진정한 문제가 무엇인지를 파악할 수 있다.
   - 그런 문제가 등장하면, 곧바로 교훈하거나 책망하지 말고, 말씀을 통해 스스로 대안을 찾아낼 수 있도록 추가로 질문하면서 이끌어가도록 하라.
   - 무엇이든지 자신이 발견하고, 스스로 결단해야 적용이 열매 맺게 된다.

IV권 3과 영적 전쟁

3. 에베소서 6장 12절은 혈과 육을 뛰어넘는 싸움을 묘사한다. 이 싸움을 당신 자신의 말로 묘사해보라. 관찰+해석 질문
   - 12절은 우리의 씨름이 혈과 육을 상대하는 것이 아니라 통치자들과 권세들과 이 어둠의 세상 주관자들과 하늘에 있는 악의 영들을 상대하는 것이라고 명시한다.

   해석 보조 : 통치자들과 권세들과 이 어둠의 세상 주관자들과 하늘에 있는 악의 영들은 누구인가?
   - '통치자들'과 '권세들'은 악한 영들을 가리킨다. '이 어둠의 세상 주관자들'은 악한 우주적 통치자들을 가리킨다. '하늘에 있는 악의 영들'은 직접적으로 악한 영들을 언급한다.(HOW 주석 참조)
   - 각자 자신이 이해한 대로 나누도록 하라.

4. 바울은 "통치자들과 권세들과 이 어둠의 세상 주관자들과 하늘에 있는 악의 영들을" 상대하는 싸움을 이야기한다. 당신은 바울이 말하는 이 싸움에 대하여 어떻게 생각하는가?(당신은 바울이 의인화시킨 이 악이 실제로 존재한다고 생각하는가, 존재하지 않는다고 생각하는가? 왜 그렇게 생각하는가? 적용 질문
   - 각자의 생각을 나누도록 이끌라.
   - 이런 나눔을 통해 인도자는 훈련생들의 진정한 문제가 무엇인지를 파악할 수 있다.

5. 이 악의 세력들이 지닌 목적은 무엇인가? 해석 질문
   - 악의 세력들의 목적은 성도들을 넘어지게 하는 것이다.

6. 악의 세력에 맞서는 당신의 태도는 어떠한가? 적용 질문
   - 각자 자신의 상태를 나누도록 하라.

적용 보조
- 백병전에 임하는 병사들처럼 무기로 온 몸을 무장하고 있는가?
- 단단히 각오하고 목숨을 내걸고 결사적으로 싸우고 있는가?

7. 악의 세력에 맞서는 싸움에서 기도는 어떤 위치를 차지하는가?
   🔍 해석 질문
   - 기도는 하나님의 도우심을 구하는 것이다.
   - 영적 전쟁에서도 기도가 없으면, 하나님의 도우심이 없으면, 내 힘만으로는 이길 수 없다.
   - 기도는 하나님이 친히 싸우시도록 길을 여는 것이다.
   - 기도는 공중엄호이다. 어떤 군사 전략가든지, 지상군 없이 전쟁에 이길 수는 없지만 공군력이 우세하다면 전세가 매우 유리하게 된다고 말할 것이다.(LAB 주석)

🔖 어깨를 딛고서는 독서

우리의 싸움은 혈과 육에 맞서는 것이 아니다!
- 독서 자료는 교재에 실려 있습니다.

■ **생각해볼 문제들**

1. 당신은 난폭하고 흉악한 악이 존재하는 이유를 어떻게 설명하겠는가?
   - '어깨를 딛고서는 독서'를 읽고 각자 여러 가지 흉악한 악의 존재 이유를 어떻게 설명할 수 있는지 물어보라.
   - 성경은 이 문제와 관련해 우리에게 눈에 보이지 않는 원수가 있다고 말한다.

2. 우리가 마귀의 실재를 완전히 인정하지 않는 이유가 무엇인지 설명해보라.
   - 우리가 살고 있는 과학시대에는, 하나님의 원수인 초자연적 존재가 있다는 생각을 원시시대 산물로 여기기 때문이다.
   - 이제 우리는 어른이 되었으므로 모든 것을 인과관계로 설명한다. 마귀가 있다는 생각은 어리석어보인다.
   - 성경이 말하는 사실들에 회의를 품었던 신학자 루돌프 불트만은 이런 태도를 표명하였다. "우리가 전기와 무선을 사용하고 현대 의학과 외과 의술이 발견한 것들을 활용하면서 동시에 귀신과 영혼을 말하는 신약 성경을 믿는다는 것은 불가능하다."

3. 저자는 마귀가 구사하는 전략을 네 가지로 제시한다. 각 전략을 당신 자신의 말로 설명해보라.
   - '어깨를 딛고서는 독서'는 다음과 같이 정리하고 있다.

   시험
   - 악한 영의 첫 번째 전략은 속이는 뱀이 되는 것이다.
   - 이 뱀은, 과연 하나님이 우리를 가장 이롭게 하는 일을 염두에 두고 계신 분인지 불신하고 의심하는 씨앗을 뿌리는 존재다.
   - 유혹은 하나님의 길이 우리 삶에 가장 안전한 길임을 믿지 못하게 하는 씨를 뿌리는 것이다.

   정죄
   - 사탄의 궁극적 목적은 하나님의 영광을 공격하고 하나님의 아들에게 일격을 가하는 것이다.
   - 만일 사탄이 하나님의 백성들 사이에 다툼을 일으킬 수만 있다면, 싸움은 끝난 것이다.

- 우리가 참소를 경험하는 또 다른 사례는 우리 내면에서 들려오는 자기 정죄와 실망의 목소리다.

속임
- 사탄 역시 치유의 능력을 발휘하기도 하고, 심지어 예수님의 이름을 빙자하기도 하지만, 이 모든 것은 어디까지나 자신의 입지를 굳히려는 간계이다.
- 사탄은 모든 사람들을 속여 그 시대를 지배하는 사고방식과 전제가 되는 세계관을 받아들이게 만든다.

직접 공격
- 사탄은 간이 부으면 직접 공격을 감행한다.
- 우리 사회는 그리스도인들을 공공연히 적대시한다. 대중매체는 기독교 신앙이 편협하고 심지어 미쳤다고 규정한다. 우리는 반기독교 물결이 왕성하게 일어나는 시대에 살고 있다.

4. 어떻게 하면 이런 각각의 전략에 맞서 자신을 가장 잘 무장할 수 있을까?
   - 각자의 생각을 나누도록 하라.
   - 시험, 정죄, 속임, 직접 공격으로 나누어 하나씩 점검해도 좋을 것이다.

5. 당신이 사탄의 공격에 가장 취약한 부분은 어디인가?
   - 각자의 생각을 나누도록 하라.
   - 특별히 자신이 약하다고 생각하는 부분을 어떻게 보완할 수 있는지, 이미 보완한 사람들이 있다면 그들의 경험을 나누도록 이끌며 배움이 일어나게 하라.

6. 당신은 교회의 어느 부분이 사탄의 공격에 가장 취약하다고 보는가?

- 각자의 생각을 나누도록 하라.
- 교회에 대해서도 시험, 정죄, 속임, 직접 공격으로 나누어 하나씩 점검해 보라.

7. 우리가 살아가는 문화에 대하여 사탄이 구사하는 전략은 무엇인가?
   - 사단은 지엽적으로 접근하지 않는다.
   - 사단은 문화 전체에 흑암이라는 담요를 덮어씌우는 편이 훨씬 더 효과가 좋다고 생각한다.
   - 사탄은 모든 사람들을 속여 그 시대를 지배하는 사고방식과 전제가 되는 세계관을 받아들이게 만든다. 가령, 상대주의를 받아들이게 하는 것은 사탄의 영리하고도 간교한 책략이다. 근래 통계 조사를 보면, 미국인들 가운데 67퍼센트는 절대진리 같은 것은 없다고 믿고 있다.

8. '어깨를 딛고서는 독서'가 당신에게 확신이나 도전이나 위로를 주었는가? 그 이유는 무엇인가?
   - 영적 전쟁과 관련하여 새롭게 깨닫거나, 확신을 얻거나, 도전이 되었거나, 위로를 얻은 것이 있다면 나누도록 하라.

 인도자를 위한 더 깊이 나아가기

Watson, David. "Spiritual Warfare." Chap. 8 in *Called and Committed: World-Changing Discipleship* (Wheaton, Ill.: Harold Shaw, 2000).

 과제물

1. 4과를 예습하라.
2. 4과의 심비에 새기는 말씀(에베소서 4:22-24)을 암송하라.
3. 교회가 제시하는 성경읽기표대로 매일 성경을 읽어나가라.
4. 교회가 정한 Q.T.지를 사용하여 매일 Q.T.하는 습관을 들이라.
5. 주일예배, 수요예배를 비롯하여 목회자가 강조하는 교회의 공예배에 참여하라.
6. 오늘 배운 내용에 기초하여 매일 30분 이상 하나님께 ACTS의 순서를 따라 기도하는 시간을 가지라. 기도를 시작할 때에 주기도문으로 기도하고, 기도를 마칠 때에 주기도문으로 마무리하라.
7. 주중에 같이 훈련받는 지체 3명 이상에게 전화하여 서로 격려하고 은혜를 나누라.

4과 순종

심비에 새기는 말씀 에베소서 4:22~24
자유케 하는 진리의 말씀 에베소서 4:17~32
어깨를 딛고서는 독서 대체(代替)의 원리

 핵심 진리

제자는 어떻게 그리스도를 닮은 모습으로 변화되는가?

죄로 가득한 행위는 우리 안에 깊숙이 뿌리를 내린 채 습관이 되어버린 행동 패턴의 산물이다. 그리스도를 닮은 모습으로 자라가는 것에는 옛 습관을 하나님이 기뻐하시는 새 습관으로 바꾸는 과정이 포함된다.

위에서 제시한 질문과 대답의 핵심 문구를 확인해보라. 그리고 그 의미를 당신 자신의 말로 이야기해보라.

- 우리 안에 깊숙이 뿌리를 내린 채 습관이 되어버린 행동 패턴이 있다.
- 죄로 가득한 행위는 그 패턴의 산물이다.
- 그리스도를 닮은 모습으로 자라가는 것에는 옛 습관을 바꾸는 과정이 포함된다.
- 옛 습관은 하나님이 기뻐하시는 새 습관으로 바꾸어야 한다.

심비에 새기는 말씀

바울은 자신이 쓴 서신들에서 변화의 과정을 묘사할 때 많은 이미지를 사용한다. 바울은 그리스도의 형상을 본받는 것(롬 8:29), 성령의 열매와 그에 대립하는 육체의 일(갈 5:16~26), 이 세상을 본받지 말고 오직 마음을 새롭게 함으로 변화를 받을 것(롬 12:2) 등을 이야기한다. 오늘 우리가 심비에 새길 말씀은 성화를 '낡은 옛 옷을 벗어버리고 하나님께 영광을 돌리는 옷으로 갈아입는 것'으로 묘사한다.

1. 에베소서 4장 17~32절을 읽으라. 22~24절은 우리의 옛 생활방식을 묘사하는 부분(17~21절)에서 이를 대체할 새 생활방식(25~32절)으로 넘어가는 전환점 역할을 하고 있다. 어떻게 전환하고 있는가? 관찰 질문
   - 22-24절 말씀은 옛 사람을 벗어 버리고, 새 사람을 입으라고 말씀한다.
   - 옛 생활방식을 새 생활방식으로 대체하는 것은 마치 옷을 갈아입는 것과 같다는 것이다.
   - 옛 옷을 벗어 던지고(부정과거시제), 새 옷을 입어야 한다(부정과거시제).
   - 이 작업은 예수 그리스도를 믿을 때 단번에 일어나는 일임과 동시에 매일 지속적으로 헌신해야 하는 일이기도 하다.

2. 오늘 우리가 심비에 새길 말씀은 에베소서 4장 22~24절이다. 소리 내어 암송해보라.

   > **에베소서 4:22-24**
   >
   > 22너희는 유혹의 욕심을 따라 썩어져 가는 구습을 따르는 옛 사람을 벗어 버리고 23오직 너희의 심령이 새롭게 되어 24하나님을 따라 의와 진리의 거룩함으로 지으심을 받은 새 사람을 입으라

3. 로마서 12장 2절에서 "마음을 새롭게" 하라고 했던 바울은 이제 우리 마음(심령)의 '태도'에 관하여 쓰고 있다. 바울은 우리 마음의 태도에 대해 무엇이라고 말하는가? 관찰 질문
   - 심령이 새롭게 되라고 말한다.
   - 새롭게 된다는 동사는 계속적인 동작을 묘사한다(현재시제).
   - 심령이 새롭게 되어 그리스도를 닮아가는 일은 매일의 계속되는 과정이라는 말씀이다.

4. 바울은 무엇을 "벗어버리고" 무엇을 "입으라"고 말하는가? 관찰 질문
   - 옛 사람을 벗고 새 사람을 입으라고 말한다.
   - 옛 사람은 유혹의 욕심을 따라 썩어져 가는 구습을 따르는 존재이다.
   - 새 사람은 하나님을 따라 의와 진리의 거룩함으로 지음 받은 존재다.

5. 하나님은 당신을 변화시키는 데 얼마나 많은 몫을 감당하시는가? 또 당신은 당신 자신의 변화에 대해 얼마나 많은 책임을 감당해야 하는가? 해석 질문
   - 하나님은 나를 변화시키시는 데 100%의 몫을 감당하신다.
   - 나 자신도 나의 변화에 대해 100%의 책임을 감당해야 한다.

6. 이번 주에 이 구절이 당신에게 무엇을 말씀해주었는가? 적용 질문
   - 이 구절을 묵상하고 암송하며 깨달은 바를 나누도록 하라.

자유케 하는 진리의 말씀

에베소서 4장 17~32절을 읽으라. 에베소서 4장 17~24절은 옛것을 새것으로 바꾸어야 한다는 점과 그렇게 바꾸는 원리를 서술하는 반면, 25~32절은 옛 생활방식이 주님께 능력을 받고 주님을 기쁘시게 하는 습관으로 대체될 때에 비로소 완전한 변화가 이루어진다는 점을 이야기한다.

1. 죄는 따로 떨어진 별개의 행위나 개인의 행동들이 아니라 중독성 습관들로 볼 수 있다. 죄를 굳어진 습관으로 묘사하는 본문의 표현들을 유의하여 살펴보라. 관찰+해석 질문
   - 18절 : 이방인들이 죄를 짓는 이유는 그들의 총명이 어두워져있고, 무지하고, 마음이 굳어있기 때문이다. 이것이 해결되지 않는 이상 이방인들은 계속 죄를 지을 것이다.
   - 19절 : 이방인들은 감각 없는 자가 되어버렸다. 그러니 방탕에 내어맡겨 모든 더러운 것을 욕심으로 행하게 되는 것이다. 감각을 회복하기 전까지는 중독성 습관처럼 죄악의 행위를 버릴 수 없다.
   - 22절 : 옛 사람을 유혹의 욕심을 따라 썩어져 가는 구습을 따르는 존재로 소개한다.

2. 바울은 22절과 24절에서 단순히 옛 본성을 벗어버리라고만 말하지 않고 새 본성을 입으라고 말한다. 우리는 왜 나쁜 행위를 단호하게 중단하지 못하는가? 해석 질문
   - 대체의 원리를 활용하지 않기 때문이다.
   - 옛 본성을 벗으려고만 하지 말고, 새 본성을 입으려고 해야 한다.
   - 예수님은 '자신에게 들어온 귀신을 쫓아낸 사람'의 이야기를 들려주신다. 쫓겨난 귀신은 머물 곳을 찾지 못하자, 자신이 원래 있던 곳으로 다시 돌아간다. 돌아가면서, 일곱 귀신을 함께 데리고 간다(눅 11:24-26). 그저 옛

행위만 그치고 하나님을 기쁘시게 하는 행위를 하지 않는다면, 진공 상태를 만들어내는 셈이다. 그렇게 되면, 이전과 똑같은 문제가 훨씬 더 강력해진 모습으로 돌아와 이 진공 상태를 채우게 된다.

3. 25~32절에서 바울이 "벗어버리고"와 "입으라"라는 표현을 사용하여 대체의 원리를 어떻게 묘사하는지 유의하여 살펴보라. 당신이 관찰한 것을 아래에 적어보라. 관찰 질문

벗어버리고	입으라
– 거짓을 버리라(25절)	– 이웃과 더불어 참된 것을 말하라(25절)
– 분을 내다가 죄를 짓는 데까지 나가지 말라(26절). – 해가 지도록 분을 품지 말라(26절). – 마귀에게 틈을 주지 말라(27절). – 도둑질하지 말라(28절).	– 가난한 자를 구제할 수 있도록 자기 손으로 수고하여 선한 일을 하라(28절).
– 더러운 말은 너희 입밖에도 내지 말라(29절).	– 덕을 세우는 데 소용되는 대로 선한 말을 하여 듣는 자들에게 은혜를 끼치게 하라(29절).
– 하나님의 성령을 근심하게 하지 말라(30절). – 모든 악독과 노함과 분냄과 떠드는 것과 비방하는 것을 모든 악의와 함께 버리라(31절).	– 서로 친절하게 하며 불쌍히 여기며 서로 용서하기를 하나님이 그리스도 안에서 너희를 용서하심과 같이 하라(32절).

4. 당신에게 특히 영향을 준 구절이 있다면 무엇인가? 적용 질문
   – 돌아가면서 자신에게 특히 영향을 준 구절을 나누도록 하라.

- 그리고 왜 그 구절이 특히 영향을 주었는지도 물어보라.
- 이런 추가 질문, 심화 질문을 통해 은혜가 더 풍성해지는 것을 경험하게 될 것이다.

 어깨를 딛고서는 독서

대체(代替)의 원리
- 독서 자료는 교재에 실려 있습니다.

■ **생각해볼 문제들**

1. C. S. 루이스는 『동녘호의 모험』에 등장하는 유스타스를 통하여 어떤 점을 이야기하려고 하는가?
   - C. S. 루이스는 유스타스를 통해 그리스도인의 삶이 평생에 걸쳐, 죄로 얼룩진 본성이라는 때 묻고 너덜너덜한 옷들을 벗고 신선한 새 옷으로 갈아입는 과정이라는 점을 이야기하려고 한 것이다.

2. 하나님께 반역한 이 세상을 묘사한 바울의 글이 과장처럼 보이는가? 그렇다면 또는 그렇지 않다면, 그 이유는 무엇인가?
   - 각자 생각을 나누도록 이끌라.

3. 당신이 벗어나려고 했던 습관들이 있다면 무엇인가? 만일 당신이 그 습관들을 버리지 못했다면, 그 이유는 무엇이라고 생각하는가?
   - 나눔을 통해 훈련생들이 어떤 면에서 아직도 옛 사람의 본성에 시달리고 있는지 진단해보라.
   - 어떤 습관을 벗어던지려고 했는지, 그래서 결국 벗어던졌는지, 실패했다

면 이유는 무엇인지 나누라.
- 옛 사람의 습관을 벗어던진 사례가 있다면 나누면서, 어떤 계기로, 어떻게 벗어던지게 되었는지, 그렇게 벗어던진 이후에 어떤 영적 유익이 있었는지도 나누라.
- 잘 되지 않는 사람이 잘 되는 사람의 나눔을 통해 배우도록 이끌라.

4. 당신은 대체의 원리를 규정하는 각 단계들을 어떻게 실행할 것인가?
   📖 **적용 질문**

   대체되어야 할 습관을 분별하는 단계

   성경적 대안을 찾는 단계

   하나님이 당신에게 바라시는 모습을 생생히 그려보는 단계

   - 각자 기록해 온 내용을 나누도록 하라.
   - 중요한 것은 이런 과정을 통해서 자신의 실상을 발견하고, 변화를 시도하도록 동기를 부여하는 것이다.
   - 순식간에 경건해지는 경우는 없다는 사실을 나누라.
   - 성령의 인도를 따라 평생에 걸친 변화에 헌신하도록 이끌라.

5. '어깨를 딛고서는 독서'가 당신에게 확신이나 도전이나 위로를 주었는가? 그 이유는 무엇인가? 📖 **적용 질문**
   - 옛 사람을 벗어버리고, 새 사람을 입는 것과 관련하여 새롭게 깨닫거나, 확신을 얻거나, 도전이 되었거나, 위로를 얻은 것이 있다면 나누도록 하라.

인도자를 위한 더 깊이 나아가기

Watson, David. "Cost of Discipleship." Chap.11 in *Called and Committed: World-Changing Discipleship* (Wheaton, Ill.: Harold Shaw, 2000).

 과제물

1. 5과를 예습하라.
2. 5과의 심비에 새기는 말씀(디모데후서 2:2)을 암송하라.
3. 교회가 제시하는 성경읽기표대로 매일 성경을 읽어나가라.
4. 교회가 정한 Q.T.지를 사용하여 매일 Q.T.하는 습관을 들이라.
5. 주일예배, 수요예배를 비롯하여 목회자가 강조하는 교회의 공예배에 참여하라.
6. 오늘 배운 내용에 기초하여 매일 30분 이상 하나님께 ACTS의 순서를 따라 기도하는 시간을 가지라. 기도를 시작할 때에 주기도문으로 기도하고, 기도를 마칠 때에 주기도문으로 마무리하라.
7. 주중에 같이 훈련받는 지체 3명 이상에게 전화하여 서로 격려하고 은혜를 나누라.

5과 진정한 복

심비에 새기는 말씀 디모데후서 2:2
자유케 하는 진리의 말씀 데살로니가전서 2:1~12
어깨를 딛고서는 독서 바울의 사역 전략

 핵심 진리

다른 사람들을 제자로 세워갈 때 우리가 감당해야 할 역할은 무엇인가?

제자 삼는 사역은 하나님께서 또 다른 제자의 성장을 도와주는 데에 우리를 사용하시도록 내어드리는 과정이다. 우리의 성숙함을 보여주는 표지는 "진정한 복"을 다음 세대에 물려주고자 하는 마음이 있는가 하는 것이다.

위에서 제시한 질문과 대답의 핵심 문구를 확인해보라. 그리고 그 의미를 당신 자신의 말로 이야기해보라.
– 하나님은 나 외에 또 다른 제자의 성장에도 관심이 있으시다.
– 제자 삼는 사역이란, 하나님께서 또 다른 제자의 성장을 도와주는 사역의 일부분에 우리를 사용하시도록 내어드리는 과정이다.
– 우리가 정말 성숙하다면, "진정한 복"을 다음 세대에 물려주고자 하는 마음을 갖게 된다.

심비에 새기는 말씀

디모데후서는 바울이 믿음 안에서 낳은 아들 디모데에게 제자 삼는 사역에 동기를 불러일으키고자 보낸 편지다. 이 땅에서의 사역을 마무리할 즈음에 이른 바울은 복음을 온전하게 다음 세대에 전하는 데 깊은 관심을 기울이고 있었다. 바울은 디모데에게 그런 일을 하는 연결고리가 되라고 독려한다.

1. 디모데후서 1장 1~18절을 읽으라. 바울은 "내 아들아 그러므로 너는 그리스도 예수 안에 있는 은혜 가운데서 강하라"(딤후 2:1)라고 권면한다. 바울의 이런 권면은 바울이 디모데전서 1장에서 말한 염려들을 어떻게 표출하고 있는가? 관찰 질문
   - 바울의 염려는 8절에 잘 요약되어 있다.
   - "너는 내가 우리 주를 증언함과 또는 주를 위하여 갇힌 자 된 나를 부끄러워하지 말고 오직 하나님의 능력을 따라 복음과 함께 고난을 받으라".

2. 오늘 우리가 심비에 새길 말씀은 디모데후서 2장 2절이다. 소리 내어 암송해보라.

> **디모데후서 2:2**
> 또 네가 많은 증인 앞에서 내게 들은 바를 충성된 사람들에게 부탁하라 그들이 또 다른 사람들을 가르칠 수 있으리라

3. 바울이 이 구절을 통해 말하는 사역 전략은 무엇인가? 관찰+해석 질문
   - 복음의 4세대 전략이다.
   - 오늘 우리가 심비에 새길 말씀에는 바울-디모데-충성된 사람들-다른 사람들로 이어지는 복음의 4세대가 등장한다.

4. 디모데는 "충성된" 사람들을 찾아야 했다. 계속하여 복음을 이어 갈 미래의 일꾼(제자훈련생)을 선발할 때 고려해야 할 자질은 무엇인가? 관찰 질문
   - 충성됨이다.

   이 말은 제자훈련을 받기에 적합하지 않은 그리스도인들이 있다는 의미인가? 그렇다면 또는 그렇지 않다면, 그 이유는 무엇인가?
   해석 질문
   - 사실, 모든 그리스도인은 그리스도의 제자다.
   - 그러나 온전히 헌신된 그리스도의 제자는 드물다.
   - 충성되지 않은 사람이 온전히 헌신된 그리스도의 제자로 자라가기는 쉽지 않다.

5. 윌리엄 바클레이는 모든 그리스도인들이 두 세대를 이어주는 연결고리 역할을 해야 한다고 말했다. 당신은 이런 역할을 하고 있다고 느끼는가? 느낌+적용 질문
   - 각자 자신의 의견을 나누도록 하라.
   - 그리고 그런 연결고리 역할을 잘못하고 있다면 무엇이 문제인지, 어떻게 그런 역할을 감당하는 자리에 설 수 있을지 물어보라.
   - 연결고리 역할을 잘 감당하고 있다면, 언제, 어떤 계기로 그런 역할을 감당하기 시작했는지, 그런 역할을 감당할 때 영적으로 어떤 유익이 있는지 등을 추가로 질문하며 은혜를 나누도록 하라.

6. 이번 주에 이 구절이 당신에게 무엇을 말씀해주었는가? 적용 질문
   - 이 구절을 묵상하고 암송하며 깨달은 바를 나누도록 하라.

자유케 하는 진리의 말씀

바울은 데살로니가전서 1장에서 데살로니가 사람들에게 많은 선한 자질들을 갖추라고 권면한다. 그런 다음 2장에서는 성숙한 성도로 자라가도록 그들을 독려할 때 자신이 사용했던 방법들뿐만 아니라, 자신이 본을 보인 자질들까지 설명한다.

1. 데살로니가전서 2장 1~12절을 읽으라. 사도행전 16장 11~40절을 읽어보고 바울과 실라가 데살로니가로 가기(행 17:1~10) 직전에 방문하였던 공동체인 빌립보 사람들을 어떻게 다루었는지 알아보라. 🔖 **관찰 질문**
   - 빌립보에서 바울은 로마 시민권자임에도 불구하고, 빌립보 감옥에 갇히는 고난을 당한다.
   - 이 일로 인해 결국 상관들이 바울과 실라를 권하여 데리고 나가 그 성에서 떠나기를 청하게 된다.
   - 바울과 실라는 고난과 능욕을 받으면서까지 복음을 전하였고, 복음을 받은 성도들이 당당히 신앙생활을 해나가도록 길을 열어놓았다.

   당신은 바울과 실라를 보며 어떤 인상을 받았는가? 🔖 **느낌 질문**
   - 바울과 실라는 복음을 위해서라면 어떤 고난과 능욕도 달게 받는 전도자였다.

2. 바울에게서 본받을 만한 인격적 자질은 무엇인가? 🔖 **관찰 질문**
   - 바울은 하나님 안에서 갖는 용기를 보여주었다(살전 2:2).
   - 바울의 메시지와 동기는 진실하였다(살전 2:3).
   - 바울이 메시지를 전한 것은 사람을 기쁘게 하려는 것이 아니라 하나님을 기쁘시게 하려는 것이었다(살전 2:4).

– 바울은 자신의 이익을 챙기려하지 않았다(살전 2:5).

그가 보여준 인격적 자질 가운데, 제자의 길을 걷는 당신에게 도전이 되는 것은 무엇인가? 🔖 **적용 질문**
– 바울이 보여준 인격적 자질 가운데 각자 자신의 제자도에 도전이 되는 것이 무엇인지를 나누도록 하라.

3. 바울은 데살로니가 사람들에게 이런 자질들이 스며들도록 점진적으로 가르칠 때 어떤 방법을 사용하였는가?(7절과 11절을 유의하여 보라.) 🔖 **관찰 질문**
– 그리스도의 사도로서 마땅히 권위를 주장할 수 있으나 도리어 유순한 자가 되어 유모가 자기 자녀를 기름과 같이 하였다(7절).
– 각 사람에게 아버지가 자기 자녀에게 하듯 권면하고 위로하고 경계했다(11절).
– 부모의 마음으로 데살로니가 사람들을 가르쳤다.

4. 바울이 사용한 이런 이미지들은 당신이 다른 사람들에게 삶을 투자하는 방법에 관하여 어떤 가르침을 주는가? 🔖 **적용 질문**
– 각자 깨달은 바를 나누도록 하라.
– 이런 나눔을 통해 각자가 깨달은 바가 확대 재생산되는 것을 경험하게 될 것이다.

5. 당신에게 특히 영향을 준 구절이 있다면 무엇인가? 🔖 **적용 질문**
– 돌아가면서 자신에게 특히 영향을 준 구절을 나누도록 하라.
– 그리고 왜 그 구절이 특히 영향을 주었는지도 물어보라.
– 이런 추가 질문, 심화 질문을 통해 은혜가 더 풍성해지는 것을 경험하게 될 것이다.

어깨를 딛고서는 독서

바울의 사역 전략
– 독서 자료는 교재에 실려 있습니다.

■ **생각해볼 문제들**

1. 바울의 모델을 살펴보면서 그의 인격 중에서 깊은 인상을 받은 측면이 있다면 무엇인가? **적용 질문**
   – 각자 깊은 인상을 받은 측면을 나누도록 하라.

   '어깨를 딛고서는 독서'는 바울의 인격에 대해 다음과 같이 소개한다.
   – 바울은 하나님 안에서 용기를 보여주었다(살전 2:2).
   – 바울의 메시지와 동기는 진실하였다(살전 2:3).
   – 바울이 메시지를 전한 것은 사람을 기쁘게 하려 함이 아니라 하나님을 기쁘시게 하려 함이었다(살전 2:4).
   – 바울은 자신의 이익을 챙기려 하지 않았다(살전 2:5).

2. 바울의 사역 방법을 요약해보라.
   – 바울이 쓴 방법은 자신을 헌신하는 것이었다.
   – 제자들을 길러내기 위해 영향을 끼치려고 하는 사람들의 삶 속으로 직접 뛰어들었다.

   '어깨를 딛고서는 독서'는 바울의 사역 방법에 대해 다음과 같이 소개한다.
   ① 유모가 자기 자녀를 기름 같이 하였다(살전 2:7).
   ② 아무에게도 폐를 끼치지 아니하려고 밤낮으로 일하면서 하나님의 복음을 전하였다(살전 2:8).

③ 아버지가 자기 자녀에게 하듯 권면하고 위로하고 경계했다(살전 2:11).

3. 바울의 사역 전략은 우리가 오늘날 교회에서 자주 사용하는 방식과 어떻게 다른가?
   - 바울이 사용한 방법은 오늘날 우리가 교회에서 자주 시도하는 방법과 반대된다.
   - 바울의 사역 전략에 우선순위를 매겨본다면, 제자들, 교제, 프로그램 순이다.
   - 오늘날 교회 사역의 우선순위는 종종 조직, 프로그램, 제자들 순이 된다.
   - 프로그램들은 짧은 시간 내에 문제를 해결하는 데 중점을 두는 땜질식 제자훈련 방법이다.

4. 바울은 자신을 힘써 본받아야 할 모델로 제시한다. 그는 다른 사람들이 무엇을 본받기를 원했는가?
   - 바울은 "우리가 너희 믿는 자들을 향하여 어떻게 거룩하고 옳고 흠 없이 행하였는지에 대하여 너희가 증인이요 하나님도 그러하시도다"(살전 2:10)라고 말한다.

   우리는 어떻게 그가 보여준 본을 따라갈 수 있는가?
   - 바울은 구조나 조직이나 프로그램을 전하는 일에는 관심이 없었다. 그의 사역이 성공했는지 판단하는 시금석은 미래 세대를 담당할 제자들을 만들어내고 있는가이다.

5. 모든 그리스도인들은 자신을 두 세대를 잇는 연결고리로 여겨야 한다. 이런 일이 진정으로 이루어지려면 당신 안에서 어떤 변화가 일어나야 하는가? **적용 질문**
   - 각자 생각을 나누도록 하라.
   - 윌리엄 바클레이의 말을 마음에 새기도록 이끌라.

"모든 그리스도인들은 자신을 두 세대를 잇는 연결고리로 여겨야 한다."

6. 당신이 다른 사람에게 헌신하려 할 때 기도해야 할 것은 무엇인가? 📖 **적용 질문**
   - 각자 하나님의 도우심을 구하며 기도해야 할 것이 무엇인지 나누고 뜨겁게 기도하는 시간을 가지라.

7. '어깨를 딛고서는 독서'가 당신에게 확신이나 도전이나 위로를 주었는가? 그 이유는 무엇인가? 📖 **적용 질문**
   - 사역전략과 관련하여 새롭게 깨닫거나, 확신을 얻거나, 도전이 되었거나, 위로를 얻은 것이 있다면 나누도록 하라.

IV권 5과 진정한 복

 인도자를 위한 더 깊이 나아가기

로버트 콜먼의 『주님의 전도 계획』을 읽어보라.

 과제물

1. 6과를 예습하라.
2. 6과의 심비에 새기는 말씀(마태복음 6:24)을 암송하라.
3. 교회가 제시하는 성경읽기표대로 매일 성경을 읽어나가라.
4. 교회가 정한 Q.T.지를 사용하여 매일 Q.T.하는 습관을 들이라.
5. 주일예배, 수요예배를 비롯하여 목회자가 강조하는 교회의 공예배에 참여하라.
6. 오늘 배운 내용에 기초하여 매일 30분 이상 하나님께 ACTS의 순서를 따라 기도하는 시간을 가지라. 기도를 시작할 때에 주기도문으로 기도하고, 기도를 마칠 때에 주기도문으로 마무리하라.
7. 주중에 같이 훈련받는 지체 3명 이상에게 전화하여 서로 격려하고 은혜를 나누라.

6과 돈

심비에 새기는 말씀 마태복음 6:24
자유케 하는 진리의 말씀 십일조에 관한 구절들
어깨를 딛고서는 독서 즐거이 드리는 헌금

 핵심 진리

제자들은 돈에 대해 어떤 태도를 가져야 하고 무엇을 실천해야 하는가?

제자들은 돈이라는 신(맘몬)에게 건강한 두려움을 품고 살아간다. 돈이 우리의 경건을 좌지우지하는 힘을 갖고 있음을 알기 때문이다. 우리의 탐욕을 제어하고 맘몬을 비웃을 수 있는 길은 우리가 가진 자원 중에 적어도 10분의 1을 주님의 사업에 내놓는 연습을 시작하는 것이다.

위에서 제시한 질문과 대답의 핵심 문구를 확인해보라. 그리고 그 의미를 당신 자신의 말로 이야기해보라.
- 인간에게 돈은 신(맘몬)이다.
- 돈은 우리의 경건을 좌지우지하는 힘을 갖고 있다.
- 제자들은 이 돈이라는 신에게 건강한 두려움을 품고 살아간다.
- 우리의 탐욕을 제어하는 길, 맘몬을 비웃을 수 있는 길은 주님의 사업을 위해 십일조를 드리는 연습을 시작하는 것이다.

심비에 새기는 말씀

예수님은 돈의 유혹을 다스릴 수 있는 인간의 능력에 대해 아주 회의적이셨다. 우리는 돈을 단순히 중립적인 교환 수단으로 여기곤 한다. 돈은 우리가 거래할 때 사용하는 통화일 뿐이라는 것이다. 이런 우리의 태도와는 반대로, 예수님은 돈이 강한 애착을 갖게 만드는 힘을 가지고 있다고 보셨다. 돈의 신, 곧 "맘몬"을 추구하는 것은 우상숭배로 이어질 수 있다. 오늘 우리가 심비에 새길 말씀은 우리에게 이런 위험에 늘 경각심을 갖고 주의하도록 강력한 경고를 던지고 있다.

1. 마태복음 6장 19~34절을 읽으라. 심비에 새길 말씀 전후에 있는 가르침을 통하여 예수님은 우리에게 무엇을 택하라고 말씀하시는가? 관찰 질문
   - 19-20절 : 보물을 땅에 쌓아 두지 말고, 하늘에 쌓아 두기로 선택하라.
   - 25절 : 목숨을 위하여 무엇을 먹을까 무엇을 마실까 몸을 위하여 무엇을 입을까 염려하지 않기로 선택하라.
   - 33절 : 먼저 그의 나라와 그의 의를 구하기로 선택하라.
   - 34절 : 내일 일을 위하여 염려하지 말고 내일 일은 내일이 염려하게 내버려 두기로 선택하라.

2. 오늘 우리가 심비에 새길 말씀은 마태복음 6장 24절이다. 소리 내어 암송해보라.

> **마태복음 6:24**
> 한 사람이 두 주인을 섬기지 못할 것이니 혹 이를 미워하고 저를 사랑하거나 혹 이를 중히 여기고 저를 경히 여김이라 너희가 하나님과 재물을 겸하여 섬기지 못하느니라

3. 예수님께서 우리 앞에 놓아두신 선택은 무엇인가? 관찰 질문
   – 예수님은 우리 앞에 선택을 놓아 두셨다.
   – 하나님을 주인으로 섬길 것인지, 돈을 주인으로 섬길 것인지 선택해야 한다.

4. 우리는 왜 두 주인을 섬길 수 없는가? 관찰 질문
   – 하나님과 돈은 서로 다른 명령을 내리기 때문이다. 하나님을 기쁘시게 하려면 돈이 명령하는 대로 살아서는 안 되고, 돈이 이끄는 대로 살아가면 하나님을 기쁘시게 하는 결정을 내릴 수 없다.
   – 논리적으로, 필연적으로 불가능한 일이다.

5. 돈이 신이 될 수 있는 힘을 갖고 있는 것은 돈이 가진 어떤 속성 때문인가? 해석 질문
   – "가진 만큼 대접 받는다(가진 것이 그 사람의 위치를 결정한다)."는 것이 이 시대의 사조다. 바로 이 때문에 예수님은 돈을 돈의 신, 맘몬이라 부르셨다. 돈은 단순히 중립적인 교환 수단이 아니다. 돈은 탐닉을 불러일으키는 힘을 갖고 있다.
   – 돈이 있어야 인생에 필요한 여러 가지 것들을 구할 수 있다.
   – 우리 인생의 공급자는 하나님이신데, 돈이 가진 이런 속성 때문에 돈이 여러 가지 필요한 것을 공급해주는 것처럼 느끼게 되는 것이다.
   – 사실은 우리 인생에 돈을 공급해주시는 분도 하나님이시다.

6. 당신은 돈이 힘을 갖고 있다는 증거를 어디에서 발견하는가? 당신은 신이 되어버린 돈에게 어디서 약점을 보이는가? 당신의 삶에서 구체적인 사례를 찾아보라. 적용 질문
   – 이 질문은 "영적 성장을 향한 첫걸음" 훈련을 마무리하면서 깊이 있게 다룰 필요가 있는 질문이다.
   – 각자의 삶에서 참 주인이 누구인지 깊이 있게 나누는 시간을 가지라.

- 만약 돈이 신이 되어버린 현상이 나타나고 있다면 어떤 부분에서 그런지, 어떻게 다시 질서를 잡을 수 있을지 함께 나누도록 하라.

7. 돈이 신이 될 수 있는 힘을 가졌다는 사실이 당신을 놀라게 하는가? 그렇다면 또는 그렇지 않다면, 그 이유는 무엇인가? **느낌 질문**
  - 각자 돈의 힘에 대해서 얼마나 느끼고 있는지 점검해보라.
  - 그리고 그렇게 느끼는 이유가 무엇인지 점검해보라.

 자유케 하는 진리의 말씀

하나님께 10분의 1을 바치는 것은 구약에서 비롯된 의식이나, 신약에서 예수님도 십일조를 언급하셨다(마 23:23~24). 십일조는 우리가 드림이라는 부분에서도 순종할 수 있도록 이끌어주는 근본적인 출발점이다. 십일조는 단 한 번도 없어지지 않았다. 사실, 예수님도 정의와 자비와 믿음이라는 더 중요한 문제들을 우선시하셨지만, 계속하여 십일조를 드리는 일을 지지하셨다. 오늘은 구약의 세 군데 핵심 본문이 말하는 십일조의 의미와 중요성을 함께 공부하려고 한다.

1. 레위기 27장 30~33절을 읽으라. 십일조는 무엇에 적용되고, 누구에게 귀속되는가? **관찰 질문**
  - 십일조는 땅의 곡식이나 나무의 열매에 적용된다(30절).
  - 소나 양에도 적용되었다(32절).
  - 다시 말해 십일조는 모든 소득에 적용된다.
  - 십일조는 여호와의 것이다(30절).

2. 십일조로 바칠 동물들을 선택하는 과정을 유의하여 살펴보라. 왜 하나님이 그런 "기계적인" 접근 방법을 택하셨다고 생각하는가?
   🔲 🔲 **관찰+해석 질문**
   - 십일조로 바칠 동물들을 선택하는 과정은 목자의 지팡이 아래로 통과하는 것의 열 번째 것마다 십일조로 드리는 것이었다.
   - 이렇게 기계적인 방법을 선택한 이유는 인간의 욕심으로 인해 "우열을 가리거나 바꾸거나" 할 수 있었기 때문이다.

3. 우리가 가장 좋은 것을 하나님께 드리지 않는 습관에 빠지기 쉬운 길은 무엇일까? 🔲 **해석 질문**
   - 욥은 인생이 알몸으로 왔다가 알몸으로 돌아간다는 사실을 지적한다(욥 1:21).
   - 우리 손에 들려져 있는 모든 것은 원래 내 것이 아니었다. 하나님께서 허락하신 것이다.
   - 공급자이신 하나님께 초점을 맞추지 않고, 내 손에 들려진 모든 것은 내 것이라는 생각을 갖게 되면, 하나님께 가장 좋은 것을 드리지 않는 습관에 빠질 수 있다.

4. 신명기 14장 22~29절을 읽으라. 이 본문을 통해 모세가 가르치는 십일조의 다양한 용도를 확인해보라. 🔲 **관찰 질문**
   - 27-28절 : 하나님께서 레위족속에게는 분깃이나 기업을 허락하지 않으셨다. 레위인들은 다른 지파의 십일조로 생활했다.
   - 28절 : 매 삼년 째 십일조는 성중에 거류하는 객과 및 고아와 과부들을 먹여 살리는 데 사용했다.

5. 레위 지파 사람들은 누구이며, 그들은 왜 특별한 분깃을 받았는가? 🔲 **해석 질문**

- 레위 지파 사람들은 회막에서 일하는 사람들이었다(민 18:21–24).
- 레위인은 가나안에서 경작하고 가축을 사육할 땅을 소유하지 못했다. 대신 하나님이 그들의 분깃이 되셨다. 그들은 백성들이 드리는 십일조로 생활을 지원받으면서 흐트러짐 없이 오직 하나님만을 섬겨야 했다.

6. "성중에 거류하는 객과 고아와 과부들"이 십일조의 수혜자로 뽑힌 이유는 무엇일까? 해석 질문
   - "성중에 거류하는 객과 고아와 과부들"은 그 당시 사회적 약자들이었고, 경제적으로 열악한 자들이었다.
   - 오늘날도 이런 경제적 약자들은 가족들이 먼저 돌봐야 한다. 그리고 지역 사회가 돕고, 나라가 법률로 도와야 한다.
   - 사회안전망이 촘촘하지 못했던 구약 시대의 상황에서 하나님은 십일조를 통해 그들을 돌보도록 하신 것이다.

7. 말라기 3장 7~12절을 읽으라. 하나님은 말라기를 통하여 백성들에게 당신께 돌아오라고 요구하신다. 하나님이 이 백성들에게 "돌아올" 길로서 요구하시는 것은 무엇인가? 관찰 질문
   - 하나님께로 돌아가려면 하나님의 것(십일조와 봉헌물)을 도둑질하지 말고(8–9절), 온전한 십일조를 드려야 한다(10절).

8. 하나님은 "시험해보라"고 하셨다. 하나님께서 십일조를 드리는 사람에게 약속하시는 것은 무엇인가? 관찰 질문
   - "하늘 문을 열고 너희에게 복을 쌓을 곳이 없도록 붓지 아니하나 보라"(10절)고 하셨다.
   - "메뚜기를 금하여 너희 토지 소산을 먹어 없애지 못하게 하며 너희 밭의 포도나무 열매가 기한 전에 떨어지지 않게 하리라"(11절)고 하셨다.
   - "모든 이방인들이 너희를 복되다 하리라"(12절)고 하셨다.

9. 당신은 아래 항목 중 어디에 해당하는가? ☐ 안에 V 표시를 하고
   그 이유를 설명해보라. 📖 **적용 질문**

   ☐ **하나님 것을 절취하였습니다.** 내가 드릴 것을 드리지 않았다
   는 사실을 솔직히 인정합니다.

   ☐ **하나님을 기꺼이 신뢰하겠습니다.** 나는 기꺼이 십일조를 드
   리고 하나님이 주시는 것을 믿음으로 기대하겠습니다.

   ☐ **하나님을 신뢰하고 있습니다.** 나는 전심을 다해 하나님을 신
   뢰하며 사는 가운데 하나님이 약속을 지키시는 것을 경험했
   습니다.

   – 각자 어디에 해당하는지 표하고, 나누도록 하라.
   – 어디에 표했느냐도 중요하지만, 더 중요한 것은 왜 그곳에 표했느냐이다.
   – 각자의 이야기를 들어보고, 믿음의 모험을 결단하도록 이끌어가라.

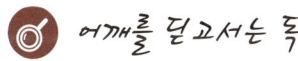

즐거이 드리는 헌금
– 독서 자료는 교재에 실려 있습니다.

■ **생각해볼 문제들**

1. 드림에 관한 핵심 원리인 "너희가 드린 것을 되돌려 받으리라"를
   당신 자신의 말로 이야기해보라. 📖 **적용 질문**
   – 각자 어떻게 생각하고 있는지 자신이 이해한 말로 나눠보라.
   – 핵심은 잘못 오해하고 있는 부분을 점검하는 것이다.

- "건강과 부"를 설교하는 사람들의 잘못된 주장을 수용하고 있지는 않은지 점검해보라.

2. 바울은 "인색함"이나 "억지로" 드리지 말라고 한다. 당신이 드리는 동기 속에는 인색함이나 억지로 드리는 면은 없는가? 📖 **적용 질문**
   - 각자 헌금생활에 대해 허심탄회하게 나누는 시간을 가지라.
   - 혹, "인색함"이나 "억지로" 드리는 면이 있다면 왜 그런지, 어떻게 하면 자원하는 심령으로 풍성히 드릴 수 있을지 나누라.

3. '어깨를 딛고서는 독서'는 감사를 무엇이라고 정의하는가? 감사와 즐거이 드림은 어떤 관계가 있는가?
   - 감사는 삶에서 유쾌함을 만들어내는 단 한 가지 요소이다.
   - 감사의 근거는 "말할 수 없는 그의 은사(은혜로 주신 선물, 즉 하나님의 아들 예수 그리스도)"(고후 9:15)이다.
   - 감사로 즐겨내는 사람들은 하나님이 받을 자격이 없는 자에게 베풀어주신 은혜에 그 마음이 압도당하고 사로잡힌 사람들이다.

4. "즐거이 드리는 자"가 되는 것은 하나님을 영화롭게 하는 동기이다. 드리기를 꺼려하는 것을 1점, 유쾌하게 드리는 자세를 5점으로 하여 1점부터 5점까지 점수를 매긴다면, 당신은 자신에게 몇 점을 주겠는가? 그 이유는 무엇인가? 📖 **적용 질문**
   - 각자 자신이 어디에 해당하는지 나누도록 하라.
   - 그리고 이유가 무엇인지, 어떻게 하면 유쾌하게 드리는 쪽으로 나아갈 수 있을지 나누도록 하라.

5. 돈으로부터 자유를 얻는 단계를 살펴보라. 당신은 어느 단계에 있는가? 적용 질문
   - 1단계: 즐거이 드리라
   - 2단계: 아무 계획 없이 마음 내키는 대로 드리지 말고 규칙적으로 드리라
   - 3단계: 첫 열매를 드리라
   - 4단계: 힘들 때 드리라
   - 5단계: 희생하는 자세로 드리라
   - 6단계: 십일조를 드리라
   - 7단계: 믿음으로 드리라
   – 각자 어느 단계에 있는지 나누도록 하라.

6. 하나님께서 당신에게 맡겨주신 자원을 더 신실하게 관리하는 청지기가 되도록 헌신케 하시는 것이 있다면 무엇인가? 적용 질문
   – 성령께서 각자에게 적용하도록 도전을 주신 부분이 무엇인지 나누도록 이끌라.

7. '어깨를 딛고서는 독서'가 당신에게 확신이나 도전이나 위로를 주었는가? 그 이유는 무엇인가? 적용 질문
   – 헌금과 관련하여 새롭게 깨닫거나, 확신을 얻거나, 도전이 되었거나, 위로를 얻은 것이 있다면 나누도록 하라.

 인도자를 위한 더 깊이 나아가기

로날드 사이더의 『가난한 시대를 사는 부유한 그리스도인』(IVP 역간)을 읽어보라.

부록

심비에 새기는 말씀
과제물 점검표

심비에 새기는 말씀

권	과	제목	성구
I권 영적 훈련을 시작하는 첫걸음	1	제자 삼기	마태복음 28:18~20
	2	제자 되기	누가복음 9:23~24
	3	경건의 시간(Q.T.)	시편 1:1~3
	4	성경 공부	디모데후서 3:16~17
	5	기도	마태복음 6:9~13
	6	예배	요한계시록 4:11
II권 기본 진리를 이해하는 첫걸음	1	삼위 하나님	신명기 6:4; 고린도후서 13:13
	2	인간, 하나님의 형상	창세기 1:26~27
	3	죄	로마서 3:23; 6:23
	4	은혜	로마서 5:8
	5	구속	이사야 53:4~6
	6	칭의	에베소서 2:8~10
	7	양자 됨	로마서 8:15~16
III권 인격과 삶이 변화하는 첫걸음	1	성령 충만	에베소서 5:18~20
	2	성령의 열매	갈라디아서 5:22~23
	3	신뢰	잠언 3:5~6
	4	사랑	요한복음 13:34~35
	5	의	이사야 58:6~7
	6	복음 증거	사도행전 1:8
IV권 교회와 세상을 섬기는 첫걸음	1	교회	고린도전서 12:12~13
	2	영적 은사	고린도전서 12:7
	3	영적 전쟁	에베소서 6:14~18
	4	순종	에베소서 4:22~24
	5	진정한 복	디모데후서 2:2
	6	돈	마태복음 6:24

과제물 점검표

이름 :

○ : 과제물을 빠짐없이 했을 때   △ : 일부만 했을 때   × : 전혀 하지 못했을 때

날짜	출석	예습	성경 읽기	성구 암송	Q.T.	예배 참석	기도	생활 숙제	교제	특별 과제

↑ 숫자로 기록   ↑ 숫자로 기록   ↑ 횟수로 기록